激活与共享

——文献服务的实践与探索

陈顺忠　夏　磊　编著

上海科学技术文献出版社

图书在版编目(CIP)数据

激活与共享——文献服务的实践与探索/陈顺忠,夏磊编著.—上海:上海科学技术文献出版社,2012.2

ISBN 978-7-5439-5001-6

Ⅰ.①激… Ⅱ.①陈…②夏… Ⅲ.文献服务—研究 Ⅳ.①G252

中国版本图书馆CIP数据核字(2011)第204250号

责任编辑 祝静怡

激活与共享

——文献服务的实践与探索

陈顺忠 夏 磊 编著

上海科学技术文献出版社出版发行

(上海市长乐路746号 邮政编码200040)

全国新华书店经销

常熟市大宏印刷有限公司印刷

开本787×1092 1/16 印张14 字数262 000

2012年2月第1版 2012年2月第1次印刷

ISBN 978-7-5439-5001-6

定价:39.00元

http://www.sstlp.com

“情报工作研究”丛书编辑委员会

总序

我国的科技情报事业已经走过了半个多世纪，几代情报人励精图治、奋发图强，为我国的科技与产业发展、知识与技术创新以及科学决策提供了有力的信息和智力支持。正是由于今天科技情报事业还面对着全球化、信息化和市场化的机遇与挑战，因此，我们的科技情报工作实践是如此的丰富多样。我们相信，来自实践的记录是最有价值的，基于实践的思考是最能启迪人的，我们更期待通过这样的知识分享为我们的科技情报事业加油。

"情报工作研究"是上海科学技术情报研究所为迎接50华诞而酝酿构思的一套系列丛书，旨在"记录情报工作实践，升华情报研究经验，分享情报工作智慧"。在全国科技情报界专家与同行的共同参与下，在上情所一线科技情报工作者的辛勤努力下，在2008年上情所成立50周年前夕，我们完成了丛书第一辑5本书的出版。

上情所的领导从一开始就决定要把这一小小的平台做成一个开放的、持续的出版平台。因此，我们将有计划地组织出版有关科技情报工作与研究的主题图书，以反映上海科技情报所和国内广大科技情报工作者共同实践和研究的成果。

我们欣喜地看到，在我国转型发展的新时期，科技情报工作得到了越来越多的关注和重视，科技情报研究也涉及越来越广泛的领域。让我们一起围绕真"情报给力创新，情报支持决策"建设我们的核心能力，我们也欢迎更多的科技情报人一起来"记录、升华、分享"！

"情报工作研究"丛书编辑委员会

2010年12月修订

序

用研究态度工作，用情报方式思考

文献传递和馆际互借属于图书馆最传统的文献提供服务。在传统图书馆向数字图书馆逐步转型的过程中，在图情一体化的进程中，公共图书馆如何开展文献提供服务？图情合一以后的上海图书馆不仅用持续的实践来探索，而且用情报思维和方法开展思考和研究——这本书就是我们馆所的文献提供中心服务团队集体智慧的结晶，他们记录了自己的思考和实践。

虽然由于受数字化、网络化、开放存取等技术和制度环境因素变化的影响，图书馆的文献提供服务已经并且正在发生巨大的变革，但是在现代知识产权制度没有根本性变化的前提下，文献传递和馆际互借一定仍将是图书馆的核心业务之一，当然服务模式和方法手段一定会不断发展变化。因此，我们必须认真研究发展历史、持续关注发展态势，对文献提供服务的本质和规律有深刻认识，才可能把图书馆的这项核心业务发展好。我们的团队就是用这样的研究态度对待文献提供工作，在工作中研究、在研究中服务、在服务中提升。

图情一体、图情并重的实践机遇让我们对于各类图情服务有机会展开更务实的探索思考。于是我们对图情一体化进程中的文献和情报服务有了更深刻的认知——广义的情报服务应该是包括了从文献服务到情报服务的信息和知识服务；文献服务是基础，情报服务是目标；文献服务主要提供信息，(狭义的)情报服务本质是支持决策。更重要的是，我们同样可以用情报思维思考我们的文献提供服务工作：尽可能掌握一切关于文献提供服务的情报，开展对标研究，发现内在规律，进行 SWOT 分析等。文献提供服务的可持续发展路径就是从文献服务向知识服务的转型发展道路，这也是图情事业转型发展的关键战略之一。我们的团队就是基于这样的共识，用情报方式思考研究了文献提供服务，这本书就是对这种思考过程和结果的记录。

通过此书的编撰,我们再一次体验和感悟到:只有用研究的态度对待工作才可能找到持续发展的路径,只有用情报的方式思考工作才可能发现科学发展的线索。这也是我们创立并坚守"情报工作研究丛书"这一平台的初衷。

陈超

2011-8-29晚

前　言

一般而言，图书馆界已经达成共识，认为“文献提供”涵盖“文献传递”和“馆际互借”。近几年国内图书情报（以下简称“图情”）界的文献提供服务可谓如日中天，馆际互借与文献传递服务量越来越成为衡量图书馆工作的一个重要指标。

国家图书馆在2007年初调整了服务价格，公共图书馆文献提供服务的平衡一下子被打破，有文献提供服务的图书馆开始思考如何面对价格的调整、社会需求的变化和技术的进步等挑战，寻求此项服务的转型和发展。近几年国家科技图书文献中心网络服务系统（NSTL）、中国高等教育文献保障系统（CALIS）、中国高校人文社会科学文献中心（CASHL）等已迅速成为国内重要的文献提供服务提供方和请求方。各地也先后成立了以北京地区高校图书馆文献资源保障体系（BALIS）和浙江省高校数字图书馆（ZADL）等为代表的高校图书馆联盟，联盟中重要的服务合作是联合为区域高校提供文献传递和馆际互借服务。上述这些文献提供机构，一方面是上海图书馆（以下简称“上图”）的合作伙伴，一方面又是上图的“同行竞争者”。激活馆藏，资源共享，是国内外图情机构合作的基础；互相交流服务心得，总结服务经验教训，是共同提高很好的方式之一。

上海图书馆文献提供中心成立于2003年，经过8年的不懈努力，在文献提供服务上积累了一些经验教训，自行开发了一套系统，培养了一支有丰富文献检索、查询、服务和研究能力的队伍，形成了不少特色。把这些经验教训、特色记录下来，让图书馆同行分享、指正的想法产生于2010年年底。想法一经提出即得到了上海图书馆上海科学技术情报研究所（以下简称“馆所”）领导的大力支持，建议收入馆所“情报工作研究”丛书出版。文献提供中心的各位同仁对于本书倾注了很大的热情，共有11人参加撰写，他们是陈顺忠、陈燕梅、金家琴、彭伟、沈海莹、夏磊、徐凡、俞鸿、张帆、赵鸿强和周晨瑶。上图文献传递和馆际互借系统开发商上海万达信息系统有限公司的方建清工程师也倾情笔耕。本书以论文集的方式，将大家的论文根据内容归类到调研分析篇、技术与创新篇和工作实践篇3个篇章。论文集对馆所的文献提供服务、国内外的文献提供服务以及与文献提供服务配套的图书馆其他服务和资源比如在线咨询、远程服务、馆藏特色资源等做一些文字归纳、分析和总结。

本书有一定量的调研和分析，并在调研分析的基础上提出建设性的对策，对未来的发展有一定的前瞻性思考；通过一些实实在在的文献服务技术介绍，让读者深入了解文献服务的流程和系统的特色；通过馆员实际工作总结的经验和资源介绍，让读者了解图书馆文献服务的特点、方法和资源。本书将理论分析与实践经验有机结合，对业内人员有一定借鉴和参考价值。

犹如我们的中心才成立 8 年，尚在成长期一样，我们的论文也略显稚嫩；但因为我们年轻所以不怕失败，愿意接受大家的批评。本书的调研部分主要是通过查阅国内外期刊、博硕士论文资料、各图情机构网站及访谈等形式获得相关资料。因获取信息的时间有间隔差异，部分数据和信息难免有误差，敬请批评指正。

在此感谢馆所领导对本书的关心和指导！感谢上海科学技术文献出版社领导和编辑对本书的出版给予的帮助！感谢参加本书撰写的所有同仁和朋友们！

编　者

2011 年 10 月

CONTENTS 目录

[第三篇 工作实践篇]

第一篇　调研分析篇

1　文献传递国内外现状调研和趋势分析

文献传递是文献资源共享的重要方式之一。根据《新编图书馆学情报学辞典》的定义，文献传递服务是图书馆或其他文献收藏机构根据读者要求，直接向他们提供所需文献的服务方式[①]。文献传递服务主要是通过复制、拷贝、扫描原文，然后采用邮寄、传真、e-mail 等方式将文献传递到用户。如今文献传递服务已经成为当代图书馆一个非常重要的服务领域，这项在世界发达国家图书馆已经开展了几十年的服务充分适应现代读者的需求和图书馆业务拓展的特点，已经越来越展示出它强大的生命力。

1.1　文献传递的发展历史

最初的文献传递服务是由图书情报机构以图书馆与图书馆之间的互相借阅形式（即馆际互借）出现的。19 世纪中期，德国的默尔（Robertvon Mohl）首次提出了图书馆之间藏书建设分工协调的思想，到 1893 年德国就制订了馆际互借条例。1917 年，美国图书馆协会也制订了馆际互借规则，明确指出图书馆可利用他馆的资料供个人使用。以馆际互借为主要形式的文献传递服务主要包括异馆间的图书借阅、资料复印等，一般免费提供，用户几乎不承担费用，必要时采用邮寄方式传递给用户，这是最初的文献传递形式。

进入 20 世纪后，人们普遍认为由于世界上大量出版物的不断涌现，任何一个图书馆只依靠自身的馆藏已不能满足读者的广泛要求，必须要依靠图书馆之间的资源共享、相互协作来保障资源的提供，这个共识是文献传递发展的动因。随着计算机技术的不断推陈出新，在 20 世纪七八十年代涌现出一批大型文献传递服务机构，一些计算机数据库的建立向人们提供了远程信息检索的途径，使人们能够通过

① 丘东江. 新编图书馆学情报学辞典[M]. 北京：科学技术文献出版社，2006.

远程数据库检索并确认文献线索，然后获取原文的替代品，并以收费的方式获取资料。由此诞生了电子化文献原文传递服务。

到了20世纪90年代，文献传递服务进入成熟兴盛期。计算机技术、网络技术、数据库技术的成熟与发展给文献传递服务的发展带来了契机，一些界面友好、检索提问方式简单、功能齐全的综合型和专业型数据库纷纷涌现，特别是Z39.50协议的推出，打破了文献数据信息通信和传递网络化的屏障，实现了分布式数据库系统的透明互访，为用户检索提供了极大的方便。联合目录数据库、全文数据库和电子书、电子期刊数据库的大量涌现也为文献传递提供了更广泛的可供选择的资源保障。

如今随着信息化、网络化、数字化在图书馆领域的深入应用，开放的、互联的、便捷的、整合的文献传递网络体系已逐步形成，它突破了传统的空间局限性，使得文献资源在整体开发、交流，利用的深度、广度以及传播的速度上都发生着巨大的变化。在这个无边界的开阔的高速低廉运行的“大图书馆”环境中，文献传递服务正发挥着越来越重要的作用。

1.2 境内开展文献传递服务的现状

21世纪以来，文献传递服务在中国大陆得以迅速发展。中国大陆文献传递服务的代表主要有国家图书馆、三大图书馆联盟（CALIS、CSDL、NSTL）和上海图书馆。

1.2.1 国家科技图书文献中心(NSTL)

NSTL是国家科技图书文献中心（National Science and Technology Library）的简称，国内最早的联盟性质的虚拟式的科技文献信息服务机构，2000年6月12日经国务院领导批准科技部联合财政部等五部委成立，以文献传递服务为主要业务。同年12月正式开通了NSTL网络服务系统。NSTL采取“统一采购、规范加工、联合上网、资源共享”的运行机制，其目标是建立一个国家级的科技文献信息资源保障与服务体系。NSTL网络服务系统作为对外服务的重要窗口，通过互联网向全国用户提供全方位的科技文献信息服务，具有以下鲜明的特点：

首先，NSTL拥有丰富的文献资源。可供免费检索的二次文献数据库涉及期刊、学位论文、科技报告、专利、标准、计量检定规程、科技成果、研究报告、计量基准、图书、工具书等各文献类型。

其次，具有灵活多样的馆藏揭示和检索渠道。以目录、目次、题录、文摘和全文多种方式揭示馆藏资源，提供普通检索、高级检索、期刊检索和分类检索4种检索方式。

第三，提供多种原文文献订购模式、订购途径。收费标准低廉，付费方式多样，服务效率高。NSTL 非常注意控制版权风险，在系统页面显著位置刊登版权声明，并在具体服务中尽到提醒责任。为更好地发展 NSTL 原文传递服务，NSTL 将建立用户研究与服务监测体系，积极推进"图书馆普遍服务(LUC)"，促进"公平"、"普遍"和"开放"，进一步推动服务共建，扩大资源共享的范围，为建设创新型国家提供坚实的科技文献信息资源的保障。2010 年 NSTL 文献传递总量近 45 万篇。

1.2.2　高校图书馆文献传递系统(CALIS)

CALIS 是国家教育部 1999 年启动的中国高等教育文献保障系统(China Academic Library&Information System)的简称。作为国家经费支持的中国高校图书馆联盟，CALIS 的宗旨是：在教育部的领导下，把国家的投资、现代图书馆理念、先进的技术手段、高校丰富的文献资源和人力资源整合起来，建设以中国高等教育数字图书馆为核心的教育文献联合保障体系，实现信息资源共建、共知、共享，以发挥最大的社会效益和经济效益，为中国的高等教育服务。

"九五"期间设在北京大学的 CALIS 项目管理中心联合各参建单位，建设了文理、工程、农学、医学 4 个全国文献信息中心，华东北、华东南、华中、华南、西北、西南、东北 7 个地区中心和 1 个东北地区国防信息中心，发展了 152 个高校成员馆。经过十几年的建设，CALIS 成员馆已经扩展到了 1 251 家。CALIS 建立了一系列国内外文献数据库，包括联合目录数据库、中文现刊目次库等自建数据库和引进的国外数据库；采用独立自主开发与引用消化相结合的道路，开发了联机合作编目系统、联机公共检索(OPAC)系统、网上联合参考咨询系统、馆际互借与文献传递系统等，形成了较为完整的 CALIS 文献信息资源服务网络。在此基础上开展了公共目录查询、信息检索、馆际互借、文献传递、网络导航等网络化、数字化文献信息服务，对保障"211 工程"各高校的重点学科建设、培养高层次人才、支持科研创新等发挥了重要的作用。高校图书馆馆际互借和文献传递系统是经国务院批准的我国高等教育"211 工程"总体规划中两个公共服务体系之一，于 2004 年正式开始运行。截至 2010 年底，部署、开通 CALIS 馆际互借和文献传递系统的图书馆已经达到 200 多家，其中有近 100 家已经正式使用此系统。自开始运行以来，各馆间的文献传递量逐年上升，据不完全统计 2009 年文献传递总量近 25 万篇。

1.2.3　中国科学院文献传递系统(CSDL)

CSDL 是中国国家科学数字图书馆(Chinese National Science Digital Library)的简称。2002 年启动的联机联合编目服务系统(union service system; union catalog database)是 CSDL 的重点建设项目之一，标志着中国科学院文献资源联合保障体系已经初步形成。CSDL联合服务系统以联机联合编目服务系统的数据为基础，为科研人员提供以中科院范围为主的馆际互借和原文传递服务，科研人员通过该服务系统可以方便地查询、获取全院各文献机构及国内主要文献机构收藏的中西文图书和期刊资源。

中国科学院文献情报系统自20世纪90年代初建立文献提供中心起，文献传递与馆际互借服务得到初步发展。跨入新世纪后，中国科学院院级文献情报机构进行了整合并进入院创新试点工程，全院文献情报系统借建设中国科学院国家科学数字图书馆（CSDL）工程之力，坚持“资源到所，服务到人”，着力建设并初步形成数字化、网络化资源与服务体系，资源供应能力、服务效率和效益大幅度提升。其网络服务系统提供了外文期刊数据库、会议录、图书、论文、标准等多种载体的文献传递服务。除此之外，CSDL还提供一站式服务，不管是单位还是个人都可成为CSDL的注册用户。2000年在NSTL文献传递服务系统开通时，中科院国家科学数字图书馆作为NSTL的9家成员单位之一，成为NSTL重要的文献传递服务方。2010年中科院国家科学数字图书馆文献传递服务数量达到12万余篇，其中近50%来自NSTL的需求，约占NSTL年服务总量的13%。

1.2.4 中国国家图书馆文献提供中心

中国国家图书馆（以下简称“国家图书馆”或“国图”）文献提供中心成立于1997年。作为国家图书馆的信息服务的主要窗口，中心以充分利用文献资源、服务改革开放、发挥国家图书馆职能为宗旨，依靠国家图书馆丰富的馆藏资源和训练有素的资深馆员，为政府、企业、个人提供文献提供服务。

1997年国家图书馆为适应馆际互借规模的扩大、服务内容的深化，在馆际互借的基础上又发展了文献传递服务，成立了文献提供中心。国家图书馆馆际互借发展的历程，从以借书为主的一般服务发展到目前以文献传递为主，以借书、专题查询为辅的文献提供服务，从读者服务角度反映了国家图书馆事业跨越式的进步。现在国家图书馆正在朝着文献提供网络化服务体系发展。网络化服务是文献提供中心重要组成部分和对外服务的一个重要窗口，通过互联网向广大用户提供一次文献提供服务和二次文献检索。该体系由文献检索、服务导航、自助服务等子系统组成，任何一个互联网用户都可以免费查询该系统，并可通过特快专递、e-mail、传真、邮寄等方式要求该系统提供所需的一次文献；用户可随时通过自助服务子系统查询所需文献的流通状况、个人账户等动态信息，使读者足不出户便能轻松地使用一些服务功能。

目前，国家图书馆文献提供中心采取文献提供、定题检索、馆际互借、文献快递、网络传输等多种方式，为中央国家机关，重点教育、科研生产单位及社会公众提供全方位、多层次、多渠道的信息服务。工作日内，随时回复读者申请及查询；一般在递交申请的2个工作日完成传递手续；10个条目以下的申请，可先处理后结账；文献提供满足率达到83.95%，在文献传递的方式上采用新技术，如Ariel、FTP、HPPT等专用传递或下载软件。

国家图书馆文献提供中心2010年总的文献提供量达到7万件(册)，其中文献传递量为3.5万篇。

1.2.5 上海图书馆文献提供中心

上海图书馆丰富的馆藏资源是开展文献提供服务的基础，1995年上海图书馆与上海科学技术情报研究所的合并大大丰富了馆藏科技资源，其中专利、标准、科技报告等科技文献都是文献传递的重要内容。近几年来，上图新开发的馆藏科技报告数据库、标准数据库、AIAA报告数据库等对馆藏的科技资源作了很好的整合和揭示，同时这些数据库实现了和文献提供服务的无缝链接，为文献提供工作和服务带来了便利。2003年，上海图书馆文献提供中心成立之初，年原文传递量不到5 000篇；2008年，原文传递量突破2万篇；2009年，原文传递量达到22 044篇；2010年，国家图书馆价格下调的影响开始辐射到上图，文献传递量略有下降，为18 541篇，文献满足率近90%。

从服务对象看，2003年，上图文献提供中心的常用客户只有几十个，而且多数分布在上海和长三角地区；2010年，上图文献提供中心常用客户已经达到300多个，其中有在沪的世界500强企业，有新兴的研发机构中小企业客户，这些客户分布在全国乃至世界各地。目前上海图书馆文献传递的客户组成结构为图书馆同行约占总量的25%，机构客户(如上海公共研发平台)约占总量的15%，企事业客户约占总量的50%，个人读者约占总量的10%。具体见图1-1。

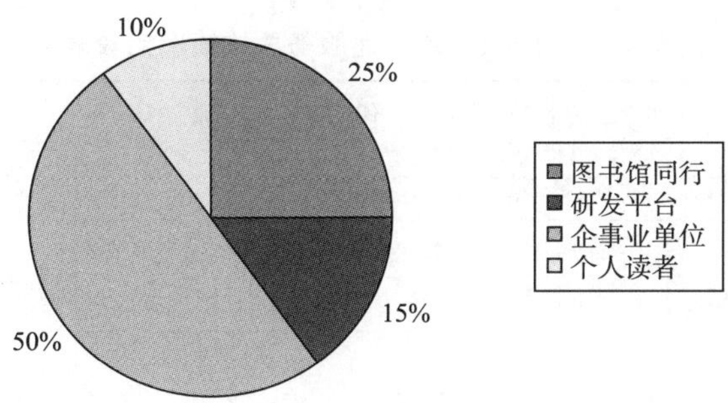

图1-1 上海图书馆文献传递客户结构比例

从文献类型看，文献传递的绝大部分是外文期刊和外文图书，约占80%；其次为上海图书馆的特色文献，如历史文献，包括古籍、家谱、近代文献，约占5%；标准、专利、各类报告等文献占10%左右，中文报刊请求约占5%。如图1-2所示。

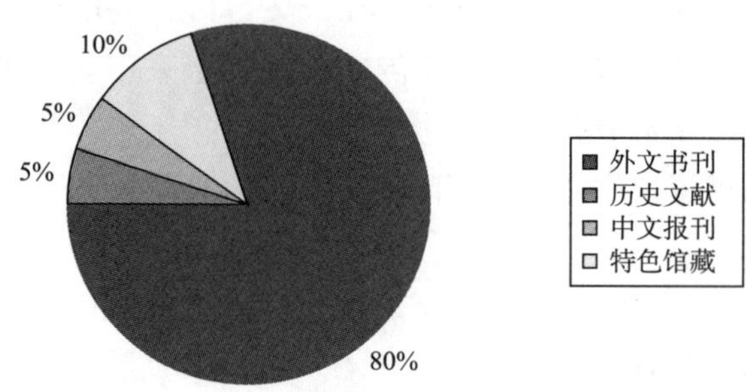

图 1-2　上海图书馆提供文献的类型组成图

1.2.6　国内其他文献传递机构

除了上述主要单位外，近几年来，国内文献传递还有一些以各地高校联盟为代表的文献传递联盟。尤其是在 CALIS 的鼓励和带动下，我国高校图书馆联盟的建设工作取得了长足的发展，北京、上海、广东、江苏、天津、河北等省、市都形成了特色鲜明的高校图书馆联盟，其中"北京地区高校图书馆文献资源保障体系"(BALIS)是最具代表性的。BALIS 是 2007 年建立起来的北京高校图书馆联盟体系，其开展的原文传递服务经历了 3 年多的探索和发展，目前已达到了一定的规模和水平，对北京高校师生的学习和科研工作提供了很大帮助。

自 2007 年 11 月 BALIS 启动工作以来，BALIS 原文传递管理中心不断完善管理系统，加强资源建设和整合工作，积极开展宣传和免费服务活动。经过 3 年多的不懈努力，BALIS 原文传递服务发展迅速，取得显著成效。截至 2010 年底，BALIS 成员馆的数量已达 81 家(包含分馆)，读者注册人数增加到 7 676 人，文献传递量 18 174 篇。

下文用表格的形式就上述中国大陆文献传递的代表机构做一简单归纳。

表 1-1　国内文献传递服务总体情况比较表

项目	代表机构名称					
	上海图书馆	国家图书馆	CALIS	CSDL	NSTL	BALIS
服务对象	全国乃至全球用户	全国乃至全球用户	全国高校师生	全国科研用户	全国用户	北京地区高校
年文献传递量(篇或件)	2 万	7 万	25 万	12 万	45 万	2 万
成员单位	无	无	200 家高校：成员单位分为服务馆和用户馆两类	中国科学院系统的一百余家文献机构	7 个部级文献信息机构成员单位；2 个共建单位；8 个镜像站	81 家北京高校地区图书馆

（续表）

项目	代表机构名称					
	上海图书馆	国家图书馆	CALIS	CSDL	NSTL	BALIS
服务响应时间	1～2 个工作日	2 个工作日	3 个工作日	1 个工作日	1 个工作日	3 个工作日
服务价格	10 元（委托费）+0.2 元/页（复印）；10 元（委托费）+1 元/页（扫描）	2 元（委托费）+0.2 元/页（复印）；2 元+0.3 元/页（扫描）	1 元/页	1 元/页	0.3 元/页	0.3 元/页

1.3 国际大型文献传递服务机构的现状

1.3.1 大英图书馆文献提供中心

国际大型文献传递服务机构以大英图书馆文献提供中心（British Library Document Supply Center，BLDSC）为代表。BLDSC 原名国立科技借阅图书馆，成立于 1962 年。1973 年 7 月 1 日，原国立科技借阅图书馆与国立中央图书馆一起并入大英图书馆新成立的大英图书馆借阅部。1985 年底，英国科学参考图书馆改名为科学参考与咨询服务部，也并入该借阅部。其后，该部门更名为大英图书馆文献提供中心（BLDSC）。

BLDSC 行政上是大英图书馆（以下简称 BL）的一个部门，在经费上享受政府的拨款，文献提供的所有费用上缴政府，即收支两条线。2001—2002 年度，BLDSC 的总收入是 2 750 万英镑，此后总收入呈下降趋势，如图 1 - 3 所示。BLDSC 目前有注册用户约 5 万个，分布在世界各地，其中经常使用服务的用户维持在 2 万个左右。年接收原文复制请求近 200 万笔，原书外借 100 万次。

BLDSC 在业务上有自己独立的管理权。在英国，国家支持文献提供服务工作。作为整个英国地区资源共建共享项目的中心，BLDSC 承担着重要的责任，政府每年投入近 8 000 万英镑用于文献提供，包括书、刊、标准、会议录、报告等资料的购买，工作人员的雇佣，系统购买和维护、各种设备的购置等各项开支。其中每年 100 万英镑用于为文献提供购买 30 000 多种图书资料，图书资料仅限于英文语种；每年购置 5.5 万余种期刊、1.5 万余种会议录资料、近 10 万篇报告。另外每年还接收 1 万多篇英国本地的博士论文和近 3 000 篇美国博士论文。

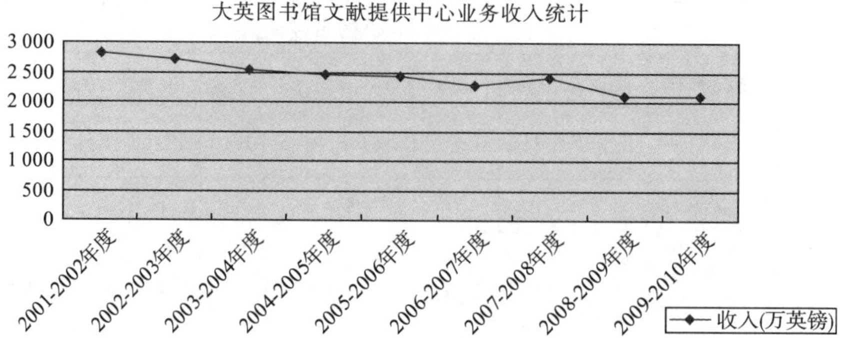

图 1-3 大英图书馆文献提供中心业务收入统计

BLDSC 的文献提供服务方式有 4 种：原书外借邮寄、原文复制邮寄、电子版网上下载和电子版 Ariel 传递。服务响应时间有 3 种，即常规服务（3～5 天）、24 小时回复和 2 小时回复。每种服务因响应时间不同服务价格不同。

如图 1-3 所示，由于免费全文数据库开放越来越多等诸多原因，大英图书馆文献提供中心年文献传递量呈现比较明显的下降趋势，因此，近几年来，BLDSC 更加注重提供个性化的知识服务，如通过建立商业和知识产权中心（Business&IP Center）为企业提供各类知识服务，帮助中小企业的建立，提高企业的生产效率、销售额、利润等。

1.3.2 德国 Subito

Subito 是德国教育科研部为了加快文献资料的提供速度而建立的一个国际性图书馆快速文献传递系统。有意思的是 Subito 源自拉丁语，就是快速的意思。现已有来自德国、奥地利、瑞士等国家的 35 个图书馆纳入该服务系统，形成为科学、社会、经济各领域提供文献信息的重要基地。

Subito 是基于网络进行文献传递服务的一个跨国文献传递服务系统，它集文献检索、文献请求以及各图书馆的联合服务于一体，用户可以通过 Subito 的检索系统检索其成员馆的期刊和图书，并向这些图书馆提交申请，从而获得他所需要的期刊中的论文，或在线借阅图书；也就是说，可进行远程的文献传递和图书借阅服务——既有非返还型文献传递，也提供返还型馆际互借，所有的用户都可以在家中或办公室直接快速地在线享受高效的图书馆资源服务，在线选择图书馆申请并获得文献。由于 Subito 的服务国家提供了部分资助，因此其费用比其他的文献传递机构便宜。表 1-2 显示 Subito 近几年来文献传递的数量变化。

表 1-2　1998—2008 Subito 文献传递量

项目	年份										
	1998	1999	2000	2001	2002	2003	2004	2005	2006	2007	2008
篇数量/万篇	10.2	27.2	49.7	73.6	99.1	117.2	126.3	134.0	122.5	110.0	77.7
增长率/%		167	82.7	48.8	34.7	18.22	7.72	6.01	−8.55	−10.32	−29.32

通过表 1-2 不难发现，从 2006 年起，Subito 的文献传递量呈现出逐年下降的趋势。

2007 年在国家自然科学基金委与中德科学中心支持下，由中科院图书馆牵头，联合北京大学图书馆、上海图书馆与德国 Subito 一起合作开展的以 China Direct 命名的中德文献传递服务正式启动。2009 年系统开发完成并于同年 11 月正式运行。通过 China Direct，实现了中文文献在国外文献传递系统中直接检索和传递服务，成为中德两国首个跨区域的资源共享和信息服务案例。通过 China Direct，Subito 的用户可以获得中文期刊文献，弥补了 Subito 在中文资源上的空白。

从 2009 年 11 月开始，China Direct 上的文献传递量逐年上升，这与 subito 近几年来文献传递量逐年下降形成鲜明的对比。至 2011 年 6 月底，中方共向 Subito 用户提供文献 664 篇。如图 1-4、图 1-5 所示。

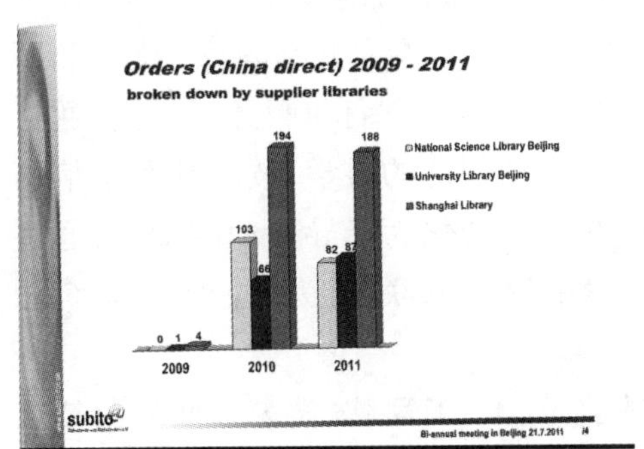

图 1-4　三家图书馆的年文献传递量比较

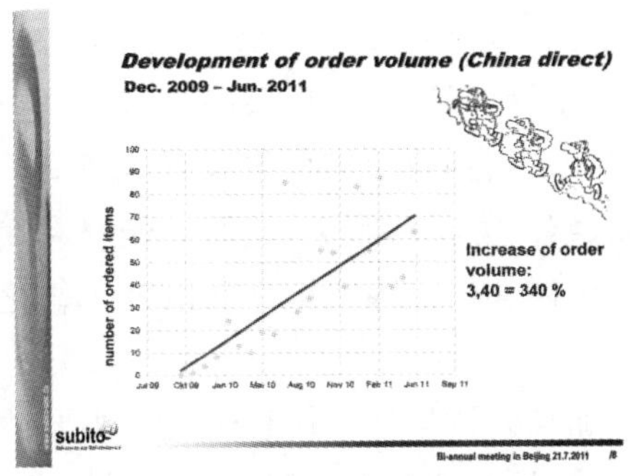

图 1-5　China Direct 2009—2011 年文献传递服务趋势

1.3.3　美国 OCLC 的 ILL

联机计算机图书馆中心（Online Computer Library Center，简称 OCLC）创立于 1967 年，是一个不以盈利为目的、提供图书馆计算机服务的会员制研究组织，其宗旨是为广大的用户推广对全世界各种信息的应用以及降低获取信息的成本。目前在全球有超过 170 个国家和地区的超过 72 000 个图书馆都在使用 OCLC 的服务，来查询、采集、编目、出借和保存图书馆资料。

OCLC ILL(OCLC Interlibrary Loan Service)是 OCLC 联合编目和资源共享服务中的一个子系统，目前全球有 7 000 多家图书馆加入了 OCLC 的 ILL 服务。该系统帮助用户申请文献提供服务并跟踪文献状态，通过访问 WorldCat(联机联合编目)，以确定哪些图书馆或信息中心有读者所需借用的图书资料。通过 7 000 多个图书馆组成的 OCLC ILL 网络为读者提供文献传递服务。2005 年 OCLC ILL 升级为资源共享服务(resource sharing service)。

OCLC 的 ILL 服务提供了一套较完整的文献传递服务体系。除了完成文献传递申请过程，还包括文献传递次数统计、每次文献传递申请活动的跟踪以及文献传递费用的支付管理等等。目前世界上主要的文献传递机构都参与了 OCLC 的文献传递服务。1998 年上海图书馆加入 OCLC ILL 服务，是中国大陆地区第一家在 OCLC 上开展馆际互借和文献传递服务的图书馆，经过十多年的努力，已经在 OCLC 上树立了上图中文文献服务的品牌。

1.3.4 其他机构

除了上述几个国际上非常有影响力的文献传递机构外，以加拿大科学技术信息研究所为代表的国家情报所和以日本伸树社为代表的商业性文献传递公司也都是国际文献传递领域有较大影响力的机构。

加拿大科学技术信息研究所是加拿大科技门户，集聚合、分析、分发信息资源为一体，目前拥有 35 000 多个本国和国际用户，其中包括加拿大大学、政府、研发企业等。该机构 2005—2010 年的战略方向是：巩固和扩大其在科学、技术和医学、信息管理领域的世界领先地位和作用，成为杰出的供应商和服务提供商；通过理解和预测用户的信息需求，创造和推广尖端的、高价值的科学、技术和医学信息产品、解决方案和服务，使用户能够利用信息并使之转化为指导行动的知识；通过确保个体和已记载知识之间以及个体之间有效和高效的联系，为国家创新系统做出贡献。

加拿大科学技术信息研究所主要收集科学、技术、工程、医学等方面的科技文献资源，为全球 3.5 万多个用户提供文献提供等服务，帮助读者从信息资源中发掘价值，促进研究、创新和商业活动，致力于成为世界上在科技、工程、医学等信息领域杰出的供应商和服务提供商；通过理解和预测用户的信息需求，创造和推广尖端的、高价值的科学、技术和医学信息产品、解决方案和服务，使用户能够利用信息并使之转化为指导行动的知识。

除了图情机构以外，国外还有专门的文献传递企业开展文献提供服务，这以日本的伸树社为代表。日本从 2006 年开始，由于版权问题不允许企业的资料室或图书馆向公司内部员工大量复印文献，而且公共图书馆也对每人每天复印数量有着严格的限制；日本的图书馆也基本不对外提供收费的文献传递服务，这为商业文献传递公司在日本的发展提供了非常好的土壤，使得这类商业文献传递公司能迅速发展起来。伸树社从1978成立伊始一直从事医学和药学领域文献传递工作，在美国、加拿大、新加坡、韩国、菲律宾、中国等地都设有办事处，和美国医学图书馆、大英图书馆已经有十几年的合作关系。公司和包括本国在内的20多家大型图书馆都建立了非常好的合作关系，客户基本是日本的一些医药公司，文献传递量每年达到120万篇。

1.4　文献传递的运作模式

1.4.1　国家集中型传递模式

文献传递在不同的国家和地区有不同的模式。模式的形成受各方面因素的制约，在一个地区或国家并没有绝对的单种模式单独存在，通常是多种模式共存并用。在英国、法国、加拿大往往偏重于采取一种集中型的传递模式，即一个国家级的图书馆或文献中心集中提供这个国家文献的基本保障，同时也向国外提供文献传递服务。大英图书馆文献提供中心(BLDSC)就是这种集中文献传递的代表。这个中心每年受理的申请约300万件(其中有约1/3的请求来自国外)，在它所提供的文献中，约90%就是凭借中心自身举世无双的海量馆藏来满足用户需求的。中心集中收藏了47 000余种常用的连续出版物，本国用户申请的资料大部分能在8～24小时内传递到用户手中。BLDSC就是基于几十年积累的颇具特色的海量馆藏和优质服务成为世界上最大的文献提供机构。加拿大科学技术信息研究所也是这种集中型文献传递模式的代表。这种带有公益性质的模式取得了显著效益，在西方发达国家比较盛行。

1.4.2　馆际合作型的传递模式

而在美国，则开创了另外一种模式。这种模式采取由许多图书馆共同组成并共同支撑的这样一个超大型的馆际联合机构，这个馆际联合机构可能是国家型的，也可能是区域型的。这种模式最成功的范例要属OCLC(Online Computer Library Center)。OCLC在1993推出它的网上文献传递服务，在它的书目和文献数据库里所有的记录都提供了收藏馆的信息，以方便用户通过OCLC ILL进行馆际互借。在图书馆管理系统提供的馆际互借子系统中，建立了专为用户设计的一种新的集中与分散相结合的文献传递联机信息服务系统"OCLC First Search"。它拥有统一的终端用户界面，用户只需简单的操作就可以完成联机查询的整个过程。

OCLC 还提供一些数据库访问，用户可直接通过文献供应商、动态信息中心或另一个使用 OCLC ILL 系统的图书馆，用电子方式订购文献，一旦请求发出，OCLC 就会自动将其请求轮流发送到潜在的各个出借单位，直到请求得到满意的响应为止。由于技术上的支持，目前 OCLC 已完成了传统的文献传递服务向互联网网络化服务的过渡，其会员范围已拓展到 170 多个国家和地区的几万多家图书馆，成为一家具有全球意义的图书馆联合机构。在我国，以 CALIS 为代表的文献传递系统也采用这种服务模式。

1.4.3 其他传递模式

上述两种模式都属国家公用体系，另外还有许多不属于国家公用文献传递服务的服务机构，比如著名的科罗拉多州研究图书馆联盟系统公司(Knight-Ridder Information)的 Uncover 系统。这个公司推出了新的动态的万维网站 Uncover Web，让用户能更简便地访问一流的文献传递和最新资料通报的服务机构。系统收录 18 000 多种期刊的目次和 80 000 多篇论文，同时它的 Uncover Express 系统能快速高效地在 1 个小时内把文献传递给用户。另外，如费克森研究服务公司(DA WSDN)紧跟市场变化，应用最先进的技术，推出 Fax on Finder 与 Fax on Express 研究服务系统，建立了代理商提供的结合文献传递的期刊目次数据库，开发了自动化的预订过程和客户报告系统。H3SCD 信息服务公司为了方便用户，开展了一种就地的文献传递服务，它与许多图书馆签订了合作协议，推出了 EBSCD doc 服务，使用户能够直接访问世界上许多馆藏资源，创建了一种图书馆、文献传递机构和用户三位一体的新的文献资源共享和信息获取模式。

1.5 文献传递趋势分析及发展对策

1.5.1 文献传递趋势分析

根据国际上唯一以文献传递为主题的专业期刊《馆际互借与文献传递期刊》(Interlending&Document Supply)的主编 Mike McGrath 估计，目前期刊文章所引用的参考文献中，大约有 50%～60%来自网络上可免费获得的文献；而且由于数字期刊的集团采购、类似 JSTOR 这样的回溯期刊数据库逐步发展、开放期刊和开放机构知识库不断发展等原因，各个文献服务机构从本地或网络获取的期刊文献大幅度增加，致使文献传递量逐年下降，这点在国外的主要文献传递机构表现得尤其明显。例如大英图书馆自 2001 年以来下降了 60%，美国国家医学图书馆的文献传递量也在下降，而日本 NACSIS-LL 系统的国际科技期刊论文索取量自 2000 年起也开始下降;但是,文献传递的范围则在不断扩大,以往传统的期刊、图书是文献传递的主体,如今,灰色文献和特殊文献(如科技报告、专利、标准、实验规范以及其他非常规非正式出版物等)已经越来越成为文献传递中非常重要的内容。

为应对上述文献传递的发展潮流,各国图书馆都纷纷挖掘文献传递的相关新服务,如①推出知识发现服务。通过文献传递馆员和学科馆员的合作,单纯的文献传递服务可以衍伸"知识发现"服务。在专业学科馆员及其团队(可能是跨机构甚至跨国家的合作团队)与文献传递服务团队之间建立稳定的合作工作流程,依靠专业学科馆员的集体智慧和渠道集合,将极大地提高特殊文献的可获得程度和速度。②挖掘深度灰色文献。除了利用各类联合目录和Google这类搜索引擎外,想办法搜索埋藏在深度网络(deep web)下的灰色文献。如美国能源部建立的World Wide Science联邦搜索引擎,其可以对美国能源部的科技报告、会议报告和期刊图书等各类资源,对美国国家医学图书馆的PubMed Central资源,对美国政府科技信息门户(包含美联邦政府14个科技相关部门近2亿篇文献),对大英图书馆资源以及对各类机构知识库等进行一站式检索,覆盖文献达4亿篇。其中未正式出版的灰色文献占多数,而且与Google和Google Scholar的重复率仅为3%,以支持图书馆和用户挖掘更为广泛的资源。③支持中小企业创新。如大英图书馆通过建立商业和知识产权中心(Business&IP Center)为企业提供各类知识服务,帮助中小企业的建立,提高企业的生产效率、销售额、利润等。

随着科研信息环境的发展和科学研究形态的变化,科研需求已经远远超过传统图书馆所收藏的(数字或纸本)文献了。如何在用户需要的时候快捷经济地向用户提供所需要的信息(而不仅仅是常规文献),已经成为(作为知识提供者的)图书馆员的内在责任。我们不能将用户的需求仅仅局限在常规文献传递中,得考虑如何帮助用户获得所需要的信息内容——无论这个内容是馆藏出版文献还是网络上的灰色文献,无论这个内容是文献还是非文献的其他类型信息;因此这就产生文献传递到知识传递的转变,这也是今后文献传递发展的大势所趋。

1.5.2　文献传递发展对策

1) 继续大力拓展文献传递服务　目前,虽然从国际角度看,文献传递服务受到开放存取等各种因素的冲击,文献服务量呈明显下降趋势,但是国内的文献传递服务依旧开展得如火如荼。不过,参照美国学术图书馆馆际互借服务占馆藏总量这一指标(最高7.24%,最低0.31%,平均1.97%),国内的文献传递服务相对各馆的馆藏而言还是处于比较低位,还需要加大力量拓展,尤其可以通过微博、博客、RSS等新技术,加强图书馆的网络营销,宣传推广文献传递服务。

2) 挖掘文献传递相关的新服务　从国外经验看,以大英图书馆文献提供中心为代表的国际大型文献提供机构近几年为应对文献传递量逐年下滑趋势,更加注重提供个性化的知识服务，也推出了很多新的衍生服务。我们可以借鉴国外的先进经验，结合我国的实际，利用新技术，创新文献传递服务。如图书馆可以在文献资源的整合和揭示上下功夫，建立集成各类文献信息的文献提供服务平台，为用户提供个性化服务功能定制；同时，可以用户设定的关键词为核心，通过数据预处理技术和数据挖掘技术，使用可视化的方式动态展示知识的研究趋势；还可进行趋势对比，帮助用户快速掌握学术热点和走势，同时从相关人物、相关期刊、相关机构、相关主题词等多维度进行数据挖掘和知识揭示，使得信息资源的效用得到最大化利用。

3）建立面向各种终端的文献提供服务　如今，我们已经进入 3G 时代，网络终端的多样化使得人们网络行为习惯发生了显著变化。据 OCLC 2010 年报告称，40％的苹果使用者更多地通过这些苹果产品连接互联网，而不是通过桌面电脑或笔记本。根据亚马逊公司 2010 年 7 月的官方统计，在 2010 年 5～7 月 3 个月间，消费者购买 Kindle 电子书已经超过了纸本书。信息技术的飞速发展给文献提供服务提出了新的课题，我们迫切需要推出面向各种终端的文献提供服务，换句话说，如果图书馆的文献能够直接推送到如电子书、iPad、PC 机等各种终端上，这样会大大便于读者使用图书馆的文献提供服务。

4）扩大跨区域合作范围，降低服务成本，提高文献利用率　无论是 OCLC 还是 Subito，我们都可以看到跨区域合作的范围越广，文献传递的影响力也越大，用户量就越多。笔者认为跨域合作是文献传递服务发展的良好模式。憧憬未来，如果在互联网上形成一个集各国、各图书馆馆藏目录于一体的国际性的联合目录并整合文献传递服务的网络的话，那么各图书馆只需加强特色资源的重点建设，而不需要样样资源都采购，这样大大降低了资源采购的经费，但却不影响读者使用文献的满足率——因为通过如此之大的文献传递网络，文献都可以便捷地获取。

（本文作者：陈顺忠、夏磊　上海图书馆文献提供中心）

参考文献

［1］ 张晓林. 从文献传递到知识传递：面向未来的模式转变——参加 ILDS2009 会议有感[J]. 图书馆杂志，2010(2)：2 - 5.

［2］ 彭伟. 整合资源融合服务——国际图联第 11 届馆际互借与文献传递大会综述[J]. 图书馆杂志，2010(5)：12 - 15.

［3］ 王敏，张志强. 知识发现研究文献定量分析[J]. 图书情报工作，2008(4)：29 - 31.

［4］ 高波. 国外文献传递理论研究进展：2000—2008[J]. 图书情报工作，2010(9)：9 - 12.

[5] 李军凯. 从 CASHL 和 NSTL 看我国文献传递服务的模式和发展趋势[J]. 大学图书馆学报,2004(6): 33-37.

[6] 马杰,徐旭光. 文献传递服务的发展历史和现状[J]. 四川图书馆学报,2003(5): 61-63.

[7] 杨欣. 我国文献原文传递服务现状与分析[J]. 农业图书情报学刊,2007(10): 172-176.

[8] 金红仙. 德国图书馆文献传递服务研究[J]. 浙江师范大学学报(自然科学版),2005(8): 357-360.

2 馆际互借国内外现状调研和趋势分析

馆际互借是图书馆之间根据协定相互利用对方馆藏以满足本馆读者需求的文献外借方式，是一种图书馆馆际合作与信息资源共享方式，是图书馆提高服务质量的重要业务。任何图书馆都不可能储藏读者需要的所有信息资源，当读者需要某种本地图书馆没有的资料时，馆际互借可将其他图书馆的馆藏作为本馆藏书的延伸，弥补馆藏的不足，实现资源共享。

2.1 馆际互借历史

馆际互借在西方有着悠久的历史。1901 年，美国国会图书馆开始对其他图书馆实行馆际外借服务，并向大约 400 多家图书馆提供馆藏目录卡片。1917 年，美国图书馆协会制订了《美国图书馆互借实施规则》。它是世界上第一个馆际互借规则。之后，英国、苏联等国家图书馆也颁布了相应的规章制度。1993 年由美国图书馆协会与成人服务专业委员会再次修订了美国图书馆互借规则，2001 年又加以修改，定名为《美国馆际互借规则》。该规则顺应馆际互借的发展，强调了数据保护，对获得申请馆授权可自办的读者减少了代办中间环节，缩短了资料获取时间。如今，OCLC(国际联机计算机图书馆中心)在开展全球信息资源共享、推进全球馆际互借服务方面进行了卓有成效的探索，把传统的馆际互借服务推向了新的高度。OCLC 大力发展成员馆，开发了一个馆际互借系统，利用这个系统 OCLC 的成员馆可通过网络完成成员馆之间的馆藏互借。

就我国而言，关于馆际互借的规定，最早可见于 1924 年 6 月的《上海图书馆章程》，而最早开展馆际互借服务的则始于 1927 年北平图书馆(现国家图书馆)。我国于 1956 年颁布《高等学校图书馆馆际互借办法(草案)》，次年，国务院批准了《全国图书馆协调方案》，1990 年国家科委颁布《中国科学院文献情报系统馆际互借规定》。目前我国开展馆际互借服务以国家图书馆、上海图书馆和北京地区高校图书馆文献资源保障体系(BALIS)系统为代表。

2.2 我国图书馆开展馆际互借服务现状

2.2.1 国家图书馆

20 世纪 50 年代初，文化、教育、科研等方面的不断发展，给馆际互借的发展创造了条件和环境，国家图书馆（当时称北京图书馆）、中国科学院图书馆及一些高校图书馆都相继恢复或创办了馆际互借工作。尤其是国家图书馆（以下简称国图）率先有计划、大规模地开展了全国范围的馆际互借工作。

1988 年，国图已与国内省市公共、科研院所、大学等 300 多家图书馆建立了馆际互借关系，并与国外 94 个图书馆建立了国际馆际互借关系，其中涉及 35 个国家和地区，包括美国、苏联、英国、法国、日本、印度、朝鲜、津巴布韦等。

1997 年为适应图书馆馆际互借规模扩大、服务内容深化的需求，国家图书馆在馆际互借基础上又发展了文献传递服务，成立了文献提供中心。进入 21 世纪，国家图书馆返还型文献的馆际外借，以其雄厚的馆藏资源，吸引着大量国内外用户，馆际外借图书逐年递增。2003—2008 年间，国图新增馆际互借合作单位近 90 家，馆际互借量也从 2003 年的 5 592 册攀升至 2008 年 14 577 册，到 2010 年更是达到了 3.5 万余册。

2.2.2 上海图书馆

1998 年上海图书馆加入 OCLC 馆际互借服务（OCLC Interlibrary Loan Service），是中国大陆地区第一家在 OCLC 上开展馆际互借服务的图书馆，标志着上海图书馆开始面向全球提供馆际互借服务。目前 OCLC 的馆际互借成员馆达到几千家，从理论上说，上海图书馆和所有这些 OCLC 的馆际互借成员馆都可以实现资源共享。

2004 年 7 月，上海图书馆与台北市立图书馆签订了馆际互借合作协议，开创了海峡两岸图书馆馆际互借合作的先河。截至 2010 年 12 月，上海图书馆直接建立馆际互借合作关系的图书馆达到 115 家，其中境内 93 家，境外 22 家。在 115 家合作馆中，有国家馆（4 家）、公共馆（24 家）、高校馆（54 家）、情报所（19 家）、专业馆（11 家）和专业文献传递机构（3 家）等，合作馆遍布亚洲、美洲、欧洲和澳洲。

2010 年 9 月 1 日，上海图书馆正式推出了原书馆际互借服务系统。上图馆际互借（原书外借）服务是上海图书馆新推出的一项馆与馆之间的文献资源共建共享服务，是图书馆延伸服务的新举措。该服务以上图的参考外借类图书为文献保障，以上图馆际互借系统为技术手段，以快递为物流保障，把上图的参考外借图书服务到全国和世界各地。上述已经和上图建立馆际互借合作关系的 133 家国内外图情机构都可以通过该系统向上图申请馆际互借参考外借类资料。截至 2011 年 7 月，上海图书馆已经向国内外 40 多家图书馆外借图书 1 580 册，馆际互借满足率达到 97.8%。

2.2.3 BALIS

成立于 2007 年 11 月 30 日的“北京地区高校图书馆文献资源保障体系”（BALIS），作为北京市教委领导下的北京地区高等教育公共服务体系之一，旨在用现代图书馆理念、先进的技术手段整合高校图书馆丰富的文献资源和人力资源，依托中国高等教育文献保障系统（CALIS），实现北京地区高等教育文献信息资源的共建、共知、共享，为北京地区的高等教育服务。

BALIS 馆际互借服务依托成熟的系统平台，建立安全、可靠和高效的馆际互借系统，充分利用高校间便捷的网络环境，为北京地区高校读者提供馆际互借服务。读者以馆际互借的方式通过所在学校的图书馆获取 BALIS 馆际互借中心成员馆丰富的文献资源。如今国家图书馆和上海图书馆都和 BALIS 开展了合作，大大丰富了 BALIS 成员馆获取资源数量和种类。截至 2010 年 12 月，包括清华大学、北京大学在内的 73 所高校图书馆正式加入 BALIS 馆际互借服务体系。

BALIS 现行的服务采用集中式门户平台和分布式服务相结合的方式。从系统运行模式来看，馆际互借系统在系统技术上是集中控制，应用系统安装在中心馆，各成员馆通过 Web 方式访问馆际互借系统。由中心馆负责各成员馆的账号申请、审批、补贴费用的申请及发放、物流费用的统计与结算。中心馆的服务对象是成员馆，而不是最终用户。而服务的具体事务和读者则是由成员馆分散管理。各成员馆均设有馆际互借员，由他直接面向最终用户，负责处理与读者间的馆际互借事务，也就是各成员馆管理员自行管理本馆读者。该模式下，各成员馆的读者经过馆际互借员审核通过后，可以直接在系统中注册开户，向系统提交馆际互借申请。目前 BALIS 馆际互借采用了专业的物流公司运送文献，物流公司根据运送的地理位置远近按件进行收费。通过物流公司取送图书，读者不出校门，就能借到外校的丰富馆藏资源。BALIS 馆际互借的工作流程如图 2-1 所示。

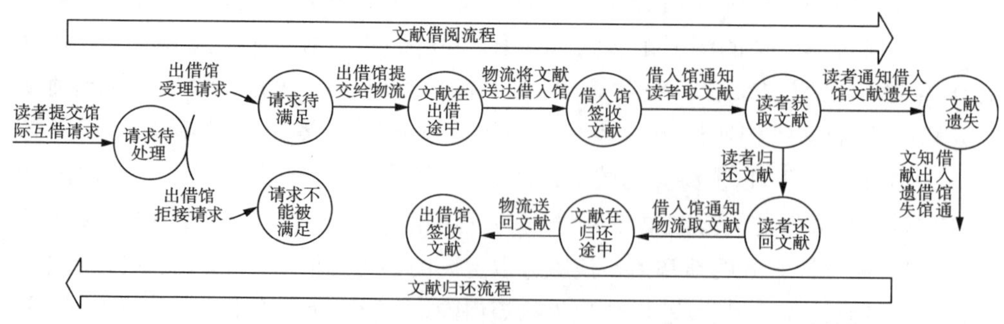

图 2-1　BALIS 馆际互借的工作流程

3 年多来，BALIS 馆际互借服务发展迅速，2010 年，BALIS 的读者共提交馆际互借请求 6 742 册，处理 6 509 册，满足 3 859 册，比 2009 年有明显增长。图 2－2 为 2010 年和 2009 年 BALIS 馆际互借数据对比。

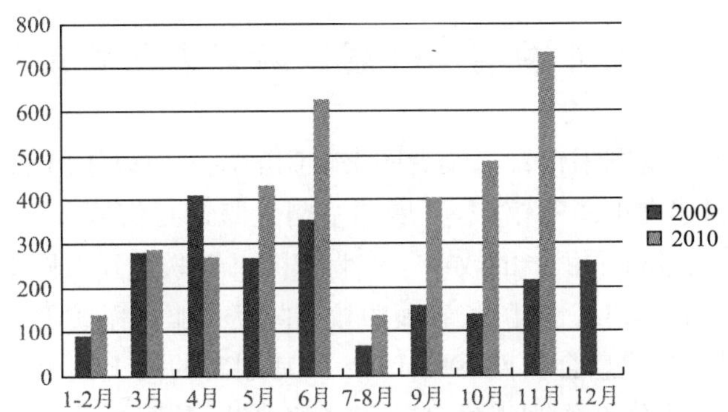

图 2－2　2010 年和 2009 年 BALIS 馆际互借数据对比

尽管和文献传递相比，馆际互借的满足率还不高，量也不是太大，但馆际互借从最基础的层面上利用了各馆的馆藏资源，弥补了个体图书馆的馆藏不足，扩大了图书使用范围，并为充分利用文献资料创造条件，促成了分工采购的资源共享机制，节约了采购经费。

2.2.4　CASHL

CASHL 是中国高校人文社会科学文献中心（China Academic Social Sciences and Humanities Library）的缩写，于 2004 年 3 月 15 日正式启动并开始提供服务。目前国内人文社科研究者研究经费不足，外文图书资源相对匮乏，而读者需求则更加广泛而迫切。有鉴于此，CASHL 着力于打造国家级的人文社会科学文献资源保障平台，它组织国内 17 家具有学科优势、文献资源优势和服务条件优势的高等学校及科研院所图书馆，有计划、有系统地引进和收藏国外人文社会科学文献资源，为全国高校、哲学社会科学研究机构的科研工作者提供综合性文献信息服务。

CASHL 的馆际互借服务是 CASHL 服务的一个分支。CASHL 馆际互借服务推出之初，其服务范围仅限于 CASHL 的 17 家中心馆的高级职称用户。随着系统运行的平稳，目前已经开放到全国所有的 CASHL 用户；但还仅限于高校教师和博士生，每人每次最多可以借阅 3 本图书。在资源揭示上，CASHL 拥有统一的“高校人文社科外文图书联合目录”，该联合目录是通过 CASHL 服务馆上传的书目数据而自行整编集成。通过这一目录，读者可以方便地检索和浏览 CASHL 全部馆藏文献，馆际互借员直接在 CASHL 系统里提交馆际互借请求。

由于 CASHL 馆际互借仅对高校教师和博士生开放，而且每本收取 40 元的馆际互借费也很难令一般读者认同,这在一定程度上限制了 CASHL 这一服务的广泛推广。

2.3 国外图书馆开展馆际互借服务现状

近年来,国外一些图书馆针对读者图书借阅的需求趋势作出积极回应,建立图书馆合作联盟,组建虚拟图书馆藏,开展图书网上跨馆互借服务,并对传统馆际互借图书的服务方式进行了积极的改革。作为以图书馆联盟开展网上馆际互借服务的典型代表,美国的 OCLC、美国长春藤盟校馆际互借服务系统 Borrowing Direct、美国俄亥俄州图书与信息合作网 OhioLink 以其创新的网上图书馆际互借模式被业界同行评价为图书馆合作和提供高效服务的典范,其服务构思与成功经验值得关注与探讨。

2.3.1 OCLC

许多用户和馆员都是从 WorldCat 开始认识 OCLC 的。OCLC 始建于 1967 年 7 月 5 日,名称缩写的原意为"俄亥俄大学图书馆中心",1987 年改名为"联机计算机图书馆中心"。经过近 45 年的发展,由最初俄亥俄州 54 所大学图书馆组成的州内图书馆协作网,今天发展成为世界上最大的图书馆网络,向遍及全球的数万家图书馆提供从编目到资源共享的全方位服务。WorldCat 是 OCLC 联机联合编目数据库。OCLC 编目数据库原名 OCLC 联机联合目录,1996 年正式更名为 WorldCat。它是一个内容覆盖全球的联合目录,是世界上有关书目信息的最大和最丰富的数据库。

近年来,面对搜索引擎对图书馆用户的分流作用的挑战,OCLC 进一步拓展了其资源获取渠道,与各个国家级图书馆、博物馆、研究机构合作,获取资源,迅速地扩张数据数量。2008 年是一个具有标志性的年份,随着瑞典国家图书馆、瑞士国家图书馆、澳大利亚国家图书馆、中国国家图书馆以及新西兰国家图书馆的书目记录陆续加入 WorldCat,WorldCat 数据库中的非英语资料记录终于首次超过了英语书目记录。而在 1998 年,WorldCat 数据库只有大概三分之一的非英语作品。2008 年 5 月 OCLC 与谷歌签订了数据互换协议,谷歌将与 OCLC 共享数字化图书的数据和相关链接,从而使 OCLC 有可能在 WorldCat 中为 OCLC 成员图书馆提供数字化馆藏链接。同年 10 月 22 日 OCLC 又与法国国家图书馆达成合作协议,将法国国家图书馆的 1 320 万条书目记录加入 WorldCat。自 2008 年至 2010 年中国国家图书馆已经陆续将 230 多万条中文书目记录和 110 多万条西文书目记录上传至 WorldCat。2010 年 4 月中国国家图书馆正式加入 OCLC 的 WorldCat 资源共享服务网络即 OCLC ILL，在开通的第一个 24 小时内，通过 WorldCat 资源共享平台向中国国家图书馆文献提供中心提交的馆际互借请求就达到了 11 件。2010 年，中国国家图书馆累计通过 OCLC 向全世界馆际互借图书 3 000 余册。

OCLC ILL 的工作平台目前使用的是 OCLC 的在线 ILL 系统。馆际互借员在完成数据库检索后，如果查到所需资料，只要按馆际互借功能键，输入所属机构名称，编制馆际互借工作单，说明书目信息之外的其他要求，如费用限制、时间限制、版权声明、文献递送地址、付费方式等，在“提供馆”字段内选择不超过 5 个图书馆的代码，以图书馆的名义向第一个文献馆发出借书请求。文献收藏馆收到请求后，检索本馆馆藏，若能提供，则成为提供馆。提供馆有责任对所有的请求迅速采取行动，如：办理借出手续，包装，寄送，通知读者馆图书已送出，向请求馆说明是否需要返还、出借期限等情况。馆际互借系统中 OCLC 内置有时限的要求，馆际互借部负责确保材料迅速交付；如果无法提供，图书馆会在合理的时间内迅速作出反应，通过同样的方法向可能有的图书馆发送请求。每个可能的提供馆一般在 4 天之内作出应答。馆际互借双方也可以通过系统对话。

2.3.2 Borrow Direct

Borrow Direct 项目是在美国研究图书馆学会的协调与推动之下，美国哥伦比亚大学、耶鲁大学和宾夕法尼亚大学于 1999 年底开始试运行的。2002 年美国 7 所长春藤盟校全部加入 Borrow Direct 项目，开展馆际互借服务。Borrow Direct 的核心目标是：重新设计馆际互借服务的远程操作与借阅事务的处理模式，缩短获取图书的周期和降低图书馆际互借的费用，使读者更加方便地进行图书跨馆借阅。为此，Borrow Direct 项目的合作者们认真分析了影响服务速度、服务周期、服务成本的主要因素，对传统馆际互借服务的关键性环节进行了相应的改革与设计。

通过 Borrow Direct 合作馆的图书联合目录，读者可以通过 Borrow Direct 的服务平台在 4 个工作日之内借到其他大学图书馆提供的图书，借期为 30 天，不可续借。当读者提交图书借阅申请后，Borrow Direct 提供跟踪性服务状态通知服务。Borrow Direct 通过服务系统自动发送电子邮件通知读者馆际互借图书申请的当前处理状况和图书的归还信息。其中包括申请是否处理完毕、图书是否发送、图书到期提醒、图书归还催办、图书逾期通知等，使读者自借阅申请发出后，可以及时了解服务进程、图书满足状态和图书归还期限。在馆际互借服务中，物流也是一个非常重要的环节。各联盟馆不承担直接的图书传递工作。Borrow Direct 将图书的递送业务委托给商业性的、提供 24 小时服务的速递公司，以保证图书传递的速度和频率，因此读者自发出请求后可以在 4 天之内收到图书，保证了馆际互借的有序高效。基本服务流程见图 2-3。

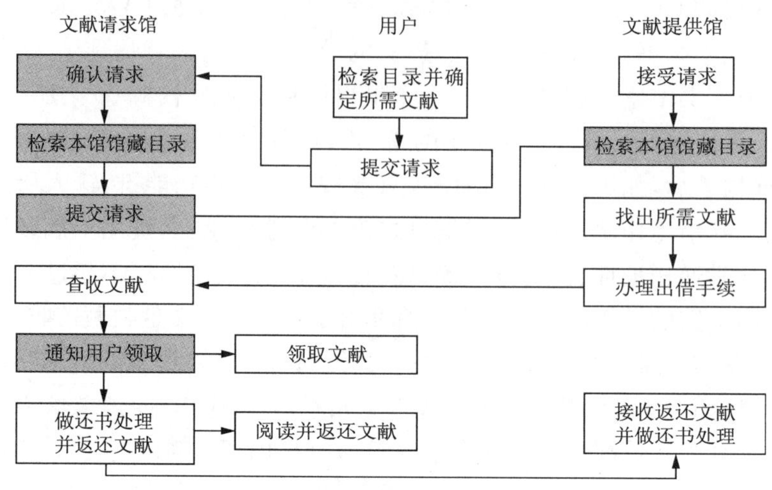

图 2-3　馆际互借流程

图中，阴影部分就是 Borrow direct 项目相比传统馆际互借流程简化的流程，箭头是 Borrow Direct 项目自动向读者发送电子邮件通知的部分；因此相比传统的馆际互借流程，Borrow Direct 方便读者直接检索目录、提交请求、获取图书，大大简化了馆际互借员的工作，从而保证馆际互借服务的高效。

根据美国研究图书馆协会的全美馆际互借调查及 Borrow Direct 系统统计数据表明，与传统馆际互借方式相比，Borrow Direct 在服务速度、服务满足率、借阅成本及整体服务方式上具有明显优势。Borrow Direct 的读者自助直接借阅方式将以往所需的 7 个工作日以上的服务周期缩短为 4 个工作日之内，服务响应明显提速。Borrow Direct 的联合书目集成查询、馆藏流通信息揭示以及借阅申请的自动转发功能促使服务的平均满足率从 66.5%提升到 84.8%。由于 Borrow Direct 降低了图书馆在事务处理、图书传递及服务全过程的介入程度，从而减少了图书馆人员、办公等隐性成本支出，将单次借入图书的平均费用从 17 美元降低为 7 美元。在 Borrow Direct 开展的电子邮件读者调查问卷中，Borrow Direct 的易用性和服务效率得到了读者的充分肯定。读者在 10 分制的评价体系中给予 Borrow Direct 7.7 分的高满意度评价。

2.3.3　OhioLink

美国俄亥俄州图书馆与信息合作网 OhioLink(Ohio Libray and Information Network)是美国区域性的州际文献资源共享网络。OhioLink 最初由俄亥俄州 18 所大学合作构成，以解决州内大学普遍存在的图书购置经费短缺、馆藏空间紧张、馆藏建设无法满足读者需求快速增长的矛盾等问题。其中，网上联机馆际互借服务是 OhioLink 于 1995 年最早进入运行的服务项目之一，发展至今已覆盖了俄亥俄州的80余所大专院校图书馆和其他类型的图书馆，使全州600多万学生、教师及读者从中受益。

OhioLink采用公共的中心系统与联盟馆本地系统联合运行的模式为读者提供服务。对于骨干网中心系统以及联盟馆各自的本地系统建设，OhioLink委托创新界面公司（Innovative Interface，Inc.）开发了统一的系统软件，并由数字设备公司（Digital Equipment Corporation）提供统一的计算机硬件，以实现中心系统及各馆本地系统高度畅通一致的连接，同时在保证技术标准整体一致性前提下授权各联盟馆根据需求在本地系统设定系统参数。为保证联盟馆的资源共享，OhioLink致力于为各联盟馆建立资源丰富的虚拟馆藏。为提供联合书目查询与网上图书互借，OhioLink在中心系统建立一个公共的中央书目数据库，其书目数据来自其各联盟馆的本地系统。各联盟馆通过联合编目、联机存取书目记录和从OCLC WorldCat中套录数据进行图书编目作业并将书目记录转入本地系统和中心系统。

OhioLink馆际互借的突出优势之一是其联盟馆本馆流通、图书跨馆借阅与文献传递的一体化网上服务。通过OhioLink，其联盟馆的读者可以在校园、宿舍、家中或本州内任何一个图书馆在线查询所需图书，当读者所需的图书在本地馆不能满足时，可以直接进入联合书目进行查询，向图书入藏馆发送远程借阅申请并选择距离最近的图书馆办理借还书手续。当申请远程借阅OhioLink任何一个联盟馆的图书时，读者仅需要提供本人的ID，同时读者也可根据需要申请非返还型的文献传递服务。OhioLink系统能够承受4 500个读者同时登录联合书目进行检索和在线申请馆际互借。馆际互借服务不仅可以在线互借80多个联盟馆的图书，近年来还增加了馆际互借声像资料及图书预约功能。OhioLink的远程借阅服务流程使联盟馆读者感受到借阅外馆图书如同借阅本馆图书一样简单和方便。

OhioLink通过与当地邮政快递公司合作建立图书快递服务。当图书出借馆通过OhioLink接到读者的借阅申请后，按规定将在24小时内完成图书的提取准备工作。图书快递服务按规定在24小时内将图书快递到读者指定的图书馆。OhioLink的图书快递系统在全州设有多个传递中心并在全州近180多个点上进行图书的快速传递，读者在发出图书借阅请求后的48小时内，OhioLink的图书快递系统将图书送达读者指定的图书馆。

OhioLink的网上远程馆际互借服务是OhioLink众多服务中成效最显著的项目之一。在美国研究图书馆学会对全美120个图书馆馆际互借的调研中，OhioLink被评价为最成功的服务系统之一。OhioLink目前的远程图书跨馆借阅实现了48～72小时的服务时限，每年网上馆际互借借阅量超过60万件，年平均借阅超过30万人次，借阅成功率达85%。OhioLink在规模化服务的优势下，将单次馆际互借借阅图书的成本从15美元降低为8美元，成为在馆际互借服务方面具有读者效益、成本效益的成功案例之一。

2.3.4 其他

除了上述机构外，大英图书馆文献提供中心、德国 Subito 也都开展了大量的馆际互借服务。如大英图书馆文献提供中心负责全英的馆际互借工作，各地区不能满足的申请均可到该中心集中办理；大英图书馆文献提供中心提供300万册英文图书的馆际互借服务，借期4周，可续借4周；其他图书馆可以通过邮件、系统、传真等多种方式提交馆际互借请求，大英图书馆文献提供中心一般在1～2个工作日内响应。

2.4 国外馆际互借服务经验给我国的启示

2.4.1 重视需求与合作

从国外馆际互借的服务模式，我们不难发现，他们的成功很重要的一点是联盟馆的积极合作。面对需求增长、资源有限等共性问题，联盟馆在争取财政支持、履行合作协议、组建虚拟馆藏、统一技术环境、开展联合作业、提供远程借阅方面表现出积极、开放、协作、互利的态度，保证了合作服务的成功。在我国，无论公共图书馆还是高校图书馆、专业图书馆，外文图书资源相当有限，而改革开放以来，尤其是近10年来，读者对外文资源的需求更加广泛而迫切，因此图书馆馆际互借服务应根据国内的资源分布特点实现主要层面上的合作服务。例如，向 Borrow Direct 学习，由图书馆学会牵头，首先在比较容易协调和操作的图书馆机构系统内实现合作，建立虚拟馆藏资源揭示体系，形成联合目录；重组服务流程、畅通远程服务通道。其次，在图书资源相对集中的地区、图书馆和服务系统之间实现跨系统跨区域的合作与互联，以充分提高国内图书资源的利用率和对国内读者需求的覆盖率。

2.4.2 统筹技术环境

图书资源的跨馆流通在很大程度上依赖于技术环境的统筹建设。以 OhioLink 为例，其成功的关键之一在于根据读者需求，准确预见未来的合作内容和实现目标，对以合作为基础的整体服务环境进行了标准化、规范化、集中化处理。OhioLink 选择统一开发服务系统的硬件、软件与网络系统来建立集中式的中央书目、馆际互借系统和分布式的各联盟馆的本地书目、流通系统，在统筹服务环境的过程中实现了按照统一的技术标准、服务规范与协议搭建服务平台，同时兼顾服务环境整体的一致性和个体的灵活性，成功地实现了中心系统与本地系统的互动和畅通连接。

2.4.3 联合书目数据库建设

无论是OCLC，还是Borrow Direct或OhioLink，他们成功开展网上馆际互借的基础是具有完备的联合书目数据库。无论是通过Z39.50协议的在线集成检索还是通过中心书目系统与各联盟馆本地书目系统的互联，最终目标都是能够向读者提供一个充分、全面、完整的书目信息查询和获取途径的选择，能够准确、实时地指引读者利用更丰富的图书资源。明确、清晰、准确的联合书目数据库馆际互借服务是受到读者积极利用的重要因素。

2.4.4 读者自助直接借阅

将原有的馆际借阅方式转化为网上读者自助的直接借阅方式是Borrow Direct和OhioLink对传统馆际互借所采取的主要改革之一。直接借阅方式最主要的成功之处是简化流程、缩短周期和降低服务成本，让读者无论在何处都可以随时自主地查询书目、提交申请、选择借阅地点、了解服务进程。因此，读者自助直接借阅已逐渐成为国际流行的以图书馆联盟为基础的馆际互借服务模式。目前国内馆际互借图书的方式主要有读者持证到馆直接借阅、图书馆馆际互借部门代借、图书馆通过馆际互借系统进行网上代借。在未来发展中，应逐步将以到馆为主的互借方式转变到以网络服务为主的互借方式，根据本地实际情况，合理并灵活地选择读者自助直接借阅方式或者由图书馆进行代理服务的间接借阅方式，在借鉴国外同类服务的经验同时，设计并发展符合国情的网上馆际互借流程。

2.4.5 专业化快递系统

图书的递送速度是使馆际互借服务提速的关键。Borrow Direct和OhioLink的实践表明，采用专业速递公司的优势可以减轻图书馆的工作负担，随时随地地提供图书传递服务，有效地提升图书传递速度与传递频率，实现在24～48小时的图书传递时限；同时，在规模化服务的环境下，选用专业速递公司可以大大降低递送服务的成本。目前在国内，互借图书的递送一般采取图书馆自递、邮政专递、速递公司三大途径，在递送周期、递送安全、递送服务费用上各有利弊，可以根据不同的情况将不同的递送途径结合使用；但是为适应规模化服务，达到国外同类服务一般控制在48～72小时的图书递送速度，专业速递系统的利用应是互借图书服务的主要渠道。

2.5 我国馆际互借发展趋势分析

2.5.1 建立图书馆联盟是馆际互借服务的基础

从以上的调研可以看出，目前比较成功的馆际互借服务案例基本都以多个图书馆或情报信息机构的合作为基础。多馆合作的模式突破了以往图书馆封闭式独立经营管理体制和单馆自我保障模式，形成了受益于多个图书馆的馆际互借与资源共享机制。图书馆间共享资源不仅节省了经费开支，避免了不必要的重复性劳动，更提高了信息资源的利用率，符合文献资源的现状和馆际互借的未来发展趋势。上图正在致力于与现有的图书馆联盟机构比如CALIS、BALIS、中科院系统等开展合作，以期推动上图乃至我国馆际互借服务的发展和合作。

2.5.2 一站式检索平台是馆际互借的技术支撑

建立一站式检索平台即联合目录，可以方便读者一次性地检索到所有合作馆的馆藏信息资源，避免不必要的重复性操作，节省查询时间和精力。在一站式检索平台上，读者还可以将馆际互借请求直接发送到服务馆，简化馆际互借员的工作，提高工作效率。

这项工作目前越来越受到我国各图书馆联盟的重视，BALIS、CASHL包括CALIS都在积极地建设联盟内的统一检索平台；但要形成全国性的联合目录仍任重道远。

2.5.3 整合多馆资源、提供联合服务是馆际互借的目标

目前现有的图书馆联盟通过整合多馆资源，为各个成员馆提供各种共享式的联合信息服务，包括联合编目服务、馆际互借与文献传递服务、联合参考咨询服务及提供一站式检索平台服务等等，不仅解决了各个成员馆资源有限、经费紧张、人才紧缺的问题，而且以资源共享的方式极大地满足了读者日益增长的信息需求，提升了合作馆的信息服务功能。

中国国家图书馆曾经在2007年11月发起成立了文献提供协作网，并初步建设了网站，全国各图书馆与情报服务机构均可成为合作单位，共同参与各模块的内容建设。这是很好的起步。如果能够从建设统一的联合目录和统一的馆际互借服务平台入手，相信中国的“OCLC”就指日可待了。

（本文作者　夏磊、陈顺忠　上海图书馆文献提供中心）

参 考 文 献

[1] Library of Yale University. Introduction of borrow direct[EB/OL]. [2011-6-16]. http://www.library.yale.edu/ill/borrowdirect.html.

[2] 姚丹丹. 基于图书馆联盟的网上馆际互借图书服务——以美国 Borrowing Direct 与 OhioLink 为例[J]. 图书情报工作,2008(6):146-149.

[3] 关志英. 印刷型图书的馆际互借新模式的介绍与分析[J]. 现代图书情报技术,2005(3):33-36.

[4] 袁玉英. 浅谈直接借阅服务[J]. 图书馆建设,2005(6):77-79.

[5] Ohio Library and Information Network. Ohiolink[EB/OL]. [2011-6-16]. http://www.ohiolink.edu/.

[6] 李国庆. 世界图书馆联盟的典范:OhioLINK 信息资源共享模式研究[J]. 图书情报工作,2004,48(7):13-16,89.

[7] 王刘艳. Borrow Direct:为馆际互借提速[J]. 图书馆杂志,2005(8):19-22.

[8] 王茜. 基于系统的 BALIS 返还式馆际互借服务研究[J]. 图书馆学研究,2009(6):62-64.

[9] 唐晶主编. 合作、共享、发展—图书馆文献提供服务[M]. 北京:国家图书馆出版社,2009.

3 基于SWOT分析的公共图书馆文献提供服务研究

随着信息化、网络化、数字化在图书馆领域的深入，馆与馆之间的合作、文献资源的共建共享已是大势所趋、人心所向。文献提供服务作为一项传统性与现代化并存的合作服务方式，怎样在这样一种环境下求得生存和发展，在更广阔的领域开拓新的共享途径和服务机制，全面提升为读者服务的品质，这是图书馆界研究讨论的热点。

美国文献家赫伯特说过："知识的一半，是知道到哪里去寻找它。"从一部书、一篇文章到特制的信息、特定的主题，从纸本印刷品到多载体信息、多媒体信息、数字化信息、电子出版物，从物理的馆藏到虚拟的数字化资源，网络环境下，图书馆走出传统的"藏书楼"，成为"信息集散地"。开放的理念，丰富的资源，扩大了图书馆用户的范围，激活了需求的增长，促进了文献提供服务的可持续发展。

3.1 发展公共图书馆文献提供服务的意义

3.1.1 提升公共图书馆为社会提供知识服务的能力和水平

现代图书馆的评价指标已经不仅仅是馆藏量、图书的流通量、到馆读者数等，文献提供数量已经成为衡量现代图书馆绩效的重要指标之一。2011年，我国的图书馆事业发展迎来了"十二五"的开局之年。在"十二五"中，我国公共图书馆将实现图书馆范式转变，即实现1994年新加坡国家图书馆提出的2000年图书馆应该实现7个方面的转变：(1) 从图书的保管者转变为服务本位的信息提供者；(2) 从单一媒体转变为多媒体；(3) 从本馆收藏转变为无边界图书馆；(4) 从我们到图书馆去转变为图书馆到我们中；(5) 从按时提供转变为及时提供；(6) 从馆内处理转变为外包处理；(7) 从区域服务转变为国际服务。根据以上图书馆范式转变的基本内容，文献提供服务将是推动并践行我国图书馆范式转变的重要服务之一。

公共图书馆区别于其他图书馆最重要的方面在于公共图书馆承担了服务社会的职责和功能，公共图书馆为社会提供的知识服务有助于提高社会整体的文化素质。作为图书馆知识服务中最基础、最核心的文献提供服务，其服务效果的优劣将直接影响公共图书馆为社会提供知识服务的能力和水平。

3.1.2　激活馆藏，资源共享

一个再大型的图书馆，它的馆藏资源终究还是有限的，但是读者的文献需求是无限的，为了解决馆藏资源的有限性与读者需求的无限性之间的矛盾，以最大限度实现各馆馆藏资源的共享，满足读者的各种文献需求，是目前所有图书馆面临的突出问题。在“以人为本”的今天，图书馆服务需要以读者为导向，那么任何一个图书馆对信息资源的“可获取”能力显得尤其重要。文献提供服务拓展了图书馆生存发展的空间，通过馆际互借等方式实现各馆馆藏资源的共享，大大提高了图书馆的文献保障率。

另一方面，文献提供服务也扩大了图书馆的服务范围，全国乃至全世界的读者都可以享受到某一个图书馆的文献提供服务，由此图书馆中很多“沉睡”着的图书随着文献提供服务的开展而重新“活”了起来。

3.1.3　优化公共图书馆的馆藏结构

文献传递业务是图书馆的窗口服务，通过文献传递业务的开展，可以最直接地了解用户和读者对知识服务的要求，因此可以说文献传递业务和馆际互借能够客观地反映出一定范围内文献资源的完备性和可得性。随着文献传递业务的深入、服务的积累，可以对公共图书馆资源建设提供有益的评价，通过推荐购买建议，达到优化公共图书馆馆藏的目的。

3.1.4　实现公共图书馆无时不在、无处不在的服务理念

相对于高校图书馆和其他专业图书馆，公共图书馆的服务对象明显要广泛得多。借助于互通互联的网络和新颖的信息工具，应用多元化的服务手段和信息工具，文献提供服务可以突破传统的时空局限，将文献资源推送到用户身边，实现公共图书馆服务的无处不在、无时不在。

3.1.5　提升我国图书馆在国际上的形象

随着中国在世界上的影响日益扩大，我国的图书馆通过走出去、请进来等多种交流沟通方式，在国际上的地位日益提升，在国际图联等国际图书馆组织上也能发出重要而响亮的声音；但是，就具体服务而言，我国图书馆在国际上的影响还是比

较小的。大英图书馆文献提供中心以“World knowledge”为口号，在全世界读者的心中树立了其知识服务的品牌，可见通过文献提供服务我们也可以提升我国图书馆在国际上的形象，树立中国图书馆的服务品牌。

3.2 我国公共图书馆文献提供服务发展现状

以国家图书馆和上海图书馆为代表的我国公共图书馆开展文献提供服务已有多年的历史，在为政府、企事业单位和个人提供文献服务的过程中积累了丰富的经验，并受到全社会的普遍欢迎。以下以上海图书馆为例，简单阐述目前我国公共图书馆文献提供服务的发展现状。

3.2.1 多层面、全方位地提供文献服务

知识经济时代，图书情报工作者应当成为信息的管理者、信息的研究者和知识的推动者。研究型公共图书馆的基本服务是“知识导航”，能够为所有的读者提供各种知识服务。上海图书馆的文献提供服务为大众、研究群体和决策部门多角度、多层次地提供文献服务。2003 年，文献提供中心成立之初，年原文传递量只有不到 5 000 篇；2008 年，原文传递量突破 2 万篇；2009 年，原文传递量达到 22 044 篇；2010 年也基本维持着年文献传递量 2 万篇左右，文献满足率近 90%。图书馆将这些文献资源提供给社会，公众可以依靠这项服务满足他们个人的信息需求，企业可以依靠这项服务提高自主创新的能力，政府可以依靠这项服务提高科学决策的水平。

3.2.2 图书馆间的合作日益增强

如今，公共图书馆非常重视与国内外图情机构在文献提供服务方面开展合作与交流，最大限度实现资源共享，让资源能够最大化地服务于社会。以上海图书馆为例。1998 年上海图书馆加入 OCLC 馆际互借服务系统（OCLC Interlibrary Loan Service），是中国大陆地区第一家在 OCLC 上开展馆际互借服务的图书馆，这标志着上海图书馆开始面向全球提供馆际互借服务。目前 OCLC 的馆际互借成员馆已达数千家，从理论上说，上海图书馆和所有这些 OCLC 的馆际互借成员馆都可以实现资源共享。2004 年 7 月，上海图书馆与台北市立图书馆签订了馆际互借合作协议，开创了海峡两岸图书馆馆际互借合作的先河。截至 2010 年 12 月，上海图书馆直接建立馆际互借合作关系的图书馆达到 115 家，其中境内 93 家，境外 22 家。在 115 家合作馆中，有国家馆（4 家）、公共馆（24 家）、高校馆（54 家）、情报所（19 家）、专业馆（11 家）和专业文献传递机构（3 家）等，合作馆遍布亚洲、美洲、欧

洲和澳洲。2010 年度，上海图书馆馆际互借数量达到 3 837 篇，其中境内 2 914 篇，境外 923 篇。

3.2.3　中小型公共图书馆对文献提供服务的认识不够

尽管经过多年的发展，以国家图书馆和上海图书馆为代表的公共图书馆的文献提供服务在社会上赢得了良好的声誉，但是还有很多公共图书馆对文献提供服务认识不足，甚至还有不少中小图书馆并没有开展这项服务。在笔者的实际工作中发现，很多中小型公共图书馆对文献提供服务工作的重视度要落后于高校图书馆和专业图书馆。当这些公共图图书馆以“市民的书房”和“社会文化教育机构”的角色履行普及文化科学知识、提高市民的文化素质的职责时，却忽略了自身知识服务的功能；而以文献提供为代表的知识服务工作恰好是图书馆在社会中树立应有地位最好的方式。

3.3　公共图书馆文献提供服务的 SWOT 分析

公共图书馆发展文献提供服务存在各种有利和不利因素，机遇和威胁并存。

3.3.1　优势

1）丰富的馆藏资源　国家图书馆和上海图书馆作为公共图书馆的代表，拥有丰富的馆藏资源。国家图书馆作为我国最大的图书馆，藏书达到 2 500 多万册，其中外文图书 300 多万册。1995 年上海图书馆与上海科学技术情报研究所的合并大大丰富了馆藏科技资源，其中专利、标准、科技报告等科技文献都是文献提供的重要内容。如今上海图书馆拥有外文书刊达到 250 万册，拥有国内种类最多的外文会议录。另外，各地的公共图书馆的地方文献、地方报纸都是文献提供的重要信息源。公共图书馆丰富的馆藏资源是开展文献提供工作的基础。

2）完善的馆际互借网络　无论是国家图书馆还是上海图书馆，都非常注重馆际互借网络的建设。目前，它们都已经和国内外众多图情机构建立了文献传递和馆际互借的合作关系，通过馆际互借网络可以将馆藏无限拓展，最大可能地提高了文献传递的满足率，同时也为公共图书馆在国内外同行中树立了良好的形象。

3）广泛的服务对象　公共图书馆的服务面向整个社会，服务对象遍布个人读者、政府部门和企事业单位，因此公共图书馆的服务对象非常广泛，社会所有成员都可以享受公共图书馆的服务。广泛的服务对象为公共图书馆开展文献提供服务提供了极大的便利。

4) 一站式的文献服务　国家图书馆和上海图书馆都提供从各种类型和载体的文献检索、原文传递、馆际互借到代理翻译的一站式的文献提供服务，这在国内同行中是非常具有优势的。

3.3.2 劣势

1) 公共图书馆的文献提供服务没有联盟　目前，从国内的文献提供服务来看，有三大主要的图书馆联盟——中科院系统、CALIS系统和NSTL系统，它们抢占了国内文献传递服务的主要客户(研究所和高校)；但是这三大系统没有包括一家公共图书馆，公共图书馆也没有建立公共图书馆范围的联盟，在服务流程、服务规范、服务价格等方面都没有统一的标准，处于相对松散、各自为政的状态，资源重复建设，没有形成合力服务社会。

2) 资源整合不够　相对于中科院、CALIS和NSTL，公共图书馆由于缺乏联盟，因此也没有形成资源的联合目录。由于公共图书馆的资源种类繁多，除了传统的图书、期刊、报纸外，还包括科技报告、专利、标准等，这些种类复杂的文献资源缺少统一的检索平台供读者利用，有的甚至还没有进行充分的揭示，以至于读者无从查找；另一方面，公共图书馆的文献提供系统也是各自为政：这些都对公共图书馆文献提供服务的发展造成很大的不便。

3) 电子资源的缺乏　CALIS、中科院和NSTL系统在电子资源上的优势相对于公共图书馆非常明显，它们通过集团采购的方式采购了大量的电子资源，如今，很多高校图书馆的采购重点已经基本放在电子资源的购买上；但很多公共图书馆受采购经费的制约不得不减少电子资源的采购。

4) 营销的劣势　公共图书馆如何在网络时代推广宣传文献提供服务是所有公共图书馆面临的突出问题。由于公共图书馆服务面广，社会对图书馆总体的认知率又比较低，因此宣传推广成为公共图书馆发展文献提供服务的一个瓶颈。

5) 相对较高的服务价格　CALIS、中科院和NSTL系统由于可以享受到系统内部对文献提供的服务的价格补贴，因此可以将文献提供服务的价格控制在一个非常低的水平上；但是公共图书馆由于游离于这些系统之外，目前还没有任何的政府补贴，因此其服务价格势必高于CALIS、中科院和NSTL系统以支撑必要的服务成本。

3.3.3 机遇

1) 社会的发展使得文献需求量急剧增加　随着社会的发展，各类读者对文献的需求急剧增加，这给文献提供事业提供了良好的发展契机，如何抓住这一契机，发展文献提供服务，提升文献提供服务将是今后一阶段的核心问题。

2）公共图书馆全方位的服务　虽然目前三大文献提供系统抢占了大量的客户，但是由于这三大系统有本身的局限——相对封闭，如中科院系统的服务对象主要为系统内的科研人员，高校图书馆的服务对象主要为师生，NSTL 的服务对象主要为专家学者。而公共图书馆的服务对象则是全方位的，从平民百姓到专家学者，从国内读者到海外读者，从这一点来看，公共图书馆还是有很多机会——因为公共图书馆的服务更加开放。

3）3G 为文献提供服务提供了新的机遇　随着通信技术的不断发展和完善，手机在日常生活中发挥着越来越重要的作用，3G 时代已经来临。国家图书馆已开通“掌上国图”，上海图书馆也推出“手机图书馆”。利用 3G 技术，读者可以用手机向图书馆提交文献提供请求，而图书馆也可以向用户提供更方便、更优越的文献检索服务，进而提供文献在线阅读服务，使读者随时随地地阅读，不受时间空间的限制。3G 技术为图书馆文献提供服务提供了新的机遇，运用新技术，文献提供服务可以迎来新的发展契机。

3.3.4　威胁

1）开放存取方兴未艾　开放存取（Open Access，OA）近几年在出版界的推动下发展得如火如荼。在开放存取环境下，学术信息免费向公众开放，打破了价格障碍，打破了权限障碍，获取使用更加便捷。以大英图书馆文献提供中心为代表的文献提供机构的文献传递量达到近 10 年来的最低水平。开放存取能够使用户以最少的中间环节、最短的流通时间、最快的速度免费获得最新的学术成果；用户不再完全依赖图书馆，可以直接从网上获取大量高质量的学术信息资源。在这种情况下，图书馆的文献提供服务面临严峻挑战。

2）商业文献传递机构异军突起　目前，国外商业文献传递机构的飞速发展，给图书馆的文献传递业务带来一定的威胁。这类商业公司以低廉的价格、良好的服务抢占了图书馆越来越多的文献传递业务。如何处理好与这类公司的关系，使得两者双赢发展，是公共图书馆今后需要研究的问题之一。

3）互联网上获取文献的途径越来越多　互联网的发展使得越来越多的人通过互联网获取信息，而且互联网上获取信息的途径也越来越多，使得很多对文献查全查准要求不甚高的读者不再通过图书馆获取文献。如今，Google 已经将所有出版的纸质图书中的 11%进行了扫描，共达到 2 万亿单词。网上文献提供的互助论坛也层出不穷。所有这些都给图书馆的文献提供工作造成很大的冲击。

综上所述，我国公共图书馆在馆藏资源、服务水平、馆际互借网络等方面具有较强的优势，但是也存在很多发展劣势。表 3－1 是公共图书馆文献提供服务的 SWOT 分析表。

表 3-1　公共图书馆文献提供服务 SWOT 分析

自身优势和劣势 战略取向 环境带来的机会和威胁	优势(S) 1. 传统纸质资源的馆藏优势 2. 广泛的服务对象 3. 比较健全的国内外馆际互借网络 4. 文献提供的一站式服务	劣势(W) 1. 公共图书馆的文献提供服务没有联盟 2. 资源整合不够 3. 缺少有效的营销手段 4. 有限的电子资源 5. 相对较高的服务价格
机会(O) 1. 社会的发展使得文献需求量急剧增加 2. 公共图书馆开放的服务——最大可能地为各类读者服务 3. 3G 时代为文献提供服务提供了新的机遇	SO 战略(最大与最大战略) 1. 发挥资源、服务和网络优势,做大做强公共图书馆的文献提供服务 2. 利用新技术,推出新服务,吸引新客户 3. 利用网站,吸引各类读者成为我们的客户	WO 战略(最小与最大战略) 1. 积极推进公共图书馆文献服务联盟建设,扩大资源和服务范围。 2. 通过多渠道,多方式宣传文献提供的服务,以吸引更多的用户 3. 向政府有关部门呼吁争取获得支持,以便提供优惠的服务价格
威胁(T) 1. 开放存取方兴未艾 2. 商业文献传递机构异军突起 3. 互联网上获取文献的途径越来越多	ST 战略(最大与最小战略) WT 战略(最小与最小战略) 1. 探索和国内外各类文献传递机构的合作模式,争取实现双赢发展 2. 利用 3G 新技术,开展面向各种终端的文献提供服务 3. 通过各种方式培育更多的人使用图书馆,使用图书馆的服务	

3.4　公共图书馆文献提供服务发展策略

3.4.1　建立公共图书馆联盟

上述分析中,已经提到目前国内存在的三大文献服务联盟——中科院系统、CALIS 系统和 NSTL 系统,而公共图书馆是游离于这三大联盟之外的。不同图书馆有各自不同的文献格式、搜索方式、应答系统、馆员操作程序等,因而造成读者的不便。如果没有图书馆联盟的支持,孤立的图书馆将很难在资源共享领域取得突破。因此是否可以建立公共图书馆文献服务联盟,或者建立创建类似美国研究图书馆协会(简称: ARL)的研究性图书馆联盟,整合公共图书馆的资源,建立统一的文献提供平台和服务标准,利用信息技术,实现公共图书馆间的资源共享,让读者可以随时随地递交文献提供请求,方便快捷地获取公共图书馆的馆藏资料。

3.4.2　建立面向各种终端的文献提供服务

如今，我们已经进入3G时代，网络终端的多样化使得人们网络行为习惯发生了显著变化。据OCLC2010年报告称，40%的苹果使用者更多地通过这些苹果产品而不是桌面电脑或笔记本连接互联网。根据亚马逊公司2010年7月的官方统计，在2010年5月—7月3个月间，消费者购买Kindle电子书的数量已经超过了纸本书。信息技术的飞速发展给文献提供服务提出了新的课题，我们迫切需要推出面向各种终端的文献提供服务；换句话说，如果图书馆的文献能够直接推送到电子书、手机、iPad等各种被大家广泛使用的终端上，贴近读者的获取信息的习惯，相信会大大吸引读者使用图书馆的文献提供服务。

另一方面，随着信息技术的发展，读者向图书馆递交文献请求的方式也将更加多样化，因此如果图书馆能够接受读者利用手机等各种不同终端发送文献请求，这也将大大方便读者的使用。如今以国图和上图为代表的公共图书馆已经在手机图书馆方面进行了很多有益的尝试，上海图书馆还将于近期正式推出手机版文献提供服务。

3.4.3　开展更多个性化的知识服务

未来新型文献传递服务模式与内容都应体现“用户至上”的理念，开展更多个性化的服务。公共图书馆可以在文献资源的整合和揭示上下功夫，建立集成各类文献信息的文献提供服务平台，为用户提供个性化服务功能定制，如只需简单设定关键词读者就可以看到自己感兴趣的专题资料；同时，可以用户设定的关键词为核心，通过数据预处理技术和数据挖掘技术，使用可视化的方式动态展示知识的研究趋势，并可进行趋势对比，帮助用户快速掌握学术热点和走势；还可从相关人物、相关期刊、相关机构、相关主题词等多维度进行数据挖掘和知识揭示，使得信息资源的效用得到最大化利用。

3.4.4　加强网络营销，宣传文献提供服务

根据OCLC 2010年报告统计，美国几乎没有人是从图书馆网站开始他们的信息检索工作的，但是约有三分之一的美国人会在检索过程中用到图书馆网络。国内的信息用户估计也有类似的情况。我们不能忽略这些使用图书馆网站的三分之一群体，他们会使用图书馆的书目检索系统，因此如何在图书馆的书目检索系统上有效宣传文献提供服务是值得探讨的问题。

同样根据OCLC 2010年报告统计，82%的美国人通过搜索引擎开始他们的信息检索工作，可见搜索引擎已经非常深入人心。因此，图书馆是否可以考虑和Google这样的搜索引擎合作，通过搜索引擎揭示馆藏资源，利用搜索引擎的渗透

性扩大文献提供服务的影响。

随着网络免费全文获取渠道越来越多，开放存取模式方兴未艾，这给文献提供服务提出了严峻的挑战，这几年国内外众多文献提供机构的文献传递量已或多或少地有所下降。因此，如何采用新技术创新服务，推出新的业务增长点以推进文献提供服务的进一步发展将是图书馆人不断追求的目标。

本文作者：夏磊　上海图书馆文献提供中心

参考文献

[1] 吴建中. 战略思考——图书馆发展十大热门话题[M]. 上海科学技术文献出版社，2002.
[2] XIA LEI. Re-exploring the Library's Value as a Place: The Direction of a New Round of Development for Shanghai Library [J]. ALEXANDRIA, 2008, 20(2): 89 - 99.
[3] 唐晶. 合作、共享、发展：图书馆文献提供服务[M]. 北京：北京图书馆出版社，2009.
[4] 贾苹，刘素清，陈顺忠，等. 中德文献传递合作——中德跨域信息服务的成功实践[J]. 图书馆建设，2010(11)：70 - 73.
[5] OCLC. Perceptions of Libraries, 2010 Context and Community [EB/OL][2011 - 6 - 16]. http://www.oclc.org/reports/2010perceptions.htm.
[6] 陶莉华. 浅议图书馆范式演变中的几个问题[J]. 科技创新导报，2009(18)：210 - 212.

4　国外馆际互借和文献传递研究的文献综述

伴随数字化、网络化技术的飞速发展，馆际互借和文献传递已成为图书馆开展信息资源共享的重要方式，它大大降低了信息资源共享的物质成本和时间成本，是图书馆深受读者欢迎的一种服务形式。国外图书馆开展馆际互借和文献传递服务的历史早于我国，世界各国在开展这一服务中有很多成功的经验，学习各国的经验和研究国外的理论成果，对我国图书馆开展文献传递的理论研究及实践均有重要的现实意义。

进入 21 世纪以后，我国各个图书馆的馆际互借和文献传递服务如火如荼地开展起来，那么在这期间国外的发展状况如何呢？笔者通过 ISI 出品的 SSCI 数据库，以“document suppl * or document deliver * or interlend * or interlibrary loan *”为检索式，在 2001—2011 年间检索 SSCI 收录的论文，共发现有 461 条结果，其中来自《Interlending&Document Supply》这本期刊的就有 285 条记录，占到 62%。在国外诸多图书馆学专业期刊中，《馆际互借与文献传递期刊》(《Interlending&Document Supply》)是唯一一本以文献提供为主题的专业期刊，基本可以反映国外图书馆馆际互借和文献传递的发展现状；因此，本文通过对《Interlending&Document Supply》(以下简称 IDS) 2001 到 2011 年这 10 年间发表的论文进行归纳、分析来探寻国外发展研究现状，以期对我国图书馆馆际互借和文献传递的研究与实践有所启示。

4.1　文献定量统计与分析

4.1.1　从文献类型看

IDS 10 年间一共发表了 331 篇论文，期刊每期的论文在 8～9 篇。从文献类型看，这 331 篇论文中，对于世界各国图书馆和情报机构在开展馆际互借和文献传递服务中的实践和发展的描述和案例分析类的论文为178篇，占到所有发文量的53.8%；关于馆际互借和文献传递理论研究的论文为106篇，不到所有发文量的1/3；概念探讨的文章则更少，仅21篇。图4-1显示了文献类型的分布情况。

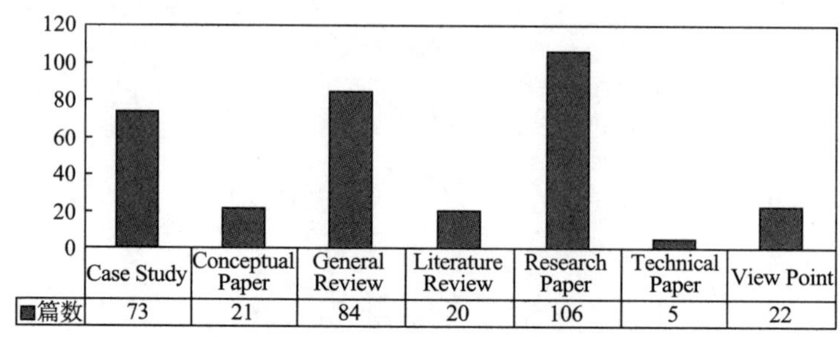

图4-1　文献类型分布表

从时间分布看(见图4-2)，馆际互借和文献传递的理论探讨大多集中在2005年以前，这期间主要以Research Paper和Literature Review的文章为主，虽然也有案例研究，但数量很少；从2006年开始，该期刊的论文更多地倾向于案例研究和介绍各国具体实践的论文；可见馆际互借与文献传递是一项实践性很强的图书馆服务，近几年很多发表的论文和具体实践是密不可分的。

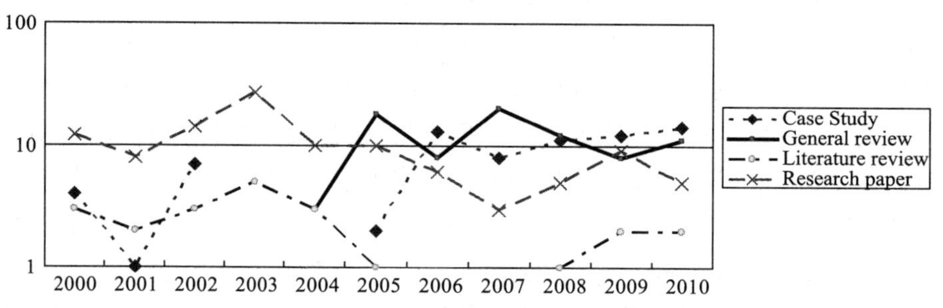

图4-2　文章类型与年份关系对照

4.1.2　从论文的研究地区看

近10年来，馆际互借和文献传递服务在世界各国得以广泛发展，如今，除英国、美国等外，以中国和印度为代表的发展中国家也都很好地开展了这一服务。从分析中，笔者发现，10年间，IDS共发表了关于41个不同国家和地区馆际互借和文献提供的发展现状的研究论文。图4-3是文献数量与地区的关系图。

从图4-3可以看出，英国和美国的相关研究论文居前两位，分别占了26%和11%；其次，加拿大、德国、中国、印度、韩国等国馆际互借和文献传递的研究论文也有6～7篇，可见以中国、印度和韩国为代表的亚洲图书馆开展的馆际互借和文献传递服务也已经进入了国际视野。图中的其他地区包括新西兰、荷兰、伊朗、尼日

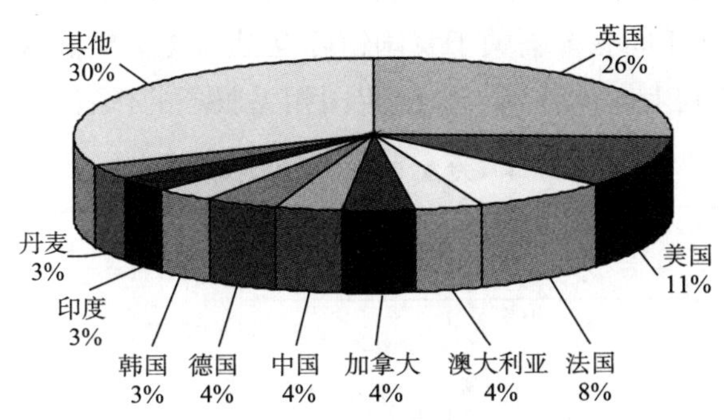

图 4-3　论文的研究地区分布

利亚等 31 个国家和地区①。笔者在统计中发现，伊朗、尼日利亚、乌干达等第三世界国家也纷纷开展了馆际互借和文献传递服务，而且形成了研究论文，虽然篇数较少，但是在国际上已展示他们在该领域服务的最新成果。

4.1.3　从论文作者看

样本统计中，笔者发现在馆际互借和文献提供领域里有以 MCGRATH M、LINE MB、SCHOPFEL J 和 JACKSON ME 为代表的一批活跃作者。其中 MCGRATH M(MIKE MCGRATH)是 IDS 的主编，他会不定期对一个阶段相关文献进行简单评述，以帮助读者在面上把握馆际互借和文献传递的最新研究进展。LINE MB (MAURICE B LINE)作为大英图书馆的前任馆长、IDS 的前任主编，在 2001—2006 年间在该期刊上共发表论文 18 篇，就馆际互借和文献传递的历史和现状提出了很多观点，并影响至今。如他早在 2002 年就提出文献传递的工作效率较馆际互借高，但文献格式、操作规则、传递方式等存在差异，因此需要建立统一的标准协议。SCHOPFEL J(SCHOEPFEL JOACHIN)是法国里尔三大信息学系主任，近几年来在 IDS 上发表了 9 篇论文，是该领域在国际上非常活跃的专家之一，他主要研究灰色文献的文献提供、开放存取等问题，并就法国地区开展馆际互借和文献提出服务的现状进行了介绍。JACKSON ME (JACKSON MARY E)是美国研究型图书馆协会馆藏建设部主任，10 年间他在 IDS 上共发表 8 篇论文，主要研究电子出版物、Big Deals(联合采购)对文献传递和馆际互借发展的影响，同时他也为读者带来很多美国地区最新发展的信息。

除此之外，还有很多作者在 IDS 上发表多篇论文，表 4-1 罗列了 10 年间在该

---

① 新西兰，5 篇；爱尔兰，5 篇；意大利，5 篇；荷兰，4 篇；瑞典，3 篇；南非，3 篇；伊朗，3 篇；希腊，2 篇；中国香港，2 篇；日本，2 篇；俄罗斯，2 篇；冰岛，2 篇；比利时，2 篇；克罗地亚，1 篇；捷克，1 篇；爱沙尼亚，1 篇；芬兰，1 篇；尼日利亚，1 篇；挪威，1 篇；葡萄牙，1 篇；南斯拉夫，1 篇；瑞士，1 篇；土耳其，1 篇；新加坡，1 篇；墨西哥，1 篇；西班牙，1 篇；乌干达，1 篇；塞尔维亚，1 篇；以色列，1 篇；拉美地区，1 篇；中东欧地区，1 篇。

期刊上发文5篇以上的作者名单。值得关注的是，南京理工大学图书馆的方丛蕙老师在2007—2010年间有3篇关于我国馆际互借和文献提供服务的论文，应该说是最早在该专业期刊上向国外同行介绍我国相关服务的作者。

表4-1 发文5篇以上的作者列表

作者名	发表论文数/篇	占百分率/%
MCGRATH M	32	9.67
LINE MB	18	5.44
SCHOPFEL J	9	2.72
JACKSON ME	8	2.42
PROWSE S	6	1.81
BAKER D	5	1.51
REID D	5	1.51

4.1.4 从作者机构看

从作者所属的机构分布看，来自大英图书馆的作者有27位，占到所有作者的8.16%；其次是来自IDS本身的编辑们。除此之外，美国的研究型图书馆协会(ARL)、法国国家科学研究院(CNRS)、OCLC等机构的作者也发表了多篇论文。这些机构也代表了目前世界上文献传递和馆际互借服务最先进的水平。

除了大英图书馆和澳大利亚、新西兰等国家馆，ARL，OCLC以外，其他基本都是来自于高校图书馆，而公共图书馆则相对少得多，可见目前国际上文献传递和馆际互借服务在高校图书馆开展得比公共图书馆更好，这点和我国目前的状况也基本吻合。表4-2列出了10年间在IDS上发文5篇以上的作者所属机构列表。

表4-2 发文5篇以上作者的机构列表

机构名	发表论文数/篇	占百分率/%
BRITISH LIB	27	8.16
INTERLENDING&DOCUMENT SUPPLY	14	4.23
CNRS	12	3.62
ASSOC RES LIB	7	2.11
NATL LIB AUSTRALIA	6	1.81
KINGS COLL LONDON	5	1.51
NATL LIB NEW ZEALAND	5	1.51

4.1.5　从作者分布地区看

从表 4－3 作者的地区分布看，来自英国和美国的作者无疑占到了 10 年间所有文献的近 50％。除此以外，来自欧洲、澳大利亚、加拿大、中国、印度、韩国等地的作者也在该期刊中发表多篇论文。10 年来，我国的作者在该期刊上共发表了 8 篇论文。虽然这是一本英文刊物，美国和英国的作者占有语言优势，但是我们非常高兴地看到有很多非英语母语的国家和地区的作者的文章，比如中国、韩国等，甚至还有来自伊朗、几内亚等国家和地区的作者。可见文献传递和馆际互借作为图书馆的一项核心业务，已经在全世界的图书馆得以较好的发展。

表 4－3　发文 5 篇以上作者的地区分布

国家/地区	发表论文数/篇	占百分率/%
ENGLAND	106	32.02
USA	50	15.11
FRANCE	17	5.14
AUSTRALIA	10	3.02
CANADA	9	2.72
GERMANY	9	2.72
SCOTLAND	9	2.72
DENMARK	8	2.42
PEOPLES R CHINA	8	2.42
NETHERLANDS	7	2.11
NEW ZEALAND	7	2.11
INDIA	6	1.81
IRAN	6	1.81
IRELAND	6	1.81
KOREA	6	1.81
ITALY	5	1.51

4.2　文献的内容分析

4.2.1　关键词分析

在对统计样本的关键词分析中，笔者剔除了馆际互借和文献传递领域常规的关键词，如 document delivery，document supply，interlending，interlibrary loan 等，同时也剔除以国家名称为关键词，剩余一共有 200 多个关键词。其中出现最多的是电子资源（electronic journals 或 electronic books 或 electronic resources，共出现 61 次）、资源共享（resource sharing，出现 52 次）、版权问题（copyright 或 copyright law，共出现 34 次）等，可见上述话题是 10 年来馆际互借和文献传递领域极为关注的热点。从图书馆类型来看，高校图书馆是文献传递和馆际互借领域服务开展最热的图书馆，以 academic libraries 或 university libraries 为关键词，共出现 24 次；其次为研究型图书馆，以 research libraries 为关键词出现 12 次；最后是公共图书馆，以 public libraries 为关键词仅出现 6 次。

另外，值得注意的是，通过关键词，笔者发现国外文献传递和馆际互借领域也非常关注对最终用户的考察，如用户满意度（customer satisfaction）、用户行为（user behaviour）、用户界面（user interfaces）这些关键词出现的频率也都比较高。除此以外，对文献传递的标准、服务的成本等也都有一定的讨论和研究。

4.2.2 被引次数分析

笔者统计了样本论文的被引用次数，在一定程度上可以初步判定这些论文中最有价值或者说最受关注的论文。笔者通过 ISI web of science 的引文统计分析工具，发现在这 331 篇论文中一共被引用 543 次，图 4－4 显示了十年间这些论文的分别被引用的次数，可以看到 2009 年被引次数达到最高点，为 118 次。这和文献本身的被引用规律是吻合的。

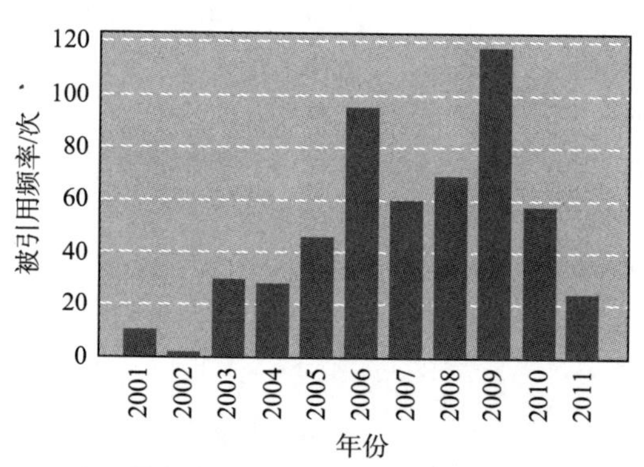

图 4－4　论文被引用次数

在这 331 篇论文中，“Does electronic journal access affect document delivery requests? Some data from Glasgow University Library”一文被引次数最多，发表至今一共被引用 14 次。表 4－4 列出了引用次数排名居前 10 位的论文题名和被引次数。这些论文是近 10 年馆际互借和文献传递领域备受关注的论文。

表 4 - 4 引用次数排名前 10 位的论文列表

序号	题 名	被引次数
1	作者：KIDD T 标题：Does electronic journal access affect document delivery requests? Some data from Glasgow University Library 来源出版物：INTERLENDING & DOCUMENT SUPPLY. 2003，31(4)：264 - 269	14
2	作者：SCHOPFEL J 标题：INIST-CNRS in Nancy，France："a model of efficiency" 来源出版物：INTERLENDING & DOCUMENT SUPPLY. 2003，31(2)：94 - 103	8
3	作者：BRINDLEY L 标题：The British Library：its origins，development and future 来源出版物：INTERLENDING & DOCUMENT SUPPLY. 2005，33(2)：76 - 80	7
4	作者：MISSINGHAM R，MORENO M 标题：Resource sharing in Australia：evaluation of national initiatives and recent developments 来源出版物：INTERLENDING & DOCUMENT SUPPLY. 2005，33(1)：26 - 34	7
5	作者：GOODIER R，DEAN E 标题：Changing patterns in interlibrary loan and document supply 来源出版物：INTERLENDING & DOCUMENT SUPPLY. 2004，32(4)：206 - 214	7
6	作者：BALL D 标题：What's the "big deal"，and why is it a bad deal for universities? 来源出版物：INTERLENDING & DOCUMENT SUPPLY. 2004，32(2)：117 - 125	7
7	作者：OMEKWU C 标题：Current issues in accessing documents published in developing countries 来源出版物：INTERLENDING & DOCUMENT SUPPLY. 2003，31(2)：130 - 137	7
8	作者：LINE MB 标题：A matter of terminology：from ILL and DD to RDS 来源出版物：INTERLENDING & DOCUMENT SUPPLY. 2003，31(2)：147 - 148	7

(续表)

序号	题 名	被引次数
9	作者：ECHEVERRIA M，BARREDO P 标题：Online journals：their impact on document delivery 来源出版物：INTERLENDING & DOCUMENT SUPPLY. 2005，33(3)：145－149	6
10	作者：MEADOWS J 标题：A practical line in bibliometrics 来源出版物：INTERLENDING & DOCUMENT SUPPLY. 2005，33(2)：90－94	6

从这些被引文献的学科分布来看，基本上是集中在图书馆情报学；但是令人欣喜的是，还有来自计算机科学、医药科学、商业、社会科学等领域的论文也引用了这些关于馆际互借和文献传递的论文。可见馆际互借和文献传递这一服务有着旺盛的生命力，正在受到各个学科研究者的关注。图 4－5 显示了被引文献的学科分布情况。

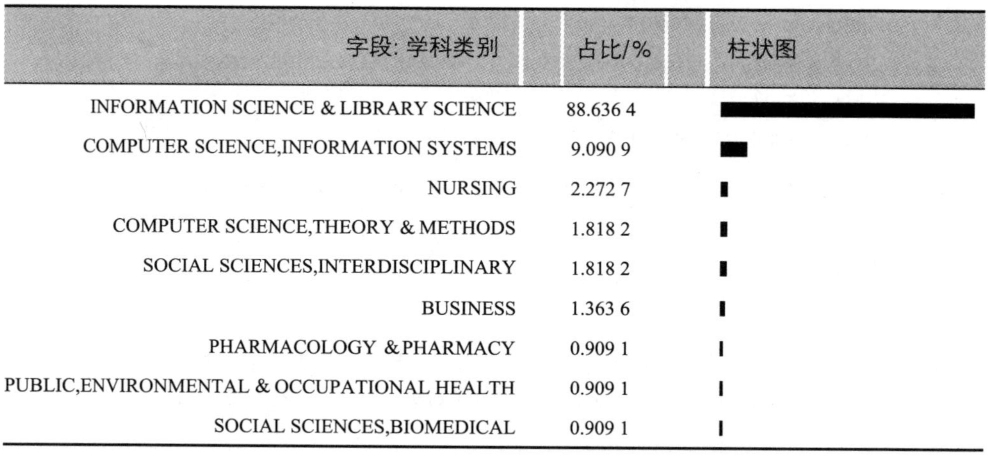

字段: 学科类别	占比/%	柱状图
INFORMATION SCIENCE & LIBRARY SCIENCE	88.636 4	
COMPUTER SCIENCE,INFORMATION SYSTEMS	9.090 9	
NURSING	2.272 7	
COMPUTER SCIENCE,THEORY & METHODS	1.818 2	
SOCIAL SCIENCES,INTERDISCIPLINARY	1.818 2	
BUSINESS	1.363 6	
PHARMACOLOGY & PHARMACY	0.909 1	
PUBLIC,ENVIRONMENTAL & OCCUPATIONAL HEALTH	0.909 1	
SOCIAL SCIENCES,BIOMEDICAL	0.909 1	

图 4－5 被引用文献的学科分布

4.3 关注的热点问题

纵观这些论文，开放存取、电子资源和集团采购、灰色文献利用、版权保护等问题是馆际互借和文献传递领域近 10 年讨论和研究的热点。图 4－6 显示了研究热点与文献类型的关系图。

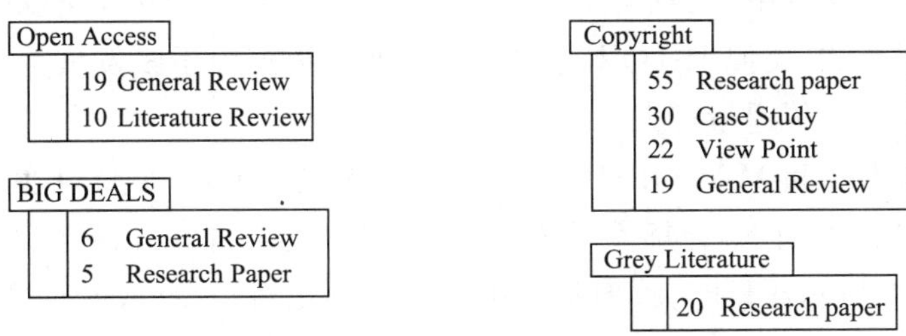

图 4-6 关注热点问题的文献种类对照图

4.3.1 开放存取(Open Access)

开放获取(简称 OA)对从前占主导地位的出版模式提出挑战,而且将以前基本上无法获取的大量宝贵文献公之于众。开放获取使得越来越多的以付费形式出版的期刊文献以及报告可以得以利用。如今开放存取期刊每年以 20%～30%的速度增加,到 2009 年 5 月 OA 的期刊已经达到 4 200 种。OA 运动方兴未艾,给文献传递工作提出了严峻的挑战,越来越多的期刊参与到 OA 中,读者可以方便地从网络上免费获得开放存取的期刊,因此对文献传递的需求显著降低;但是 KHO 指出,2010 年,共有 21 000 篇投稿到 Hindawi 的 OA 期刊上,拒绝率却达到了60%～65%,究其原因,每篇 OA 发表论文的费用在 1500 美元左右,这对于经常有资金支持的医学类文章而言可能不是太大的问题,但是对于数学、社会科学而言无疑是笔很大的花销,因此这直接限制了 OA 的发展。瑞典国家馆提出"国家馆在推进 OA 运动中起到不可替代的作用,因为图书馆作为公正的第三方,为研究者和出版商之间架起桥梁,可以推动 OA 运动的发展"。

但无论如何,OA 运动由于其开放性,已经给文献传递工作带来了前所未有的挑战,图书馆需要主动出击以适应这种新的变化。德国国家科技图书馆(TIB)为我们做出了表率。TIB 不是被动等待,而是主动参与了开放存取项目 SCOAP3。TIB 所参与的 SCOAP3 项目(http://scoap3.org/about.html)主要用于资助高能物理领域期刊的出版,为我们指出了一种崭新的开放存取出版模式。过去,图书馆以购买出版物的方式间接支持了学术期刊的出版发行,而今天 TIB 与马克普朗克研究所等诸多研究机构一起直接向出版商支付费用并以此交换出版商对特定期刊的开放存取。

4.3.2 电子资源和集团采购

关于电子资源和集团采购(BIG DEALS)对馆际互借和文献传递服务的影响是国外近 10 年来一直热烈讨论的一个话题。在过去 10 年里电子资源的集团采购是对期刊论文的文献传递影响最大的因素。据 Mike McGrath 估计,目前期刊文章所引用的参考文献中，大约有 50%～60%来自网络上可免费获取的文献，再加上期刊的集团采购，类似 JSTOR 这样的回溯期刊数据库不断发展等原因，各大文献提供机构的文献传递量都大幅下降。

BERNADINI 和 MANGIARACINA 对意大利 2005—2009 年间的文献传递调查显示，5 年间共有 50 万篇文献传递请求，但仅仅来自 5 万种期刊。作者推论："文献传递请求虽然数量庞大，但是集中的期刊则相对较少，或者说有那么一些被文献传递高频使用的期刊，这些期刊可能只占到期刊总数的 5%。"因此他们认为这些期刊的出版商比以往更加积极地支持文献传递服务，这或许可以促进文献传递的发展。

4.3.3 灰色文献

我国对灰色文献(grey literature)并没有非常明确的定义，一般被看作是非公开出版物，包括：①不公开、不刊登在报刊上的会议文献；②非公开出版的政府文献；③学位论文；④不公开发行的科技报告；⑤技术档案；⑥工作文件；⑦不对外发行的产品资料；⑧企业文件；⑨内部刊物，即内部征订或部分赠阅、交换的定期或不定期出版物；⑩未刊稿，包括手稿、译稿以及学术往来函件；⑪贸易文献，包括产品说明书和市场信息机构印发的动态性资料等。灰色文献是近几年文献传递的重要组成部分，因为数字化潮流还没有真正覆盖这些灰色文献。以大英图书馆文献提供中心(BLDSC)和加拿大科技文献机构(CISTI)为例，BLDSC 的灰色文献主要包括学位论文、报告、会议录等。2008 年，BLDSC 接收到关于灰色文献的文献传递请求为 7 万篇，占 BLDSC 所有文献请求的 5%，满足率为 85%。CISTI 也对灰色文献的收藏投入了大量的努力，尤其是对会议录的采购和编目。2008 年，CISIT 接受灰色文献请求 4.5 万篇，占所有文献请求的 9.2%。

在文献传递需求越来越超出传统出版物的范围时，文献传递更加需要有方便可靠的发现机制。除了利用各种联合目录和 Google 这类搜索引擎外，还必须有办法去搜寻埋藏在深度网络下的灰色文献。WALTER WARNICK 介绍了 WorldWideScience 搜索引擎，可以对美国能源部的科技报告、会议论文和期刊图书等各类资源，美国国家医学图书馆的资源，大英图书馆的资源，美国政府科技信息门户资源及各类机构知识库等进行一站式检索，覆盖文献达到 4 亿篇，其中未正式出版的灰色文献占大多数，且大部分是 non-Googleable。

4.3.4 版权问题

版权问题是 10 年来文献传递领域关注的热点问题。MIKE MCGRATH 认为，目前，欧美等国图书馆对文献的"合理使用"受到两方面的制约：①数字版权管理技术的使用；②由于出版商对政府的游说，欧美政府不断修改知识产权法，使得版权法朝着有利于出版商的方向发展。以欧洲为例，对图书馆文献传递的限制不断增加：在英国，商业用户使用文献传递必须支付版税，不再享有图书馆优先权；德国规定仅在图书馆之间可以传递电子文档，对最终用户只能传递纸件。PAULA DEHLEZ 等学者对荷兰代尔夫特理工大学图书馆（Delft University of Technology，TU Delft）文献传递业务中各类型文件数量进行统计，发现 PDF 文件所占比例已超过 80%（截至到 2004 年），该数据表明电子文献传递活动越来越活跃，但同时也将面对复杂的数字文献版权问题。他支持各图书馆与电子资源出版商以对话的方式进行协商，从中找到解决问题的方法。从全球最主要文献传递机构的做法看，如大英图书馆文献提供中心、加拿大 CISTI、法国 INSTI 等许多机构均已直接与出版商签约获得授权以传递这些出版商所出版期刊的文章。

除此以外，对最终用户、文献传递标准的研究在近几年国外馆际互借和文献传递的论文中也经常出现。希望国外的这些研究成果可以对我国文献传递和馆际互借工作的开展提供有益的参考。

（本文作者：夏磊　上海图书馆文献提供中心）

参 考 文 献

[1] 张晓林. 从文献传递到知识传递：面向未来的模式转变——参加 ILDS2009 会议有感[J]. 图书馆杂志，2010(2)：2 - 5.

[2] 彭伟. 整合资源融合服务——国际图联第 11 届馆际互借与文献传递大会综述[J]. 图书馆杂志，2010(5)：12 - 15.

[3] 王敏，张志强. 知识发现研究文献定量分析[J]. 图书情报工作，2008(4)：29 - 31.

[4] 高波. 国外文献传递理论研究进展：2000—2008[J]. 图书情报工作，2010(9)：9 - 12.

[5] Maurice B L, Guerrero E M. The future of interlibrary loan and document supply：Views and comments. Interlending & Document supply, 2002, 30(2)：60 - 65.

[6] Kidd T. Does electronic journal access affect document delivery requests? Some data from Glasgow University Library[J]. Interlending & Document supply, 2003, 31(4)：264 -269.

[7] Mark E. Funk. Open access - dream s and realities [EB/OL]. [2007 - 10 - 04]. http ：// www. ifla. org /IV/ifla73/papers/098-Funk-en. pdf.

[8] Joachim Schöpfel, Hélène Prost. Document supply of grey literature and open access：an update[J]. Interlending & Document supply, 2009, 37(4)：181 - 190.

[9] Mike McGrath. Interlending and document supply：a review of the recent literature：74 [J]. Interlending & Document supply, 2011, 39(2)：90 - 93.

[10] Hagerlid, J. The role of the national library as a catalyst for an Open Access agenda：the

experience in Sweden[J]. Interlending & Document Supply, 2011, 39(2): 115 - 118.

[11] Mike McGrath. Interlending and document supply: a review of the recent literature: 64 [J]. Interlending & Document supply, 2008, 36(3): 162 - 166.

[12] Mike McGrath. Interlending and document supply: a review of the recent literature: 73 [J]. Interlending & Document supply, 2011, 39(1): 61 - 65.

[13] Mike McGraph. Document supply in a rapidly changing environment: Here today-Gone tomorrow? Interlending and Document Supply Conference 2009[EB/OL]. [2011 - 6 - 16]. http://www. ilds2009. de/.

[14] Bernadin, E. and Mangiaracina, S. The relationship between ILL/document supply and journal subscriptions[J]. Interlending & Document supply, 2010, 39(1): 9 - 25.

[15] Joachim SchÖpfel, Hélène Prost. Document supply of grey literature and open access: an update. Interlending & Document supply. 2009, 37(4): 181 - 190.

[16] Walter Warnick. Federated search as a transformational technology enabling knowledge discovery: the role of World Wide Science. org. Interlending & Document supply. 2010, 38(2): 82 - 92.

[17] Mike McGrath. Interlending and document supply: a review of the recent literature: 63. Interlending & Document supply. 2008, 36(2): 99 - 104.

[18] Dehlez P. "Beyond the photocopy machine"revisited: Document delivery in a digital library environment. Interlending & Document supply. 2005, 33(3): 140 - 144.

第二篇　技术与创新篇

5 国内图书馆联盟文献提供服务系统比较研究

文献提供服务是图书馆通过网络技术延伸服务的最主要方式,同时也是网络条件下实现文献资源共享最有效的服务方式之一。根据《图书馆学与资讯科学大辞典》的定义,文献提供服务是应使用者对特定已确知的出版或未出版文献的需求,由图书馆或商业服务单位等资料供应者将需要的文献或其代用品在适当的时间内,以有效的方式与合理的费用,直接或间接传递给使用者的一种服务;包括了返还式的馆际互借和非返还式的文献传递两种服务方式。

在国内,随着信息技术的发展,各文献情报部门本着实现文献资源共知共享的目标,加强联合与合作,相继建立了一些全国性、区域性的网络服务系统,开展文献传递与馆际互借服务。这些系统中有些只提供文献传递服务,如 NSTL、CALIS;有些既提供文献传递服务也提供馆际互借服务,如 CASHL、BALIS。本文将对这些系统进行介绍,并对其提供的文献传递服务与馆际互借服务进行比较分析。

5.1 CALIS,CASHL,NSTL,BALIS 系统概况

CALIS 是教育部 1999 年启动的中国高等教育文献保障系统(China Academic Library&Information System)的简称。CALIS 是经国务院批准的我国高等教育"211 工程"、"九五"、"十五"总体规划中的 3 个公共服务体系之一。其总体目标是:在教育部的领导下,把国家的投资、现代图书馆理念、先进的技术手段、高校丰富的文献资源和人力资源整合起来,建设以中国高等教育数字图书馆为核心的教育文献联合保障体系,实现信息资源共建、共知、共享,以发挥最大的社会效益和经济效益,为中国的高等教育服务。

CASHL 全称为"中国高校人文社会科学文献中心"(China Academic Social Sciences and Humanities Library),是国家教育部"哲学社会科学繁荣计划"的重点项目之一,于 2004 年 3 月正式启动。它是由若干所具有学科优势、文献资源优势

和服务条件优势的高校图书馆组成的虚拟信息服务机构，通过有计划地、系统地引进国外人文社会科学期刊，并利用网络提供文献传递服务，从而为全国高校乃至其他科研单位提供高水平的文献保障；是全国性的唯一的人文社会科学外文期刊保障体系，其最终目标是成为“国家级哲学社会科学资源平台”。

NSTL 是国家科技图书文献中心(National Science and Technology Library)的简称。它是科技部、财政部等六部委根据国务院领导批示于 2000 年 6 月共同建设的一个虚拟的科技文献信息服务机构，2000 年 12 月正式开通了 NSTL 网络服务系统。其目标是根据国家科技发展需要，采集、收藏和开发理、工、农、医各学科领域的科技文献资源，面向全国开展科技文献信息服务。NSTL 文献传递系统采用集中式的文献传递模式，通过网络向读者提供科技文献资源检索和全文提供服务，为国内的科技创新提供文献信息保障。

北京地区高校图书馆文献资源保障系统(Beijing Academic Library&Information System，简称 BALIS)是北京高校图工委领导下的北京地区高等教育公共服务体系之一，于 2007 年 11 月 30 日正式成立，旨在整合北京地区高等学校文献资源，实现信息共建互享。BALIS 采取集中式门户平台与分布式服务相结合的运营模式，充分利用现有馆舍、馆藏和人力资源开展服务。它下设 4 个分中心：①文献传递管理中心，由中国人民大学图书馆负责，主要负责非返还型文献的馆际互借业务；②馆际互借管理中心，由北京邮电大学图书馆负责，主要负责返还式文献的馆际互借业务；③资源协调中心，由首都师范大学图书馆负责，负责资源的协调工作；④培训中心，由北京师范大学图书馆负责，负责相关业务和系统的培训工作。

5.2 CALIS，CASHL，NSTL，BALIS 资源建设

从各系统的资源整合情况来看，以上系统的资源都源于其成员单位的各类纸本馆藏与联合订购的一些网络电子资源，但资源收藏的特点有所不同。

CALIS 纸本资源学科分布广泛，其中还包括丰富的人文社会科学文献，其成员单位的用户可不同程度地使用高校系统联合采购的电子资源。CALIS 文献信息服务资源网络用户不仅可以检索国内外的馆藏、数据库，还可以相互交换数据、上传和下载书目信息数据。目前可供用户检索的数据库包括：①联合书目数据库。即全国“211 工程”100 所高校图书馆馆藏联合目录，是 CALIS 在“九五”期间重点建设的数据库之一。它的主要任务是建立多语种书刊联合目录数据库和联机合作编目、资源共享系统，为全国高校的教学科研提供书刊文献资源网络公共查询，支持高校图书馆系统的联机合作编目，为成员馆之间实现馆藏资源共享、馆际

互借和文献传递奠定基础。②中文现刊目次库。收录 CALIS 成员馆收藏的全部国内出版的中文学术期刊，到目前为止收录期刊 5 500 种，拥有期刊目次（或文摘）200 万条，内容涉及社会科学和自然科学的全部学科。③西文期刊目次（CCC）。收录 2.4 万种西文期刊的二次文献数据，每星期更新一次。系统标注了全国图书馆三大系统的主要馆藏；连接了 CALIS 馆际互借系统，方便资源的互借和共享；标注有世界著名二次文献的收录情况及单位读者的各种查询统计。至 2011 年 4 月，西文期刊目次库篇名目次总量达 6 000 万条。④高校学位论文数据库。收录包括北京大学、清华大学等全国著名大学在内的 CALIS 成员馆的硕士、博士学位论文。目前已有 97 所学校申请加入学位论文库建库工作，上网数据已达 9.7 万余条。由于经费缘故，该库只收录题录和文摘，没有全文；全文服务通过 CALIS 的馆际互借系统提供。⑤会议论文数据库。收录来自于“211 工程”的 61 所重点学校每年主持的国际会议的论文。根据目前的调查，重点大学每年主持召开的国际会议在 20 个左右，其中大多数的会议提供有正式出版号的会议论文集。年更新会议论文总数可达 1.5 万篇以上。

CASHL 建立之初，计划购买 SSCI 和 A&HCL 中收录的人文社会科学核心期刊 2 790 种以及其他期刊约 9 000 种，总计约 12 000 种。截至 2006 年年底，CASHL 的《高校人文社科外文期刊目次数据库》收录目次数据 450 万条，回溯至 1984 年，全面、系统地揭示了国外人文社会科学重点学术期刊，可提供目次的分类浏览和检索查询以及基于目次的文献原文传递服务。《高校人文社科外文图书联合目录》目前收录了 CASHL 两个全国中心和 5 个区域中心的 24 万多种人文社会科学外文图书，陆续还将添加 10 个学科中心和其他高校收藏的“教育部文科图书引进专款”购置的人文社会科学外文图书，涉及地理、法律、教育、经济/商业/管理、军事、历史、区域学、人物/传记、社会科学、社会学、体育、统计学、图书馆学/信息科学、文化、文学、心理学、艺术、语言/文字、哲学/宗教、政治等学科；可提供图书分类浏览和书名、作者、主题、出版者以及 ISBN 号等检索查询，并提供馆际互借服务。CASHL 还收藏有 1 370 种电子期刊以及 25 万种早期电子图书。

NSTL 集合了其 9 家成员单位的资源，组成了一个较完备的科技文献信息资源体系，提供包括期刊、会议录、学位论文、科技报告、标准规程、中外专利等各类科技文献。它以统一界面形式提供各馆馆藏的各类文献，其中期刊、会议记录等具体到详细的题名信息，注册用户可以在检索的基础上直接定购全文。10 年来，NSTL 科技文献资源不断增长，拥有国内最大的科技文献实体馆藏。据统计，NSTL 订购的国外自然科学领域印本期刊占国内订购总量（23 400 种）的 71％。按期刊引用频次（10 次）计算，满足了我国科技人员引用外文期刊的 75％需求。NSTL 覆盖了国际重要二次文献数据库收录期刊的 80％以上，收藏国际著名出版社出版的自然科学类期刊的 88％，如果除去小语种、商业/新闻类等期刊，NSTL 基本完整收藏了重要数据库收录的所有学术期刊。针对我国科技文献存在严重历史断层的情况和全国用户的需求，从2008年开始，NSTL先后引进了Springer，OUP，IOP，Turpion，Nature 5个回溯数据库，使国家数字时代文献资源战略保障体系结构进一步完善。

BALIS依托并配合CALIS来实现文献信息的共建、共知、共享。2008年5月BALIS文献传递中心已将各成员馆的外刊馆藏数据收集整理到《CALIS西文期刊目次数据库》中，实现了各馆外文期刊的共享。目前BALIS文献传递主要利用《CALIS西文期刊目次数据库》、《全国期刊联合目录》和成员馆馆藏目录查找文献收藏单位，馆际互借则利用成员馆OPAC联合检索系统作为自己的逻辑联合目录进行查询。

5.3 文献传递服务

目前国内成立的网络服务系统中大都提供文献传递服务。以下将从传递服务模式、原文获取步骤、检索方法，用户访问权限等方面对CALIS，CASHL，NSTL，BALIS进行比较分析。

5.3.1 文献传递服务模式

文献传递服务模式是指两个图书馆之间进行文献传递服务的工作方式。就目前国内外馆际互借的实践来看，从广义上讲，文献传递服务模式主要分为集中式(centralized)和分布式(distributed)两种。集中式指由一个国家级的图书馆或文献供应中心集中提供文献保障服务，图书馆(或用户)直接向中心提出文献申请，中心通过自身馆藏或从他处获得后提供给申请方；分布式指以区域性的图书馆或文献提供中心作为资源收藏和服务单位，彼此间组成馆际互借服务网络，网络内任何一家成员单位均可向网络内部的其他成员单位索取所需文献，同时也有义务为其他成员单位提供文献服务。

CALIS采用的是分布式文献传递服务模式，具有直接与借出馆交互、分担事务联络通畅、传输信息标准化等优势。但是其成员馆需要安装馆际互借系统服务软件并自行维护，增加了成员馆的初次投入和运行维护成本，也为整个服务系统的升级换代带来了一定的困难；同时，用户要申请文献传递必须通过其所属成员馆的文献传递管理员申请或通过管理员注册获取文献传递账号，手续比较复杂。

CASHL采用集中式文献传递服务模式，即一个中心模式。在CASHL系统中，所有要使用CASHL文献传递服务的高校均需到CASHL管理中心进行注册，作为管理中心下设的账户，并在此账户下为读者建立用户名。所有账户和用户均需经 CASHL 管理中心确认后才能生效，只有经过确认的用户才能提交请求。在该模式下，用户馆可根据本校实际情况选择集团用户的模式或个人用户的模式。其优点是用户馆不需要安装 CASHL 文献传递系统，与文献传递相关的用户及事务都由中心集中管理；缺点是系统间互联性差，难于直接传输馆际互借信息，中心馆藏无法满足需求时中心转发请求增加了中间环节，馆际互借的成本有所增加，服务效率有所降低。

NSTL 采用集中式管理模式，中心系统承担全部事务处理、用户注册与管理、统计分析、费用结算。系统内部共用一套文献传递系统，成员馆不需自行维护，成员馆仅需承担全文传递事务而不必负责用户管理；中心内部也比较易于协调和管理，有利于集中经费，减少资源的重复建设，提高文献使用率。NSTL 注册用户无限制，非常方便。通过几年的运行和技术升级，系统用户以及文献传递量的快速增长造成的中心系统负载过大问题已经通过 8 个镜像站的相继建成而得到很大缓解。

BALIS 采取集中式门户平台与分布式服务相结合的运营模式。它没有单独成立系统部，系统的硬件和软件由中国人民大学图书馆系统部和北京邮电大学图书馆技术部共同托管。中心馆的服务对象是成员馆而不是最终用户。各成员馆的馆际互借员直接面向读者，负责处理与读者之间的馆际互借或者文献传递事务，提高了事务处理的时效性。除馆际互借与文献传递两个直接为北京高校师生服务的系统外，还专门成立了资源协调中心和培训中心来保证馆际互借和文献传递的顺利实施。BALIS 设立学科服务馆，当成员馆内没有读者所需的文献时，可以通过委托学科服务馆向省外甚至是国外的其他文献机构获取所需文献。

5.3.2　文献获取步骤

文献传递服务是针对注册用户开展的，要获取原文的用户必须先注册，注册后再检索文献而后提交全文申请，最后获取原文。

5.3.2.1　CALIS 的全文获取步骤

(1) 用户所在的高校加入 CALIS，安装并使用 CALIS 馆际互借系统。(2) 登录本校的 CALIS 馆际互借系统，点击“注册新用户”。进入注册界面，用户可分为“正式用户”、“临时用户”，提交注册信息后，携带本人证件至图书馆馆际互借员处进行审核，审核无误后账户正式开通。(3) 账户开通后，登录 CALIS 主页，进行检索。(4) 检索到所需的文献，若本馆有电子馆藏，可直接点击下载，如本馆无电子馆藏，可直接提交文献传递申请；若未检索到所需文献，可将已知的文献信息直接提交文献传递申请。(5) 确认订单后，系统按用户提交全文传递申请时选择的投递方式发送用户所需的原文。

5.3.2.2 CASHL的全文获取步骤

(1) 读者所在高校图书馆或非高校系统图情机构加入CASHL,成为CASHL成员馆。(2) 读者登录CASHL主页或CASHL中心读者网关,点击"注册",填写注册信息,并选择"所属学校"。(3) 网上注册成功后,读者需携带相关证件至本馆馆际互借员处进行身份审核,馆际互借员确认后,读者账户即正式开通。(4) 登录CASHL主页高校人文社科外文期刊目次数据库进行检索,检索到所需文献后,可根据馆藏地选择服务的高校;若检索到文献下标注该文CASHL未收藏,则可以选择通过北京大学、复旦大学、武汉大学、厦门大学任意一家图书馆在国内或者国外代为查找;若在目次数据库中未找到相关文献,也可以通过"用户服务"栏目下的"提交申请",打开文献申请表单,用手工方式键入相关信息后,提交CASHL中心在国内或者国外代为查找。(5) 提交申请后,普通文献将于3个工作日内以读者指定方式寄送。

5.3.2.3 NSTL的全文获取步骤

(1) 登录到NSTL主页,点击"新用户注册",进入到注册界面,网上提交注册信息进行注册,通过邮局、银行汇款或网上支付向NSTL中心预付费,中心收到费用后即时开通预付款用户账号。(2) 账号开通后用户点击"文献检索"进行检索。(3) 检索到所需文献,进入检索结果页面,浏览检索结果或者进行二次检索。在"查询结果"页面,点击文章标题,可浏览该文章的详细信息。通过每条记录前的多选框,可一次选择多篇文献,注册用户点击"加入购物车"进入全文订购,再点击"订购文献",系统提示用户登录,用户输入用户名和密码就可下原文订购单。若未检索到所需文献,可直接在"代查代检"页面中填写所需文献信息,提交订单。(4) 确认订单后,系统在48小时(电子邮件24小时)内,按用户提交全文传递申请时选择的投递方式(电子邮件、普通信函、平信挂号、传真或特快专递)发送用户所需的原文。

5.3.2.4 BALIS的全文获取步骤

(1) 登录BALIS文献传递中心,点击"用户注册",选择所属的成员馆,填写个人信息,提交注册信息,在馆际互借员通过邮件、电话或其他方式核实信息后,账户正式开通。(2) 登录BALIS文献传递中心主页,主页提供全国联合目录、国图查询目录、上海图书馆目录、文津搜索、e读、NSTL等检索查询。若在《CCC外刊目次数据库》、NSTL中查询到所需文献的信息后,通过用户名、密码登录读者系统,将文献的各种信息填入表单,以表单形式提交文献传递申请;若是在国图、上图、全国联合目录中查询到所需文献信息,检索信息将自动填单,读者补充相关文献信息后,以表单形式提交文献传递申请。(3) 确认订单后,普通文献传递申请将在2个工作日内根据用户要求的传递方式发送。

5.3.3 文献检索方法

CALIS 的文献检索分为普通检索及高级检索。登录 CALIS 网站，进入资源检索页面。普通检索可设置文献类型（中文图书、外文图书、期刊文章、中文期刊、外文期刊及学位论文），检索字段选项为全部字段、题名、作者/出版者、主题及 ISBN/ISSN；高级检索提供 3 个查询框，逻辑关系是“与”，并可对“资源类型、检索范围、出版年份、语种”进行限制，检索结果可选择按相关度/题名排序。

CASHL 文献检索提供期刊、图书、文章 3 种检索方式。期刊检索提供刊名检索与浏览，刊名检索可限定馆藏地、核心期刊、电子期刊，检索字段包括刊名、ISSN，以“包含”、“前方一致”、“精确匹配”3 种匹配方式对检索词进行检索。图书检索提供图书检索与浏览，其中简单图书检索可限定馆藏地、图书类别，检索字段包括题名、ISBN，以“包含”、“前方一致”、“精确匹配”3 种匹配方式对检索词进行检索；图书高级检索提供 4 个查询框，查询框之间的逻辑关系可选择“与”、“或”、“非”，检索可限制出版时间、学科类别、馆藏地、图书类别，并可设置显示方式（每页结果数、最大结果数、排序方式）。文章检索也分为简单检索与高级检索。这两种检索方式限制相同，都包括出版时间、学科类别、馆藏地、图书类别，并可设置显示方式（每页结果数、最大结果数、排序方式）；不同处在于简单检索只提供 1 个查询框，而高级检索提供 4 个查询框并可选择“与”、“或”、“非”等逻辑关系。

NSTL 的文献检索分普通检索、高级检索、期刊检索、分类检索。先登录到 NSTL 网站，进入文献检索页面后。普通检索分为 3 步：①单选或多选数据库；②设置查询条件，包括查询范围、时间范围、查询方式和馆藏范围，也可以用给出的默认选择；③在查询框内输入检索词，查询框之间的逻辑关系可选择“与”、“或”、“非”。单击“检索”开始检索文献。高级检索是为专业检索人员或熟悉检索技术的人员而提供的一种检索方法。高级检索数据库选择和查询条件设置与普通检索相同，不同之处就是在检索框处输入利用字段限定符、布尔运算符和截词符等构造的查询表达式。期刊检索是针对期刊文献的特性所提供的一种检索方法，提供对单一期刊的文献进行检索，同时也提供浏览所选期刊的目次信息。对于中文期刊，目前不提供此种检索方法。分类检索提供了按学科分类进行辅助检索的功能，可以在系统提供的分类中选择类目，在选定的学科范围内检索文献，检索界面提供的数据库选择、查询条件设置等检索方法与“普通检索”相同。

BALIS 文献传递平台提供全国联合目录、国图目录、上海图书馆目录、文津搜索、CCC 及 NSTL 的检索。其中全国联合目录、国图查询目录、上海图书馆目录均只提供普通检索功能，只能查询期刊、书目的收藏信息，无期刊与书目的具体内容。全国联合目录检索提供 3 个查询框，查询框之间的逻辑关系是“与”，可设置“资料类型”，以模糊匹配、精确匹配、前向匹配 3 种匹配方式对检索词进行检索。国图目录、上海图书馆目录均只提供1个查询框，设置检索字段后，键入关键词进行检索。BALIS文献传递平台上的文津搜索、CCC及NSTL检索只是提供了转向链接，点击会进入相关的数据库平台，按该数据库原有的检索方法进行检索。

5.3.4 用户访问权限测试

为了充分了解4个系统对普通用户提供文献传递服务的具体情况，我们通过电信网对这4个系统提供的检索工具进行了测试，分析比较如下：

1) CALIS 提供了联合目录数据库、西文期刊目次库、高校学位论文文摘库、高校会议论文文摘库等检索工具，对于普通电信网的用户只能检索其联合目录，其他检索工具需要通过IP验证登录或用户登录。联合目录提供题名、责任者、主题、全面检索、分类号等8个检索途径，检索到的结果不能直接获取全文，必须通过CALIS的文献传递管理员才能获取。

2) CASHL 提供高校人文社科外文期刊目次数据库和高校人文社科外文图书联合目录2个检索工具。该系统较之CALIS系统具有较大的开放性，不同网络的用户均可以免费检索其提供的2个检索工具，通过目录检索到所需的文献若有文献传递账号就能立刻提交文献传递请求，若没有账号可以立刻在网上注册；局限在于只提供高校系统馆际互借与文献传递成员单位用户的注册和服务。

3) NSTL 提供了标题、作者、关键词、分类号、ISSN号、刊名、年卷期等10种文献检索途径，可检索到篇名级，并可以免费浏览文摘题录信息，检索结果若需要索取全文可以通过账号登录订购，若没有账号可以立即注册账号并通过网上银行交纳预付款，NSTL对于注册用户没有任何限制。但是，由于题录数据只回溯到1995年，所以只能查到1995年后的文献。为了解决这个问题，NSTL建立了馆藏目录、联合目录、中西文图书目录数据库等检索工具，各个检索工具对于不同网络的用户都可以免费检索；但检索结果未与文献传递功能建立链接，用户使用起来并不方便。

4) BALIS 由于文献传递的基础是CALIS的西文期刊目次库，该西文目次库需要通过IP验证登录或用户登录，故普通电信网用户无法进行检索。BALIS只提供成员馆单位用户的注册与服务。

由于上述4个系统的立足点与发展目标不同，开放程度也不同。开放程度最高的是NSTL，用户没有任何限制，都可以通过NSTL网络服务系统进行免费注册和检索文摘信息，需要获取全文只需交纳文献服务预付款就能享受快捷优惠的服务，对西部的用户还实行半价优惠政策。其次是CASHL，它向非注册用户提供《高校人文社科外文期刊目次数据库》和《高校人文社科外文图书联合目录》的免费检索，检索方式较多；但该系统目次库对信息的揭示仅停留在篇名、刊名、作者、中心馆藏、页码等字段，无摘要，用户在使用过程中无法获取较为详细的信息，因而导致文献请求取舍上的不便。CALIS，BALIS 系统略显封闭，其成员单位必须是高校系统的机构，对用户也有限定，所提供的检索工具开放度也不够。

通过比较可以看出，以上 4 个系统在资源上各具优势与特色，在服务与管理模式方面也各有千秋，若能加强各系统之间互通与联系，实现资源协调和共享，服务集成，发挥各自的长处，实现优势互补，必定会为读者提供更加全面的人文和科技文献支持，使读者得到更多的实惠。

5.4 馆际互借

馆际互借牵涉图书借出馆、借入馆、书本运输等多环节管理，比较复杂。目前 CALIS 和 NSTL 尚未在全国范围内启动馆际互借服务。

CASHL 馆际互借服务是国内第一家提供高校跨区域、多馆协调的馆际互借服务的机构。2006 年 11 月 CASHL 开始试运行 7 家中心馆馆际互借图书服务，2007 年共借阅图书 274 册；2008 年 5 月 CASHL 开始试运行 17 家中心馆馆际互借服务，2008、2009 年馆际互借图书分别为 396 册、825 册。2010 年 7 月 CASHL 正式面向 70 家文专院校推出跨区域 CASHL 图书借阅服务。CASHL 采用集中式的统一服务模式，操作流程简单；管理采用中心式以保证服务质量。

BALIS 馆际互借于 2007 年 11 月正式启动。北京邮电大学作为 BALIS 馆际互借中心，负责组织和管理北京市各个高校图书馆的资源和服务，在北京范围内实现返还式文献的馆际互借服务。由于北京市各个高校的技术和资金情况参差不齐，为了实现无差别的服务和管理，BALIS 馆际互借系统采用集中式门户平台和分布式服务相结合的方式。截至 2008 年 9 月，北京市已有 65 家高校图书馆加入了馆际互借服务体系，共有 462 笔馆际互借业务。

以下将从联合目录与借阅范围、图书获取步骤、物流、费用等对 CASHL，BALIS 的返还式馆际互借服务进行比较分析。

5.4.1 联合目录与借阅范围

联合目录是返还式馆际互借的基础，读者通过检索联合目录查找到拥有所需图书的图书馆，继而才能提交馆际互借申请。

BALIS 没有建设自己的联合目录，而是采用成员馆 OPAC 联合检索系统作为自己的逻辑联合目录，这种方式相对于传统的联合目录优势在于：

(1) 读者可以查看实时的馆藏数据；

(2) 馆际互借中心避免了大量的联合目录数据的维护工作；

(3) 成员馆只需开放 OPAC 的接口信息，而不再需要整理提交目录信息。

但这种方式也存在一定的不足：若成员馆的 OPAC 网页信息出现变动，需及时通知中心馆，以便做相应的修改。目前 BALIS 馆际互借系统已将清华大学、中国人民大学等 20 多家图书馆的 OPAC 系统纳入了联合目录检索系统。BALIS 馆际互借服务的内容主要是其成员馆的中文普通图书，文献借阅范围的局限性无疑在很大程度上削弱了该项服务对读者的吸引力。这是由于 BALIS 馆际互借管理中心本身缺乏集中独立的资源和文献建设经费，文献所有权归各成员馆所有，管理中心只能制定各馆都能接受的最为宽松的图书借阅范围，口头上呼吁各馆扩大图书外借权限，却不能强制各馆执行；与此同时，也欠缺切实可行的服务规范来促使各馆扩大文献外借范围。

CASHL 的“高校人文社科外文图书联合目录”收录了 70 所“教育部文科图书引进专款”受益院校的共计 52 万种人文社会科学外文图书，涉及地理、法律、教育、经济/商业/管理、军事、历史、区域学、人物/传记、社会科学、社会学、体育、统计学、图书馆学/信息科学、文化、文学、心理学、艺术、语言/文字、哲学/宗教、政治等学科，可提供图书分类浏览和书名、作者、主题、出版者以及 ISBN 号等检索查询，并提供馆际互借服务。CASHL 馆际互借成员馆所在院校的教师和博士生均可借阅 CASHL 图书，每人每次可以借阅 3 本图书。

5.4.2 图书借还流程

CASHL 馆际互借系统涉及读者、用户馆、服务馆、CASHL 高校人文社科外文图书联合目录 4 个方面。读者需进行馆际互借时，先要进行注册，经所属图书馆（即用户馆）馆际互借员确认后，可在 CASHL 高校人文社科外文图书联合目录查询书目；检索到书籍后，点击“我要借书”，系统会自动填单，确认无误后点击“提交”申请。服务馆的馆际互借员接到申请后，先“回答”是否可以借阅，若可以借阅，则在将书调阅出后，点击“运送”，此时书的状态为“在寄送过程中”。用户馆馆际互借员在收到图书后，进行“收到”操作，并通知读者取书。读者取书后操作“用户取走登记”，读者归还后操作“用户归还登记”，再操作“归还”将图书归还给服务馆。服务馆收到图书后进行收登并向服务馆发出结算请求，成员馆之间进行费用结算后，该条馆际互借服务结束。

BALIS 馆际互借系统实现了从读者提出申请到图书归还借出馆的全状态跟踪。读者需要进行馆际互借时，首先要在“BALIS 馆际互借系统”中进行用户注册，经读者所属图书馆的馆际互借员进行身份确认后，即可通过“系统的联合目录检索功能”查阅所需书目。在检索结果中选择某一图书馆，点击“详细信息”，在馆藏详细信息网页的最下方选择“馆际互借”按钮，系统即自动填写申请表单，根据需要补充相关信息，确认无误后点击“提交”。也可不检索目录，直接填写“馆际互借申请单”并提交。借出馆的馆际互借员收到申请、审核无误后，通过物流以快递的方式发书给读者所在馆(借入馆)。书到读者所在馆后,读者所在馆通知读者取书。读者还书时,将书归还读者所在成员馆(借入馆),借入馆的馆际互借员进行审核无误后通过快递的方式送还借出馆;如有违章,按借出馆的规定处理。所有费用都由馆际互借中心进行系统统计并支付相应款项。至此完成了图书馆际互借的整个流程。

5.4.3 图书运送方式

CASHL 的物流方式可选择挂号邮寄或特快专递。一般情况下默认为以挂号邮寄方式寄送图书;若读者指定需快递时,可以选用特快专递,费用在原基础上再加 20 元。

BALIS 是国内首家采用基于第三方物流的集中式的返还式馆际互借模式,是 BALIS 馆际互借服务的突出亮点,也是对广大读者最具吸引力之处。它节省了读者大量时间,大大提高了科研效率。但在 BALIS 馆际互借服务运行的两年实践过程中,随着服务量的日渐增多,物流费用居高不下。物流借还书对于地理位置相对比较近的馆来说不仅效率低,也存在经费上的浪费。为切实提高馆际互借的服务效率,应进一步考虑物流运送、读者自取等多种方式相结合的方式。

5.4.4 费用

CASHL 图书借阅费用为 40 元/册,其中包括普通挂号费用;若读者需特快专递,则需多支付 20 元的快递费用。该价格远高于目前国内提供馆际互借图书服务的其他单位。

BALIS 馆际互借补贴方案中规定管理中心将给提供图书出借服务的借出馆每册 2 元的补贴,各成员馆可根据实际情况自行规定收费标准;但目前 BALIS 馆际互借一直处于免费服务期,新的免费服务期限延长至 2011 年 12 月 31 日,免费服务期结束后的收费暂未公布。

通过以上分析比较得知,从借阅范围看,CASHL 比 BALIS 提供的范围广,CASHL 提供外文图书的馆际互借,该类图书对高校的教师、学生吸引力较大;但 CASHL 图书馆际互借仅限于高校教师与博士生,一定程度上限制了其他高校读者的使用。从联合目录检索来看,CASHL 直接提供集成的联合目录检索,稳定性、准确性较 BALIS 的逻辑联合目录要好。从图书获取流程看,CASHL、BALIS 都需要先注册,但 BALIS 的馆际互借与文献传递分属两个中心,其馆际互借服务必须重新注册,而不能使用文献传递的账号;CASHL 只需注册经审核后,即能在同一平台进行馆际互借图书、文献传递服务。从图书运送方式看,BALIS 选择范围小,仅可使用快递,这对于地理位置相对比较近的馆不仅效率低,也存在经费上的浪费。从费用上来看,相比于 BALIS 的免费馆际互借,CASHL 价格过高,这一定程度削弱了 CASHL 馆际互借服务对读者的吸引力。

随着时代的发展,文献资源共享服务在不断完善和发展,出现了如文献传递这样的新型服务方式;但作为基础层面的印刷型图书的馆际互借服务仍是图书馆间文献资源共享的核心业务,返还式馆际互借仍有其特殊魅力。

5.5 结　　语

馆际互借与文献传递服务是现代图书馆发展的趋势,是图书馆创新服务的新理念。随着图书馆馆际合作及资源共享的深入发展,文献传递与馆际互借作为图书馆资源共享的主要形式,将随着资源共享理念的深入人心和现代信息传递技术的发展,日益成为图书馆的重要业务之一。

(本文作者:周晨瑶　上海图书馆文献提供中心)

参 考 文 献

[1] 杨坚红. CALIS、CASHL、NSTL 三大文献传递系统服务比较[J]. 产业与科技论坛,2010,9(7):126-130.

[2] 杨坚红. CALIS、CASHL、NSTL 系统文献传递服务比较[J]. 情报科学,2009,27(1):83-88.

[3] 徐以鸿. NSTL 与 CSDL 全文传递服务的比较与分析[J]. 江西图书馆学刊,2007,37(2):60-62.

[4] 梁芳. NSTL 文献资源建设的实践与发展[J]. 数字图书馆论坛,2010(10):22-29.

[5] 董晓霞. BALIS 返还式文献馆际互借的研究和探讨[J]. 现代图书情报技术,2008(增刊):12-16.

[6] 余献平. 高校图书馆返还式馆际互借服务模式初探[J]. 情报杂志,2009,28(12):222-224.

6 国内公共图书馆文献提供服务系统比较研究

作为国内较早有文献提供服务的中国国家图书馆和上海图书馆，在该领域内有着自身的特点和特色。如本书前文定义的，“文献提供”涵盖“文献传递”和“馆际互借”，因此本文通过重点介绍中国国家图书馆和上海图书馆文献传递和馆际互借服务现状，从用户使用和工作人员的操作角度上比较两个图书馆文献传递和馆际互借系统的特点和差异。

6.1 中国国家图书馆文献提供服务

6.1.1 服务基本情况

中国国家图书馆(以下简称国家图书馆或国图)作为我国最大的图书馆，藏书达到 2 500 多万册，其中外文图书 300 多万册。国家图书馆文献提供中心成立于 1997 年，中心提供文献传递、定题检索、国际国内馆际互借等服务，为各行各业、世界各地提供全方位、多层次、多渠道的信息服务，文献传递的方式多种多样，如 Ariel，FTP，Http，快递等。

目前国图已经与全国各省市公共图书馆、科研机构、大学图书馆及境外近 600 多个图书馆建立了馆际互借关系，2010 年总的文献提供量达到 7 万件(册)。2010 年 4 月，国图加入了 OCLC 资源共享(resource sharing service)即 OCLC ILL。基于国图有 230 多万条中文书目记录和 110 多万条西文书目记录，2010 年上半年仅 OCLC 上的原书馆际互借量达到了 3 000 册，因此为了强化馆际互借和文献传递的服务力度，2011 年年初国图文献提供中心将文献传递和馆际互借划分为两个服务组，增加人员配备，提高了服务水平。

国图于 2003 年 12 月 28 日正式运行 ALEPH500 计算机综合管理系统。系统中含馆际互借模块，集书目检索到馆际互借请求、馆际互借委托馆服务管理等于一体，方便快捷，操作简单。2009 年 1 月由 CALIS 为国图定制开发的馆际互借与文献传递系统开始运行。系统提供馆际互借和文献传递两项服务；但因馆际互借服务缺少与书目数据整合的功能，一般用户习惯于将这个系统作为文献传递服务专用。本文将分两部分介绍国图馆际互借和文献传递系统。

6.1.2 馆际互借系统

6.1.2.1 系统操作流程

国图的馆际互借系统与馆藏书目数据紧紧联系在一起，按程序步骤操作，简单易用。下面简述馆际互借委托的操作步骤。在国图首页上文津搜索中输入检索词，进入国图联机公共目录查询系统，或者直接访问国图联机公共目录查询系统（http://opac.nlc.gov.cn/F），如图 6－1 所示。

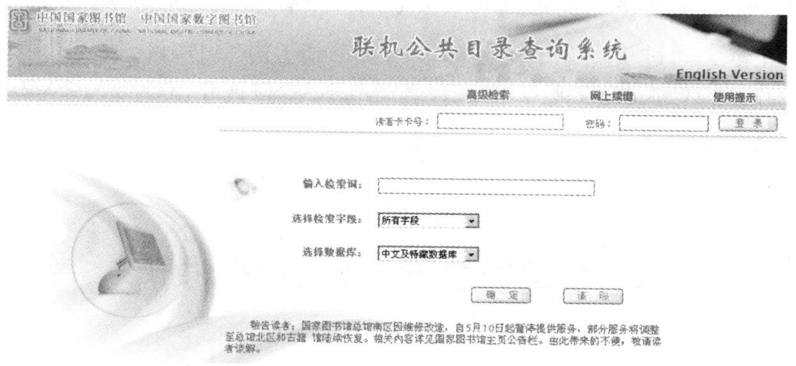

图 6－1 国图联机公共目录查询系统登录页面

在图 6－1 中用馆际互借用户账号登录后，点击“检索”功能，然后在检索界面中进行输入检索词检索查询。如图 6－2 所示。

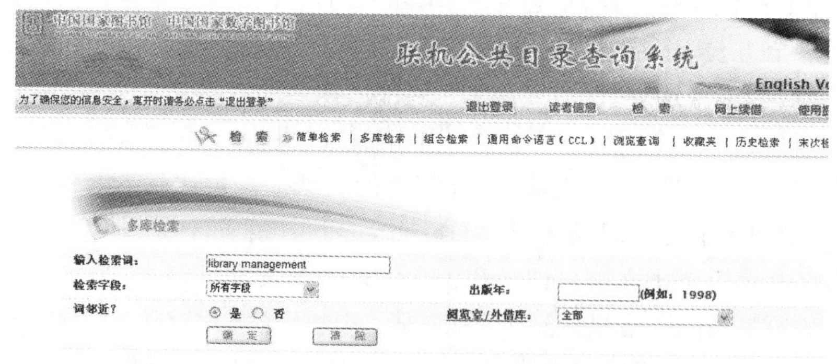

图 6－2 联机公共目录查询检索页面

在检索结果中点击需要的书目信息得到详细的数据记录，如图 6－3 所示。点击全部馆藏的“所有单册”，进入到馆际互借的提交页面，如图 6－4 所示。

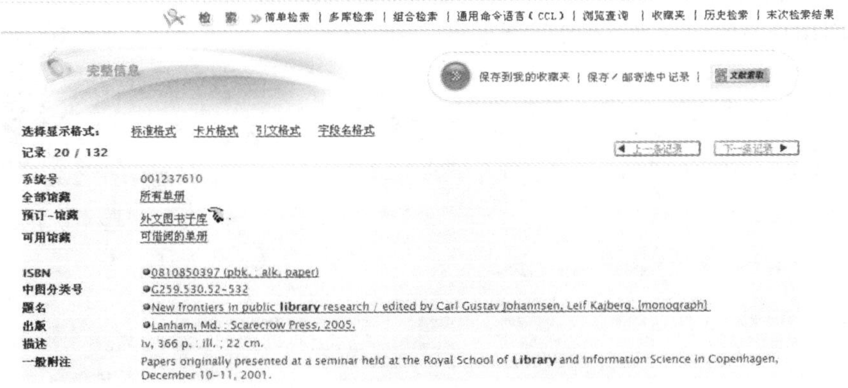

检　索 » 简单检索 | 多库检索 | 组合检索 | 通用命令语言(CCL) | 浏览查询 | 收藏夹 | 历史检索 | 末次检索结果

完整信息

保存到我的收藏夹 | 保存/邮寄选中记录 | 文献索取

选择显示格式：　标准格式　卡片格式　引文格式　字段名格式

记录 20 / 132

系统号	001237610
全部馆藏	所有单册
预订-馆藏	外文图书子库
可用馆藏	可借阅的单册
ISBN	0810850397 (pbk. : alk. paper)
中图分类号	G259.530.52-532
题名	New frontiers in public library research / edited by Carl Gustav Johannsen, Leif Kajberg. [monograph]
出版	Lanham, Md. : Scarecrow Press, 2005.
描述	iv, 366 p. : ill. ; 22 cm.
一般附注	Papers originally presented at a seminar held at the Royal School of Library and Information Science in Copenhagen, December 10-11, 2001.

图 6-3　书目的详细信息页面

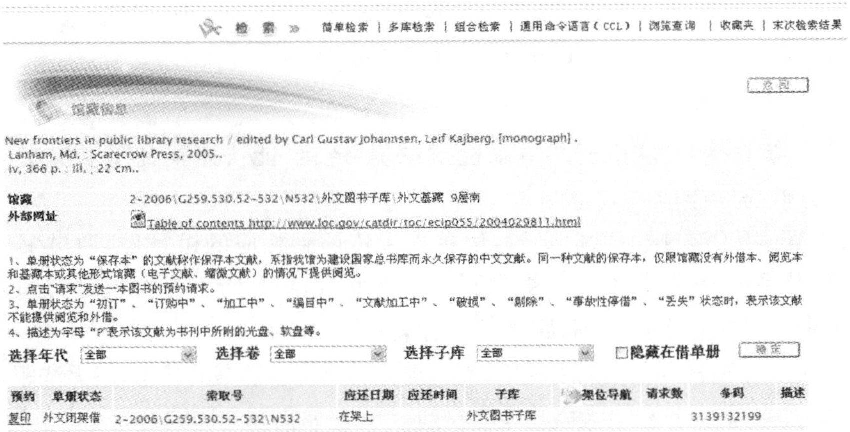

检　索 » 简单检索 | 多库检索 | 组合检索 | 通用命令语言(CCL) | 浏览查询 | 收藏夹 | 末次检索结果

馆藏信息

New frontiers in public library research / edited by Carl Gustav Johannsen, Leif Kajberg. [monograph] .
Lanham, Md. : Scarecrow Press, 2005..
iv, 366 p. : ill. ; 22 cm..

馆藏	2-2006\G259.530.52-532\N532\外文图书子库\外文基藏 9层南
外部网址	Table of contents http://www.loc.gov/catdir/toc/ecip055/2004029811.html

1、单册状态为"保存本"的文献称作保存本文献，系指我馆为建设国家总书库而永久保存的中文文献。同一种文献的保存本，仅限馆藏没有外借本、阅览本和基藏本或其他形式馆藏（电子文献、缩微文献）的情况下提供阅览。
2、点击"请求"发送一本图书的预约请求。
3、单册状态为"初订"、"订购中"、"加工中"、"编目中"、"文献加工中"、"破损"、"剔除"、"事故性停借"、"丢失"状态时，表示该文献不能提供阅览和外借。
4、描述为字母"P"表示该文献为书刊中所附的光盘、软盘等。

选择年代 全部　选择卷 全部　选择子库 全部　□隐藏在借单册

预约	单册状态	索取号	应还日期	应还时间	子库	架位导航	请求数	条码	描述
复印	外文闭架借	2-2006\G259.530.52-532\N532	在架上		外文图书子库			3139132199	

图 6-4　馆际互借提交页面

在图 6-4 中核对书目信息准确无误后，点击预约栏中"复印"，系统会弹出提交确认页面，如图 6-5 所示，点击确定，本次馆际互借委托请求即告完成。

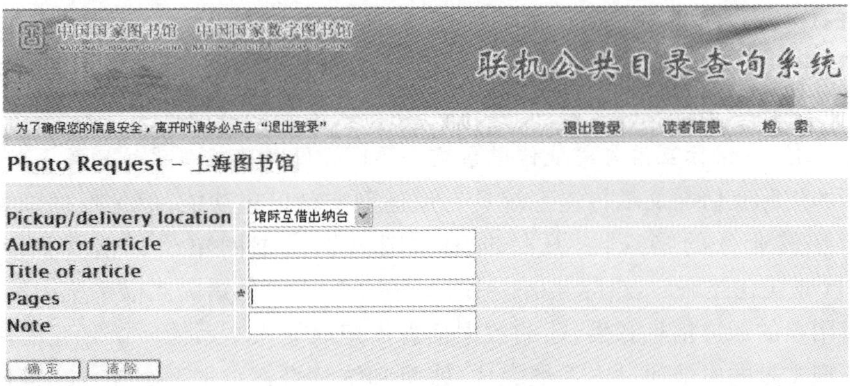

中国国家图书馆　中国国家数字图书馆
NATIONAL LIBRARY OF CHINA　NATIONAL DIGITAL LIBRARY OF CHINA
联机公共目录查询系统

为了确保您的信息安全，离开时请务必点击"退出登录"　退出登录　读者信息　检　索

Photo Request - 上海图书馆

Pickup/delivery location	馆际互借出纳台
Author of article	
Title of article	
Pages	*
Note	

确定　清除

图 6-5　馆际互借确认页面

馆际互借系统中还提供了用户的借阅历史、预约请求结果、现金记录等查询功能，方便用户及时了解服务情况，如图 6－6 所示。

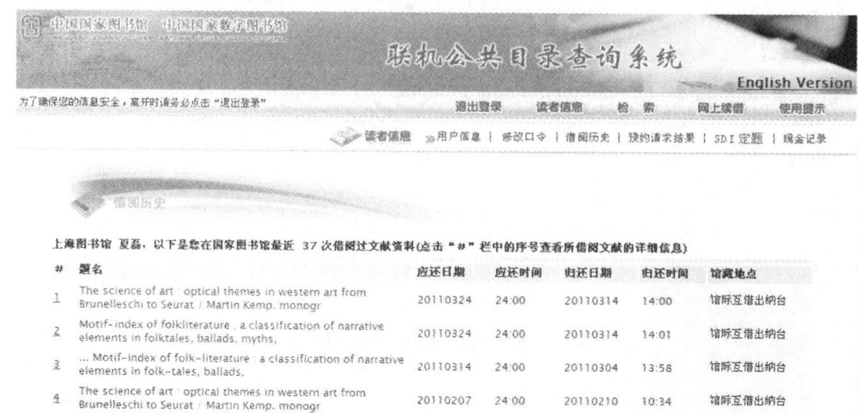

图 6－6　馆际互借用户界面

6.1.2.2　系统特点

(1) 系统直接与“联机公共目录检索系统”链接，能快速找到图书提交申请对于读者，方便易操作；

(2) 馆际互借委托信息提交后，信息直接传递到相应的馆藏地，通过书库工作人员处理及系统处理后，书直接被送到了外借处，馆际互借工作人员只需到外借处取书，免去了馆际互借员索书、跑库等工作，提高了效率；

(3) 对于申请馆际互借的委托馆，提交委托后只能了解书的状态，但无法跟踪书的物流状态，如书是否已寄出、大概几天能收到等等，经常需要与国图馆际互借员沟通；

(4) 馆际互借用户的费用结算和统计仍然需要人工完成，管理效率低。

6.1.3　馆际互借与文献传递系统

国图的馆际互借与文献传递系统是由中国高等教育文献保障系统管理中心(CALIS)设计开发的，于 2009 年 1 月开始试运行。系统由馆际互借读者网关系统、馆际互借事务信息管理系统、馆际互借服务器(协议机)和 ALEPH 读取工具四部分组成。这个系统和前文说到的馆际互借系统关系如下：

6.1.3.1　馆际互借与文献传递系统和 ALEPH 馆际互借系统的关系

新的馆际互借与文献传递系统具有返还型文献借还功能，但是根据国家图书馆馆际互借业务的特殊性，凡是向国家图书馆借书的单位如前文所述都在 ALEPH 系统建立账户，馆际互借借书申请在 ALEPH 的馆际互借系统中完成，馆际互借用户的账户信息和借、还的数据信息需定时导入本系统。馆际互借用户的非返还型文献的申请通过本系统完成，账目和统计最终由本系统完成。普通用户的文献申请直接通过本系统的读者网关提交。两个系统的关系如图 6－7 所示。

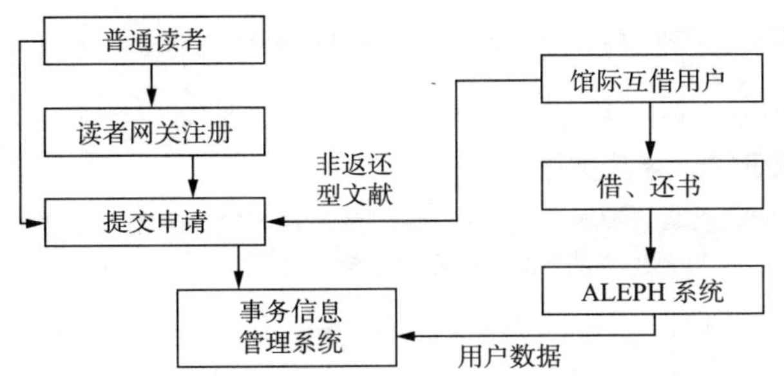

图 6-7　馆际互借与文献传递系统和 ALEPH 馆际互借系统的关系图

6.1.3.2　系统基本流程

读者通过国图文津搜索，选择馆藏目录（OPAC）进行检索。如图 6-8 所示。

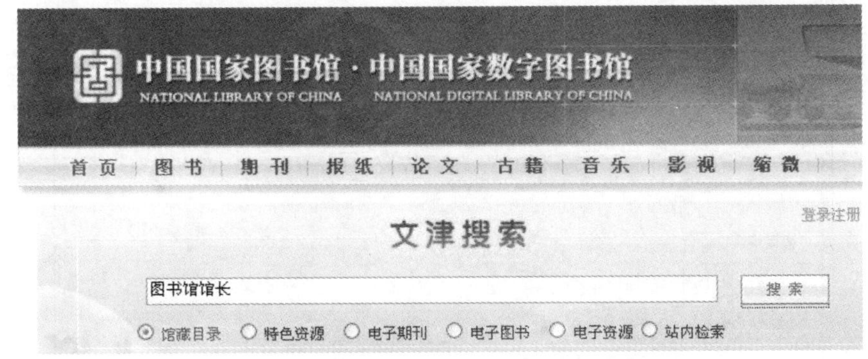

图 6-8　国图文津搜索馆藏目录检索界面

查到需要的文献，点击文献索取，如图 6-9 所示。

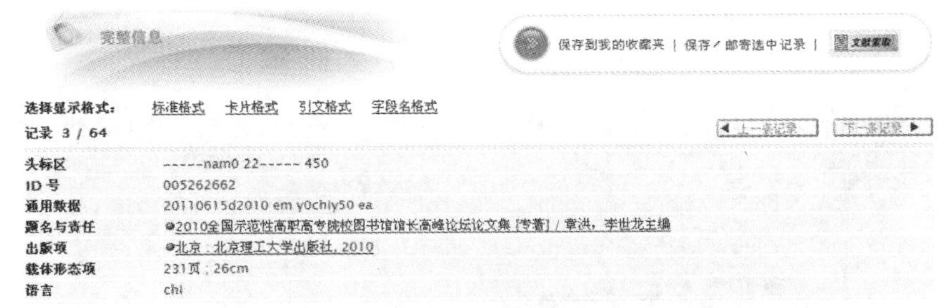

图 6-9　带文献索取选项的书目记录

国图的文献索取与数字资源门户系统整合在一起，点击文献索取后首先进入了国图数字资源门户系统，如图 6-10 所示。系统整合了数字资源、馆藏信息、馆际互借与文献传递系统等。点击文献传递系统后就转到馆际互借与文献传递登录界面，如图 6-11 所示。

登录后输入所需文献的来源、题名、页码等信息后提交文献传递请求。如图 6-12 所示。

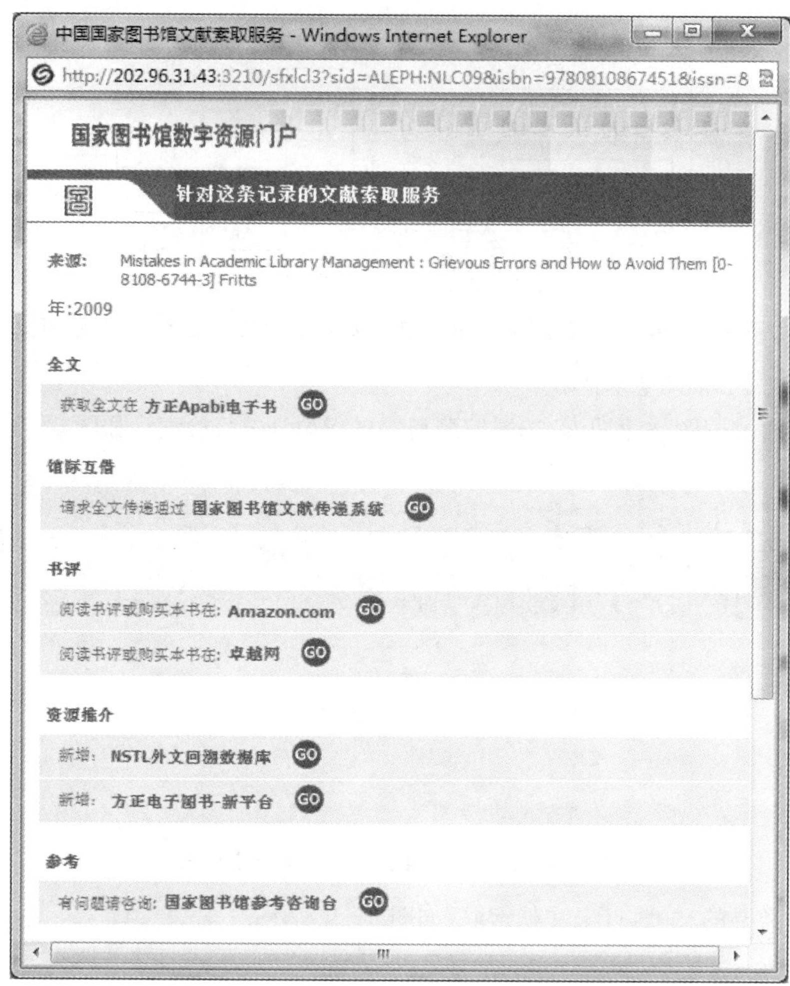

图 6-10　国图数字资源门户整合页面

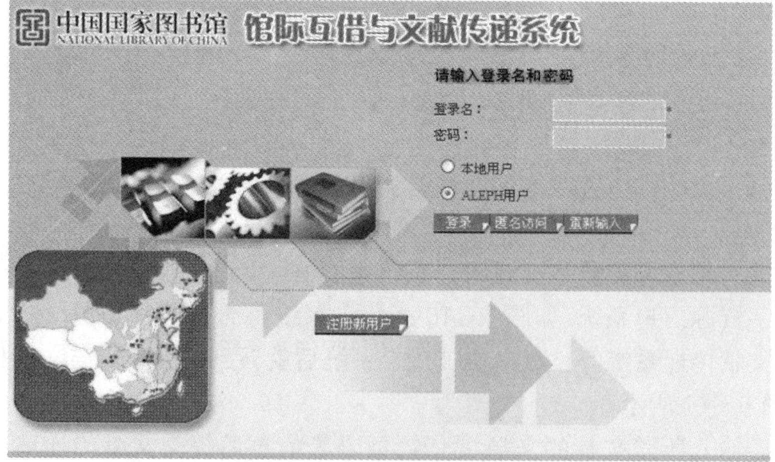

图 6-11　系统直接登录页面

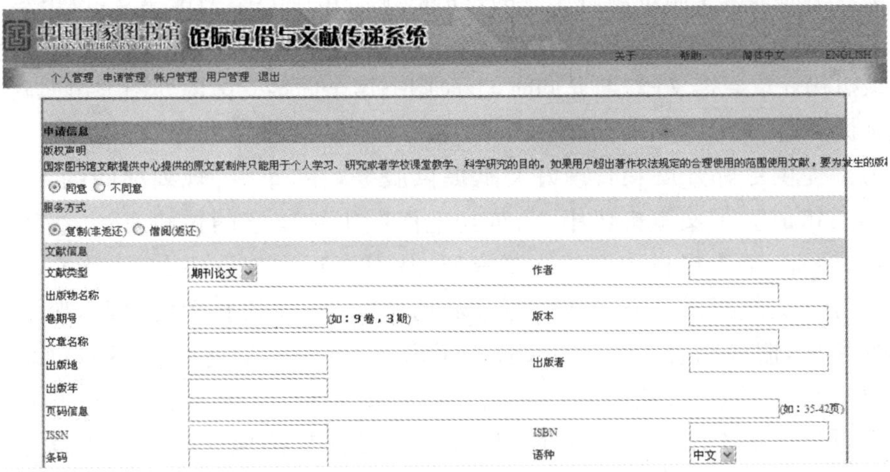

图 6－12　填写文献传递申请信息页面

国图馆际互借和文献传递系统设计时是希望能够与国家图书馆其他的一些系统保留接口，长期读者通过 OPAC 进行检索，查到需要的文献点击文献索取，进入读者网关系统，同时系统自动将文献信息带入申请单，读者直接提交就可进入事务信息管理系统；读者检索国图的数字文献，查到所需文献也是点击文献索取，直接将文献信息带入申请表，提交即可。但目前这些整合尚未完成，期待下一期系统建设时能够实现。

6.1.3.3　系统特点

(1) 读者管理和文献传递服务基本全部采用系统流程化管理，提高了工作效率；

(2) 读者通过系统可以看到每个文献传递申请处理的全过程和账目明细，减少了工作人员和读者的沟通次数；

(3) 系统实现自动的工作统计，节省工作人员的业务统计工作；

(4) 系统尚未与国图书目系统等无缝整合，即从书目系统查到的信息尚不能通过系统自动写入文献传递系统的申请表中，读者需要另外填写申请表。

6.2　上海图书馆文献提供服务

6.2.1　基本情况

上海图书馆(以下简称上图)开展文献提供服务已有近 20 年历史。1998 年上海图书馆加入国际 OCLC 馆际互借服务(OCLC interlibrary loan (ILL) service)系统。随着上海地区文献资源协作网的发展和上海市中心图书馆建立，该馆牵头组织的上海地区文献资源共建共享工作致力于为馆内外广大用户、读者从境内外图书情报机构获取急需文献，与此同时，上海图书馆全面接受国内外图书馆向其发出的文献提供请求。

为了提供更好开展和管理好文献提供服务，在“十五”规划期间的2003年上海图书馆成立了文献提供中心，依托上海图书馆丰富的馆藏资源，为国内外图书馆、企业、个人提供丰富的文献资源，从而真正实现资源共享、无障碍提供文献服务。文献提供中心自成立至今经历了初创、成长和发展阶段，服务范围也不断拓展，服务内容不断丰富，服务手段不断增加，服务技术不断创新。服务对象从企业到个人，从公共图书馆到高校图书馆，从国内到国外，遍布全国乃至全世界。截至2010年12月，与上海图书馆直接建立馆际互借合作关系的图情机构达到115家。2010年度，上海图书馆文献提供总量近1.9万篇（册）。

6.2.2 上海图书馆馆际互借服务系统

上图自主研发的馆际互借系统（原书外借）于2007年年底立项，经过一年多的开发、调试，于2010年9月正式开通运行。该服务以上图的参考外借类图书为文献保障，以上图馆际互借系统为技术手段，以快递为物流保障，把上图的参考外借图书服务到全国和世界各地。自该服务系统正式开通以来，受到国内外图书馆尤其是高校图书馆和专业图书馆的欢迎，使用量也集中在这两类图书馆。

系统设计中充分考虑到了两种读者类型，一类是最终用户即广大读者，还有一类是图书馆馆际互借员。系统开通半年多来，虽然与所有图书馆介绍时都强调系统可以发给读者使用，只需各委托馆验证和确认读者身份即可，但在实际运行过程中，所有的图书馆更偏向于由读者另外提交所需图书的信息，由馆际互借员使用馆际互借系统提交委托请求。究其原因是大多数馆都有自己的馆际互借及文献传递系统，或者利用图书馆联盟开发的服务系统，比如CALIS，BALIS，中科院系统等，它们的读者已经习惯使用这些系统，因此这些图书馆的馆员们可通过网站、培训等方式告诉读者上图的书目检索系统，找到参考外界类型在库中的图书书目信息，利用各自的馆际互借和文献传递系统提交到上图。本文主要介绍对馆际互借员开放的馆际互借服务系统。

利用上图馆际互借系统借阅上图参考外借图书前，先要向上图提出建立馆际互借合作意向，双方商议后签订馆际互借合作协议后，上图才能向委托馆开通上图馆际互借服务系统的登录账号。这个账号既是馆际互借服务的委托账号，也是财务账号。

6.2.2.1 系统操作流程

委托馆凭借上图授权的唯一用户名和密码登录系统，经过 5 步流程，就能轻松借还上图的图书，如图 6－13 所示。

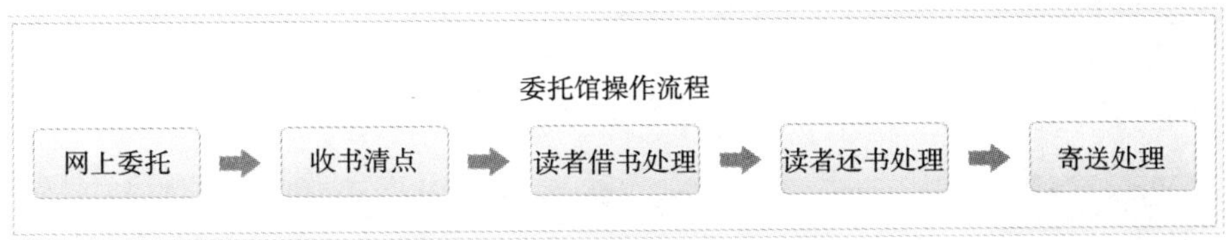

图 6－13 馆际互借委托馆操作流程

下面简单介绍系统具体操作步骤。

1）网上委托 建议用 IE 浏览器访问上海图书馆馆际互借系统，如图 6－14 所示。系统的访问地址为 http://ill.digilib.sh.cn：7081/en/ibs/login.jsp。

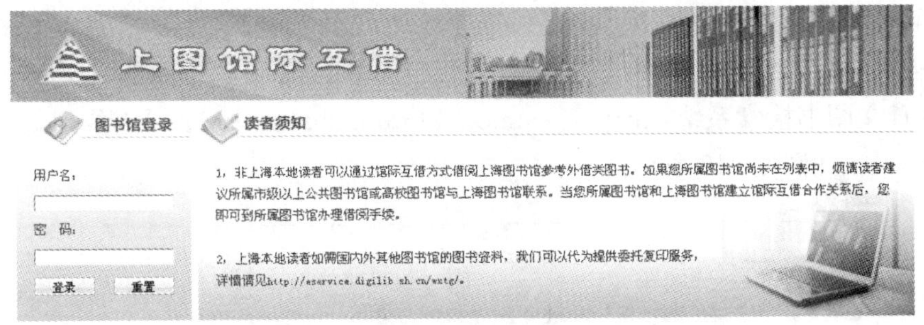

图 6－14 上海图书馆馆际互借服务系统主页

在左上角用上图授权分配的账号登录后，进入委托馆管理模块。如图 6－15 所示。

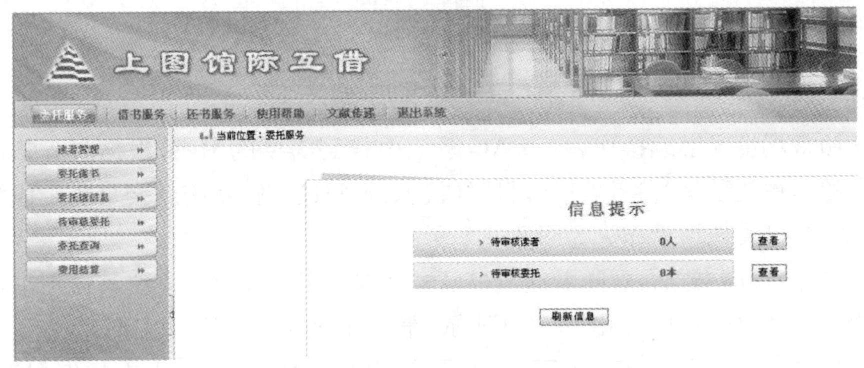

图 6－15 委托馆管理子系统首页

在首页的左面各功能选项中选择委托借书，进入网上委托流程。如图 6－16 所示。

图 6－16　馆际互借委托页面

常规情况下点击开始找书，进入上图 IPAC 书目查询系统，通过各种检索途径找到需要的图书。在委托页面上提供了手工委托的功能，这主要是因为上图的日文图书书目尚未整合到 IPAC 书目查询系统中，所以必须到单独的日文书目查询系统（日文图书检索系统：http://catalog.library.sh.cn：8080/，）查找到索书号后手工输入。如图 6－17 所示。

委　托　信　息

说明：手工提交委托目前仅限于借阅上海图书馆馆藏日文图书，
日文图书检索系统：http://catalog.library.sh.cn:8080/

书　名	
索书号	

确定　关闭

图 6－17　日文图书手工委托页面

按照常规情况继续操作，在 IPAC 系统中找到需要的图书，根据服务条例，只要该书的馆藏类型是"参考外借资料"且状态为"归还"的，系统就会自动生成"委托借书"按钮，供委托馆操作。如图 6－18 所示。

点击"委托借书"后，意味着这本书已经被选中了。如果还需要其他图书，点击系统提供的"继续找书"，如图 6－19 所示，重复前面的操作就可以了。

一旦书全部选定后，点击图 6－19 中的"提交委托单"后网上委托借书流程完成，耐心等待快递送书即可。

2）其他操作流程　委托馆收到快递送到图书后，点击图 6－15 中的借书服务模块的"收书清点"，进行"签收"，此时可以看到书的状态变成了"已通知读者

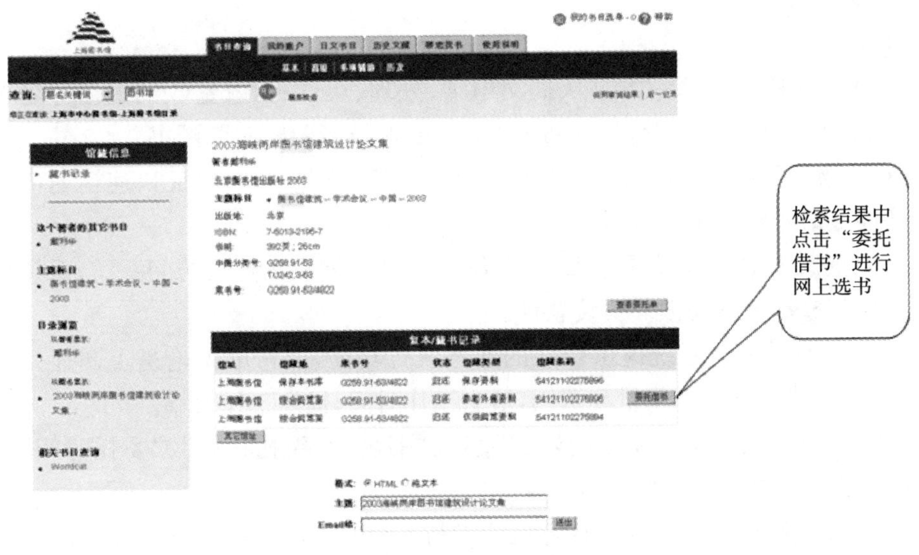

图 6－18　检索结果中的委托借书

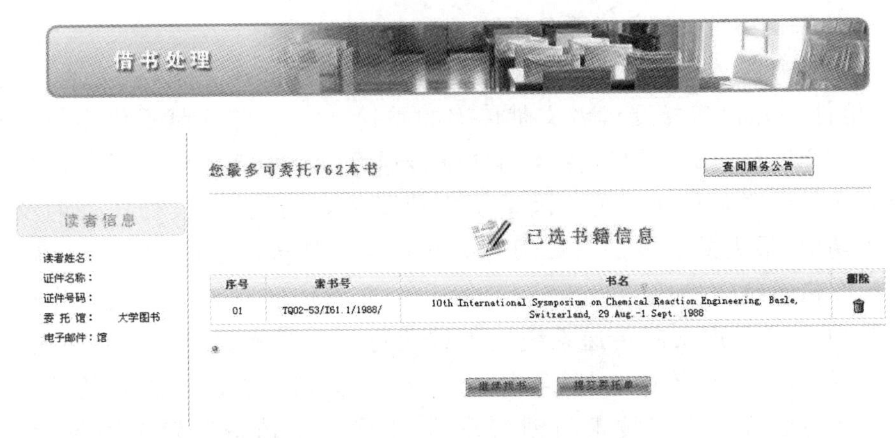

图 6－19　继续找书和提交委托单页面

取书”；等读者来借书时，点击借书服务模块的“借书处理”，输入借书物流单号，完成读者借书处理操作，此时书的状态又变成了“读者已取书委托”；等读者还书时，点击还书服务模块的“还书处理”，依次输入归还来的上图图书上的条形码，完成读者还书处理操作，此时图书的状态是“归还请求馆”；紧接着点击该模块下的“寄送处理”中的“待寄送”选项，那些已经归还到委托馆等待寄送的图书信息一目了然；点击“生成还书物流单”后，就可以打包邮寄了，此时图书的状态是“还书途中”。

以上通过 5 步流程的详细描述，不难看出这个系统最大特点就是能够随时随地了解每本图书所处的位置和状态，使读者、委托馆和上图都能清晰了解到图书当前在什么地方。

6.2.2.2 系统特点

(1) 实时跟踪　每一本书从提交申请、处理、运送、读者签收到返还等各个步骤都能清晰地在系统中看到，有助于工作人员和读者及时跟踪图书。

(2) 物流跟踪　上图目前采用快递的方式运送图书，在保证快速运送的基础上，还能实时跟踪图书的位置。

(3) 使用方便　系统采用B/S结构，只要通过网页浏览器访问系统，采用用户名和密码登录，不需要额外安装软件。

(4) 统计功能　系统提供较强的业务统计功能，能帮助无论是上图还是各委托馆方便快捷地统计工作量和费用，节省工作时间，提高工作效率。

(5) 检索功能　系统提供"读者姓名"、"书名"、"委托状态"、"委托时间"等检索途径，方便委托馆和上图查找。

(6) 无缝链接　系统通过计算机技术与上图的书目检索系统IPAC无缝链接，网上委托过程中可以将所委托图书的书目信息直接提交到系统数据库中。

6.2.3 上海图书馆文献传递服务系统

上海图书馆文献提供中心成立之初并没有文献传递系统，只能通过电话、传真、信件、e-mail等接受读者文献传递的委托。2004年文献提供中心自行开发基于IEEE期刊论文快速传递的文献传递系统，2005年将该系统优化为面向所有文献的文献传递系统。该系统实现了读者在线申请、委托查询及账户查询等功能；最大的问题是馆藏的各类文献与文献传递之间的脱节。2010年在馆际互借系统研发成功投入运行的同时，文献传递系统的研发工作也启动了。2011年6月底文献传递系统进入试运行。该系统实现了会员注册、馆藏文献资源查询、文献传递委托、委托处理状态、文献传递服务管理的整合。系统具体运行流程见本书技术与创新篇的《上海图书馆资源发现服务初探》中所述。

目前老系统和新系统并行运行，按计划2011年年底实现完全数据迁移，老系统将载入上图文献提供服务发展史。

6.3 中国国家图书馆、上海图书馆文献提供系统之比较

6.3.1 馆际互借系统

两个图书馆都运用了各自的馆际互借系统，由于图书馆采用的计算机集成系

统各不相同，采用的技术手段也全然不同，操作流程差别较大。下面从用户使用和工作人员操作两方面详述不同之处。

6.3.1.1　用户使用上的不同点

国图因利用了计算机集成系统 ALEPH500 中自带的馆际互借模块，因此可以在馆藏联合目录检索系统的检索结果中选择复制（实际就是馆际互借）提交申请。对于用户来说，不需要熟悉新的系统，直接在检索目录中提交，步骤简单，操作方便。

上图的计算机集成系统 Horizon 中没有馆际互借模块，且馆藏书目系统是相对封闭的系统，不开放接口给其他应用系统，因此上图书目检索系统反向代理技术在上图的馆际互借系统中得到了良好运用。用户先登录系统，然后进入书目检索系统（IPAC），系统通过判断只有上图参考外借资料且归还状态的书目记录才会出现"委托借书"的选项，然后按照系统提供的步骤一步一步操作。因为系统设计之初就考虑需要记录图书的每一步状态，因此系统相比国图的操作步骤多，略显复杂。

6.3.1.2　工作人员操作上的不同点

国图系统直接链接到借书系统上，用户一旦提交申请后，借书信息直接进入书库，工作人员只要直接到借书处取书即可，节约工作时间和工作量；因馆际互借系统对书的状态管理比较简单，因此工作人员只需在馆际互借系统做简单借出操作。

上图馆际互借系统与图书索书、借书系统没有整合，因此必须由操作人员在索书系统人工提交借书信息；上图馆际互借系统对书的各状态管理有特殊要求，因此工作人员需要对借书、物流、还书等步骤进行人工操作，相对国图工作人员工作量有所加重。

从图书的跟踪角度看，国图的系统很难揭示图书的物流状态，一旦读者提交申请，无法清晰地看到书实时的位置和状态。

6.3.2　文献传递系统

2009 年上线运行的国图文献传递系统较以前的手工作业各方面有很大进步，不管是读者申请还是工作人员操作都大大节省了时间，工作人员可以在一个系统内完成复杂的操作，处理状态动态实时显示，读者可以清晰了解自己需要的文献处理到哪一步，减少了烦琐的来回沟通次数，提高了工作效率；但是，它虽然表面上整合了书目系统、数字资源系统，实际只是简单的应用系统嵌入，并未做到真正的无缝整合。上图的文献传递系统则实现了文献检索与文献传递真正的完全的无缝整合，还整合了网上支付、e-mail 提醒、短信提醒等服务功能，大大方便读者从多渠道了解文献传递申请的处理状态。

6.4 对公共图书馆文献提供服务的思考

6.4.1 没有统一的联合目录

目前，各图书馆都有自己的书目检索系统，如国图的联机公共目录检索系统，上图的 IPAC 书目检索系统；各个联盟也有自己的联合目录，如 CALIS、NSTL、中科院系统等。这些检索系统每一个都是独立的，为各自的馆际互借系统服务，有的检索系统在检索到结果后可以直接提交申请。这些检索系统确实为馆际互借员查找文献和索取文献提供了很大方便。但随着馆际互借联盟越来越多，各自的联合目录也越来越多，当馆际互借员需要向外馆索取资料时，却要凭自己的经验到各个不同图书馆的检索目录或各个联盟的联合目录中去重新查找和申请提交，无疑增加了工作时间和次数，加长了文献传递时间，对及时高效的提供文献传递是一种制约；另外，这么多的检索系统，也对馆际互借员提出了高要求，他们需要熟悉各个图书馆和联盟的资源特点、检索系统的检索方法和馆际互借与文献传递系统的使用方法。在具体操作中，需要用最快的速度反应出在到哪些馆的哪个检索系统中去操作。因此在国内没有一个统一的联合目录已经成为该项服务发展的瓶颈。

6.4.2 馆际互借与文献传递系统繁多

每个图书馆和联盟都有自己的馆际互借与文献传递系统，如果需要文献，必须登录系统提交。这种计算机化的操作和管理让文献提供服务得到了大大提升，但当需要向外馆索取资料的时候还是免不了要在不同系统中跳跃。比如，一位读者需要 5 篇文章，经检索，5 篇文章中有 3 篇是本馆可以提供的，有 2 篇需要馆外索取，这时，经过馆际互借员的检索，1 篇 NSTL 中有，1 篇国家图书馆有，这就需要先登录 NSTL 系统进行提交，再登录国家图书馆馆际互借系统进行提交。所以，每天馆际互借员都在各种系统中忙于检索、申请、提交，这无疑增加了工作量，也降低了效率。

6.4.3 服务条例不统一

每个图书馆都有自己的馆际互借条例，尤其是公共图书馆，由于可提供的资源种类繁多，对于不同的资源计费标准亦不同，很难轻易掌握其费用标准；因此馆际互借员在进行服务时，需要进一步询问对方的服务条例，才能准确答复读者，有时甚至需要事先通过邮件或其他联络工具进行沟通，了解资料是否能提供、提供费用等情况，这些都无形中延长了文献提供时间，增加了文献提供服务的工作量。

6.4.4　提高馆际互借员服务能力

以前，馆际互借员只需要掌握本馆的馆藏资源，查到后直接提供给读者就可以了。随着互联网的普及以及搜索引擎功能的不断强大、计算机技术的广泛运用、电子资源的引进等，使图书馆的工作大部分都依赖于计算机技术和网络，因此对馆际互借员的要求越来越高。

一般来说，需要从以下四方面提高馆际互借员的能力：提高计算机系统和应用系统操作能力；提高电子资源和互联网资源检索能力；提高跟踪国内外文献提供最新发展趋势和技术应用的能力；提高快速熟悉新资源、新系统的适应能力。

以上这些问题，都制约着文献提供服务的发展。随着各图书馆间、各联盟间和各国图书机构间的业务合作越来越频繁，务必需要解决这些问题，才能更好地发展文献提供服务，实现真正的激活馆藏，资源共享。

6.5　结　　语

文献提供服务的每一次服务，都是一次图书馆的自身形象宣传，是揭示图书馆的丰富资源、服务特点和工作理念的过程。通过每次的馆际互借服务，向对方传递图书馆的各种信息，从而使更多人关注图书馆，了解图书馆。借助文献提供这个平台，充分展现出图书馆人的自信、开朗，图书馆工作的服务理念、服务质量，从而提升图书馆的自身形象。

（本文作者：陈燕梅、夏磊　上海图书馆文献提供中心）

参 考 文 献

［1］ 勒・烈文孙. 馆际互借的组织与技术［M］. 李希泌，译. 文物参考资料，1954.

［2］ 唐晶主编. 合作、共享、发展——图书馆文献提供服务［M］. 北京：国家图书馆出版社，2009.

［3］ 马文筠. 浅谈图书馆的文献传递业务［J］. 河南图书馆学刊，2008，28(4)：50 - 52.

［4］ 马文筠，张　莉. 国家图书馆馆际互借与文献传递系统概述［J］. 公共图书馆，2010(2)：49 -51.

7 上海研发公共服务平台系统及服务创新研究

7.1 上海研发公共服务平台简介

2004 年 7 月 14 日，上海研发公共服务平台（www. sgst. cn）正式启动运行。这是上海首个实现资源、设备、服务共建共享的服务平台。上海研发公共服务平台是科委组织实施的，一个服务性的平台，是上海配合国家建设科技创新体系以及自身发展的需要，是推进上海“二中心一基地”建设的重要任务，也是上海市“科教兴市”五大平台之一的研发平台的重要承载实体，是实施科教兴市战略的重要抓手，“走通华山一条路”的必然选择。

美国政府实施国有科学数据开放共享国策，设立专项资金连续支持数据中心群的建设，并利用法律手段保障其信息畅通。英国政府则强调把进一步加强一流科技基础设施建设作为英国政府最优先任务。

我国在科技基础条件建设、促进科技资源的开放共享等方面和发达国家相比，仍然存在较大差距。一方面我国的各类科技数据信息资源严重缺乏，科技数据和信息产品集中在发达国家手里，如全世界数据库容量美国占 63%，亚洲为 4%，中国不到 1%。国内的可用信息资源更加贫乏。据统计，目前国内的互联网的信息流量大约 95%是访问国外站点。另一方面，有限的资源得不到充分的利用。我国现有的科学数据的利用率和共享程度极低，能为重大科技创新研究提供有效支撑的数据库不到已有数据库的 10%。同时，由于缺乏共建共享理念，缺乏政府层面的统筹规划以及共享政策与法规体系，使得我国的科技基础条件建设难度加大，资源共享不能有效施行。

7.2 上海图书馆文献提供中心概况

上海图书馆上海科学技术情报研究所是全国第一家省市级图情联合体，是大型综合性研究型图书馆，馆藏文献资源系统涵盖了社会人文、科学技术等各学科领域。2003 年上图文献提供中心成立，中心依托丰富资源和协作网络，开拓文献服务的新领域，为海内外用户提供文献服务，包括各种类型和载体的文献查寻、广域检索、馆际互借乃至最终传递，实行"一站式"式的全方位服务。

其实上海图书馆开展馆际互借服务已有近 20 年历史，1998 年该馆加入国际 OCLC 馆际互借服务（OCLC Interlibrary Loan (ILL) service）系统，随着上海地区文献资源协作网的发展和上海市中心图书馆建立，上海图书馆牵头组织的上海地区文献资源共建共享工作致力于为馆内外广大用户、读者从境内外图书情报机构获取急需文献，与此同时，上海图书馆全面接受国内外图书馆向本馆发出的文献提供请求。

在近几年的服务过程中，上图文献传递服务相继推出了"网上委托借书"、"上图文献搜索"、"Live800 文献客服实时咨询"、"e 卡通——电子资源远程服务"等优质高效的专业服务，另一个方面上图文献传递还与各大专业平台联合，积极扩大服务面，其中上海研发公共服务平台就是上图文献传递近年来十分活跃的一个服务阵地，经过几年的服务，创下了良好的口碑和成绩。

7.3　上图文献提供与公共研发服务平台合作创新

7.3.1　合作项目

7.3.1.1　西文文献全文传递

科技文献服务系统以协作、共赢为基础，平台联合上海市图书情报资源的优势单位，集成各类文献与服务资源，采用"先注册、后服务"的方式，为用户提供文献检索、全文下载、中英文全文传递、电子图书在线阅读、科技查新、情报信息等文献服务。平台启动之初，上海图书馆就成为该平台最大的文献提供方之一。根据用户在线提交的文献题名、作者、发表期刊、页码等信息，接收全文传递需求并上传相应文献，用户在 1～48 小时内即可在线下载所需文献的电子版全文（PDF 格式）。在长期的服务中，也累计了一批忠实的粉丝。

上海新生源医药研究有限公司董事长任军非常喜欢研发平台送给他的文献综合利用卡。科研人员常用的文献资源主要来自包括各大图书馆、全国各高校、中科院和上海本地资源四大类，由于分属不同系统，一般很难同时"一网打尽"。如今，有了这张综合利用卡，就可以同时在四个系统中查询，结果自然更全面。据初步统计，平台管理部门已发放 4 000 多张免费的文献综合利用卡，其中 75%以上发给了中小型企业。凡是上海地区教育部直属和市属的高等院校在校大学生（大专生、本科生、硕士研究生、博士生等)和科研人员均可通过注册通道注册成为平台用户,在完整填写个人信息后上海市研发公共服务平台管理中心将进行审核,审核通过后将享受到获赠价值200元的中文科技文献使用量及10篇的西文全文传递服务,提供种类丰富的中外文期刊、学术论文、行业标准、技术标准、常用文献数据库等文献资源。

从学生个人到企业科研人员只要使用研发平台的服务,就能第一时间获得上图文献提供的文献支持,上图文献提供中心在1个工作日内给予回应、2个工作日内给予用户最终文献上传,借助平台的蓬勃发展,上图文献服务的对象也扩展到了更大的范围,也具有了更广阔的舞台。截至2010年底,上海研发公共服务平台注册用户数累计超过27万人,文献传递量累计近9万篇,其中对中小企业的服务占到企业服务量的80%。服务对象覆盖了除青海和台湾之外的全国各省市自治区,同时在海外具有一定的知名度与影响力。

7.3.1.2 外文期刊个性化订阅

上图文献提供中心也是公共研发服务平台中个性化外文期刊服务的后台支持单位之一,上传一定文献目次摘要信息后,用户可在线订阅生命科学、药物研究、微系统与信息技术、化学化工等领域的200余种科技类外文期刊;订阅期刊后,可定期接受相应期刊的最新目次及文献简介,并可通过全文传递的方式获取全文。这一服务深受科研工作人员的喜爱,他们可以紧跟世界上最先进前沿的技术,提高工艺流程,降低产业成本,节省实验经费,帮助企业做大做强。

7.3.1.3 标准文献

在平台的标准文献服务中,有一个含金量极高的数据库,俗称“美国四大套报告”。上海图书馆拥有全国屈指可数的美国的科技报告,其中以四大报告最为著名,这也是世界上比较著名的科技报告。上海科技情报研究所自上世纪60年代起系统收藏美国政府研究报告,是国内采集最全、馆藏数量最大的图书情报单位之一。四大报告主要指政府部门的PB报告,由美国商务部出版局(Office of the Publication Board, U.S. Department of Commerce)出版;军事部门的AD报告,由美国武装部队技术情报局(Armed Services Technical Information Ageney)搜集、整理、报道的文献;航空与宇航系统的NASA报告,由美国国家航天局(National Aeronautics and SpaceAdministration-NASA)提供的报告;原子能与能源管理系统的DOE报告。四大报告连续发行的历史已有30多年,量大面广,内容涉及数学、物理、化学、生物学、地理、天文学、农业、医学、工程、宇航、军事、能源等许多领域,各种报告的内容又有所侧重。如PB报告侧重于民用技术,AD报告侧重于军事和尖端科研项目,NASA报告侧重于航空和航天领域研究,DOE报告侧重于原子能和能源利用方面。美国的这四大报告具有较大的参与考价值,在世界上享有一定的声誉。

7.3.2 政策倾向

为保证平台能够持续有效地为科技创新提供不竭的支持，围绕平台建设，平台制定了详细的规划和实施方案：积极推进各项基础工作，完成若干重点领域科技资源的整合，实施一批对推动科技创新具有重要意义的试点工程，启动相关的立法调研工作，初步形成以共享为核心的制度框架并适时启用平台对外服务；2006—2007年初步建成适应科技创新需求和科技发展需要的研发支撑体系，以共享机制为核心的管理制度，与平台建设和发展相适应的专业化人才队伍和研究服务机构；2008—2010年基本建成布局合理、功能齐全、体系完备、共享高效的上海科技研发服务平台，为上海地区的政府决策、科技创新、经济增长、社会发展以及国家安全提供完备的科技资源和公共服务保障。

相关的法制建设是保证平台持续发展和有效工作的保证。在目前情况下科技资源绝大部分是由各级政府部门投入购置、获取、产生并积累的国有资产。这些资源作为国家基本资源和重要的战略资源必须提供共享使用。因此，必须以法律法规的形式保障对国有科技资源的有效管理。通过相关法规规范全市范围内与科技资源的投入、管理、调整和使用相关的行为；界定资源拥有者、资源使用者和资源管理者之间的关系，明确当事双方的权利和义务；指导数据信息的共享、仪器设备的共用和运行服务的评估等。令人可喜的是，这项立法申请工作已经在有条不紊地进行中。不久前上海市科委组织《上海市科技资源共享调研和立法研究》座谈会，会上就上海市公共研究平台的文献传递服务的现状及亟待改进问题进行了研究，相信不久的将来，研发平台的队伍会更加壮大，平台的发展更加高远。

7.3.3 合作的创新点

7.3.3.1 理念新颖

与传统文献提供服务不同，与研发平台的合作是“走出去”，在辛苦耕耘了几年后，来自平台的许多企事业科研单位、高校机构成为了上图文献提供中心的服务对口单位，可谓之“引进来”。这是一种服务理念的创新，突破传统公共图书馆的“行动迟缓，跟不上潮流”，上图文献提供中心紧扣用户需求，把握时代脉搏，依托“科教兴市”战略，为企事业机构个人竭诚服务。

7.3.3.2 手段前卫

上图文献提供中心扎根公共研发平台，结合流行的WEB2.0技术，加上实时动态的“Live800文献客服实时咨询”，与用户保持紧密的互动关系，研发平台后台的文献统计功能，使用户能了解到文献服务完成的阶段，以及最终获取服务的自助流程，大大提高了服务的准确性和用户的满意度。2011年又将微博技术用于与用户的交流，使得图书馆更积极主动地融入到读者用户群中，而不是被动地等待读者上门、传真或者发送邮件等传统方式提交请求。

7.3.3.3 协作互进，取长补短

上海公共研发服务平台中还有各大专业图书馆、中科院图书馆，这些联合缩小了上海图书馆作为公共馆与学科专业馆之间学科深度的差距问题，补差补全，携手互助；高效率的完成用户请求，同时也得到高效率的回复速度，即作为提供方也成为请求方，大大缩短文献传递二次失败后的应答时间。平台还引入服务售后量化评价体系，学习电子商务平台模式，用口碑说话，让读者选择性价比最好的单位提出文献索取请求，同时系统化的后台数据统计功能也为服务单位提供翔实的数据记录。

（本文作者：赵鸿强　上海图书馆文献提供中心）

参考文献

［1］ 上海图书馆．上海图书馆文化提供中心主页［EB/OL］．［2011－6－16］．http://eservice.digilib.sh.cn/wxtg/index.asp

［2］ 人民网．人民网科技动态［EB/OL］．［2011－6－16］．http://www.people.com.cn/GB/keji/1056/2640854.html

8 上海图书馆资源发现服务初探

回顾上图文献传递与馆际互借服务近年来的发展，规模不断扩大、口碑不断提升。当问及为何能够取得如此出色的业绩？我们总是自豪而略带调侃地说："因为我们可以找到别人找不到的文献！"不难发现，对各类文献的检索能力，对各种资源的熟悉程度是我们业务得以长足发展的核心竞争力。在不断提升馆员核心业务能力的同时，我们也一直在思考如何利用新技术简化文献传递与馆际互借工作，不断提高我们的工作效率。

8.1 文献检索现存问题

文献检索之所以会成为文献传递服务的核心竞争力，其客观原因是因为我们面对的资源种类繁多，过于庞杂。如果对馆藏资源缺乏足够的熟悉，如果对各类不同的数据库检索方式缺少足够的了解，我们的工作将寸步难行。实际上，上述问题影响的不单是文献传递服务，而是整个图书馆行业！为何我们的用户会转投谷歌？因为我们有各种各样各不相同的检索系统让人无所适从。

在当今所谓复合图书馆的环境下，图书馆不仅要充分揭示所拥有的纸本馆藏，更需要揭示由各种外购或自建数据库组成的相当规模的电子馆藏资源，并通过互联网为用户提供方便的服务。在如此复杂且多元化的环境下，不断增长的馆藏资源对用户与馆员均形成重大挑战。图书馆对资源管理的难度与工作量持续加大，用户亦面临新的问题。以上图为例，仅书目系统就超过 5 个，IPAC 揭示了大部分馆藏书刊资源，但日文书目位于独立的检索系统中，如果需要 1949 年之前的文献，我们还需要转到历史文献统一检索平台。除此以外，我们还有单独的标准数据库、美国军标数据库、美国政府数据库、馆藏家谱数据库等等。作为文献服务部，仅掌握上述目录是远远不够的。除了本馆目录，我们还需频繁使用全国期刊联合目录、OCLC WorldCat、大英图书馆目录、日本国会图书馆目录等等。这里列举的只是文献服务中常用的目录系统，如果再加上各个电子期刊数据库、全文数据库、二次文献数据库，工作中的常用数据库将成倍增加。文献服务工作中最核心、最耗时的一环就是核实书目记录并确定馆藏情况，纷繁的检索系统使得这一工作的复杂程度大为增加。

如何让馆员通过便捷的入口，一站式地检索到分散于各个系统中的资源，成为了我们重要的研究目标。这不仅将改善我们自身的工作效率，更将提升图书馆最终用户的体验。根据文献调研和国内外各大图书馆的实践，我们认为图书馆资源发现服务(discovery service，以下简称发现服务)可能成为具有终极性质的资源揭示与检索系统。在介绍发现服务之前，我们有必要先回顾一下现有的各种图书馆资源揭示与检索系统。

8.2 从OPAC、电子资源导航到跨库检索

OPAC长久以来一直是用户检索图书馆资源的最主要入口，但是随着外购和自建电子资源数量的不断增加，OPAC作为最主要入口的地位逐渐受到挑战。由于OPAC中无法揭示各中电子资源，我们首先在OPAC以外建立了电子资源导航系统，按照字顺、学科主题、文献类型、数据类型等不同分面对数据库进行导航。这样，我们进入了OPAC与电子资源导航系统并行的时代，OPAC揭示了纸本馆藏，电子资源导航揭示了数字化馆藏。

随着电子资源导航系统的发展，我们又有了一些新的构想。由于各种电子资源的检索入口都不尽统一，检索途径也各具特色，势必对用户的使用造成困惑。谷歌似的检索入口使用户对这些复杂的检索界面望而生畏，影响了资源的有效利用。在信息爆炸时代，能够在最短的时间内从大量资源中快速、准确地找到所需信息，成为广大用户的第一需求。因此，电子资源导航所提供的“电话黄页”似的目录已经无法使用户满足。我们需要整合检索入口，为用户提供一站式的服务。这样的需求又催生了跨库检索(或者称为联邦检索)。

所谓跨库检索，一般模拟Web访问过程，将统一检索界面输入的检索条件保存下来依次传给多个数字资源系统，各数字资源系统启动各自的检索系统进行检索，并将检索结果返回到同一界面展示。利用跨库检索，用户在不登录各个数据库的情况下即可一站式对各类资源进行实时的检索，的确为用户带来了一定的便利。上图iDOC文献搜索平台在建设初期亦使用了跨库检索技术实现统一检索，用户可以一次检索多个书目系统或多个结构类似的数据库，我们第一次在一个界面上实现了对OPAC和电子资源的整合。

但是，跨库检索仍然存在着重大不足，简述如下：

(1) 维护方式困难。跨库检索系统维护是一项难度很大的工作，主要是因为其对数字资源系统用户界面的 HTML 代码依赖性极强，基于 WWW 服务的源库在更新时会发生任何变化，都将导致跨库检索系统中的对应数据采集模板。

(2) 淹没了数据库的检索特性。跨库检索系统一般选择整合数据库的公用字段(如题名、作者、出处、摘要字段等)完成检索，忽视了资源数据库所特有字段，使检索的查全率和查准率大打折扣。所以，我们将跨库检索只应用在了各种 OPAC 和各种电子期刊数据库上，而没有整合许多著名的二次文献数据库平台，如 Ei、CSA、ISI Web of Science 等。

(3) 性能与响应时间。系统的响应时间受两方面因素的影响。一是检索进程的数量，二是目标数据库的网速的影响。在检索进程数量超过 5 个以后，或者目标数据库存在网络延迟的情况下，用户的等待时间会令人难以忍受。

尽管存在上述重大不足，但跨库检索第一次使我们在一个界面上检索各种本地资源和远程资源成为了可能。

8.3 发现服务概述

如何克服 OPAC、电子资源导航平台以及跨库检索的不足？到这里，我们可以认识一下图书馆资源发现服务了！

发现服务是什么呢？一个简单定义是：发现服务是提供同时检索预先索引的元数据及全文数据的统一检索界面。从这个定义出发，其实发现服务并不是横空出世的新产物，比如我们熟悉的 Ingentaconnect、EBSCO EJS 服务都可以检索超过数万种连续出版物的上千万条纪录，EBSCOHost 和 ProQuest 的整合检索平台也可以同时检索数以十计的数据库以及数以亿计的题录信息。我们更不应忘记 Google Scholar、Elsevier Scopus 等学术搜索服务，它们均可从一个入口开始检索全球的学术资源。可以说，正是这些商业服务在鞭策着图书馆及其供应商并给予启发，催生了当下的发现服务。

与上述存在已久的学术搜索服务相比，近来大家所关注的发现服务则更专注于整合本地资源内容，特别是图书馆的 OPAC 书目记录及各种自建数据库，如机构库。与一般跨库检索服务相比，发现服务不会实时检索外部资源，由于发现服务仅检索自身系统中元数据及数据全文，检索速度较快。发现服务在某些程度上被认为是跨库检索的进化。某些发现服务同时提供跨库检索的整合功能以及使用 API 来检索无法取得元数据的外部数据库。

2011 年 1 月的 Library Technology Reports 中指出发现服务有四大基本特征：

第一是内容：发现服务索引的内容包括图书馆本地及远程数据库的内容，建立全面的集中式索引。索引不仅包含书目记录，还会包含文章记录。尽管不同类型文献的元数据结构差异很大，但为了实现快速的检索、排序和聚类，这些不同的元数据在索引前必须进行规范化。对于本地数据可以通过数据收割的方式撷取，如果希望将外购数据库的元数据或全文数据用于建立索引，则需要与供应商签署授权协议。尽管许多元数据，比如电子期刊的题录数据可以直接从网上收割，但缺少授权可能会带来法律风险。

第二是发现：发现服务提供类似 Google 那样的检索框，能够对用户输入的关键词进行提示，同时也提供高级检索的功能。

第三是传递：发现服务的检索结果返回迅速。结果可以按相关度排序，可以利用分面浏览和导航功能将用户导向更专指的结果，还可以提供社会化工具用于收藏和分享检索结果。

第四是灵活性：无论将发现服务部署在本地或将其布置在远程由供应商托管，这项服务需要独立于各种现有的系统。与传统图书馆系统比较，能提供更大的灵活性来对服务进行定制。

对使用者来说，从“发现”到“传递”是一个无缝且简易的流程才是成功的关键因素。我们的用户期望他们的检索能像谷歌和网上书店那样，即使用户不了解馆藏图书目录和外购数据库在内容上的区别，甚至不清楚所需数据来自何处，都可以通过发现服务获取他们所需的资源。

对发现服务的特征进行一下总结，我们不难看出相对于现有的 OPAC、电子资源导航和跨库检索，发现服务在两个方面进行了重大创新：一方面是用户界面与交互设计，遵循 Web2.0 的设计观念，提供更好的用户体验；另一方面是其所依赖的基于数据收割和集中式统一索引的检索系统。用户界面上相关度排序以及分面浏览与导航功能的实现均据于此。下面就上述两大技术特征再做深入讨论。

8.4 源自下一代图书馆界面的发现服务前端

Web 2.0 改变了用户的上网习惯，特别是在用户界面及其交互设计上，传统 OPAC 的界面开始让人觉得如此丑陋。2006 年以来，国内外出现了大量关于传统 OPAC 如何落伍以及应该如何改进的讨论和研究。对传统 OPAC 的批评和讨论主要集中在界面不友好、检索功能差等方面，以及如何在这些方面进行改进。随着图书馆资源类型的不断拓展，基于图书馆自动化系统的传统 OPAC 无论如何改进和提高都很难适应新的需求。为此，我们需要一种新的，独立于传统图书馆自动化系统的“下一代图书馆界面”。

2007年美国图书馆协会在其研究报告中首次提出并完整阐释了“下一代图书馆界面”。报告的术语部分对“下一代”进行了解释，指出“下一代”并不是一种在将来才会出现的图书馆资源检索和获取工具，采用“下一代”这个提法主要是为了避免在叙述时与传统OPAC相混淆。该报告对当时已经广泛应用于图书馆领域的5个“下一代”产品的特点与功能进行了深入研究和分析总结。从该报告的分析中可以看出，下一代图书馆界面产品的发展有两条路径：一是图书馆系统软件商在捕捉到图书馆发展趋势与需求之后，设计开发的新的资源检索和揭示产品，如Primo、Encore、WorldCat Local等等；二是将其他领域的资源检索和揭示产品引入到图书馆，如Endeca，其早期产品并非专为图书馆设计，而是一个功能强大的基于分面检索原理的搜索引擎，广泛应用于沃尔玛、波音等企业网站，后来由北卡罗来纳州立大学首先将其应用于图书馆书目查询。

事实上，上述几个产品目前已经成为提供发现服务的主要商业软件系统。我们看一下这些“下一代图书馆界面”究竟有哪些特点。

(1) 检索入口：提供谷歌式的检索入口，提供检索词提示。同时提供高级检索功能，提供多个检索入口、支持布尔检索等。

(2) 检索结果：检索结果默认按照相关度排序。检索结果提供分面浏览功能，系统对检索记录集所包含的文献类型、出版物、分类、出版年份等内容进行自动聚类，用户通过简单点击，而不是通过二次检索，即可方便地扩大或缩小检索范围，找到所需资料。系统还可以提示与检索结果相关的检索词或检索结果。值得称道的是，许多发现服务系统已经将传统的数据库导航功能纳入其中。例如，如果我们输入关键词“LED”，系统会依据关键词所属主题，在检索结果中首先显示相关的数据库如IEEE、Ei或者INSPEC的链接，提示用户转向这些专业二次文献数据库进行检索以获得更佳的检索结果。

(3) 数据混搭：记录信息不再仅限于MARC记录涵盖的范围，而可从利用第三方系统提供的API，显示相关资源信息，如谷歌学术、各类网上书店、SNS提供的全文链接、封面图片、目录信息、书评等传统OPAC所缺乏的信息。

(4) 个性化服务：以读者为中心，丰富的读者参与，个性化的信息搜集、组织、推送服务，为读者提供个性化信息服务平台。

(5) 社会化服务：提供收藏、分享、评价、RSS订阅等各种社会化工具。

8.5　超越跨库检索的发现服务后端

发现服务近年来为何会被视为图书馆最终的检索系统呢？内容收录范围、检索速度是其突出优势！我们都知道用户不喜欢花费几十秒甚至几分钟等待查询结果，大家都希望系统有谷歌般的反应速度。以反应速度来说，跨库检索的反应速度是无法与发现服务匹敌的。

这种质的变化是如何实现的？秘密在于发现服务拥有了预先编制的集中式的统一索引！即使这些索引不在本地，而是位于云端，其检索性能都是跨库检索无法匹敌的。我们对比一下图 8－1、图 8－2 即可明白其中的缘由。

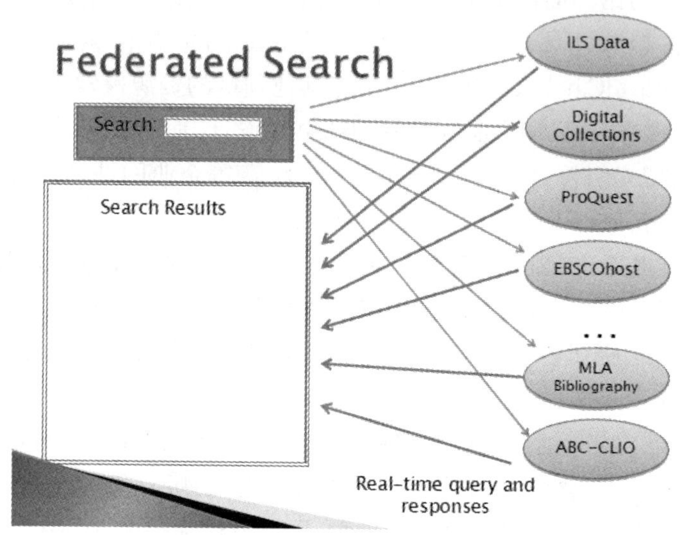

图 8－1　跨库检索示意图

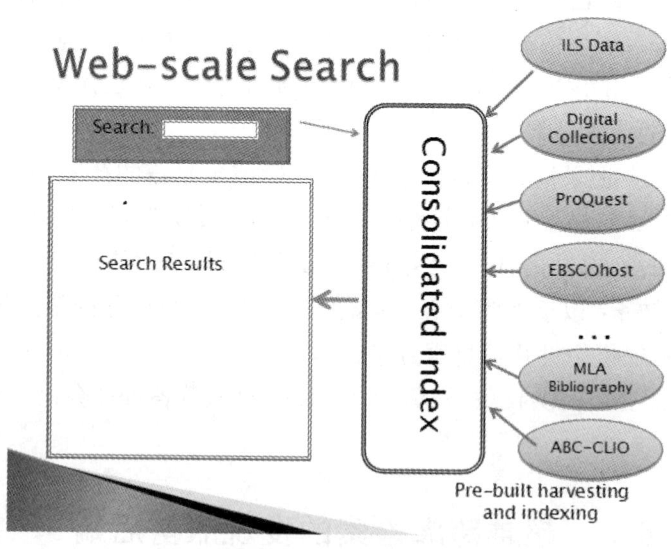

图 8－2　发现服务示意图

与跨库检索需要同时检索若干数据库并对返回结果进行实时处理不同，发现服务的检索引擎仅需要检索单一的索引数据库。这就是提升性能的根本之道。

我们看到图 8－2 中将发现服务称之为“Web-Scale Discovery”，这是何故呢？这里我们需要对发现服务所能“发现”的内容作出进一步说明。顾名思义，Web-Scale 就是要超越图书馆本地馆藏（本地书目和各种自建数据库）的界限，像谷歌一样，将整个网络上所有的学术资源信息纳入发现服务的揭示范围，在可能的范围内，甚至对尽可能多的全文进行索引。需要注意的是，发现服务所收录的数据并不限于图书馆拥有全文访问权的数据库，对于用户而言，知道文献的存在比不知道要重要，即使图书馆没有全文访问权，也可以通过文献传递或馆际互借服务获取。但是，对于网络学术资源的收录，发现服务并不是像搜索引擎那样靠网络爬虫去抓取内容，而是依靠与不同出版商的合作授权协议，将来自不同出版商的元数据纳入自己的索引范围。由于收录的元数据来源众多，格式各异，如何进行规范化将决定发现服务检索性能和检索效率的关键。

8.6　上图 iDOC 平台对发现服务的探索

为了整合资源、不断提高文献传递的工作效率，并为用户提供一个统一的检索入口，上海图书馆 2009 年开始与万方公司合作，利用万方学术搜索系统开展应用发现服务的尝试。

如图 8－3 所示，iDOC 文献搜索提供了类似谷歌的搜索入口，并提供了搜索词的提示功能，对于中文关键词可以利用“中/英”切换按钮转换为英文。

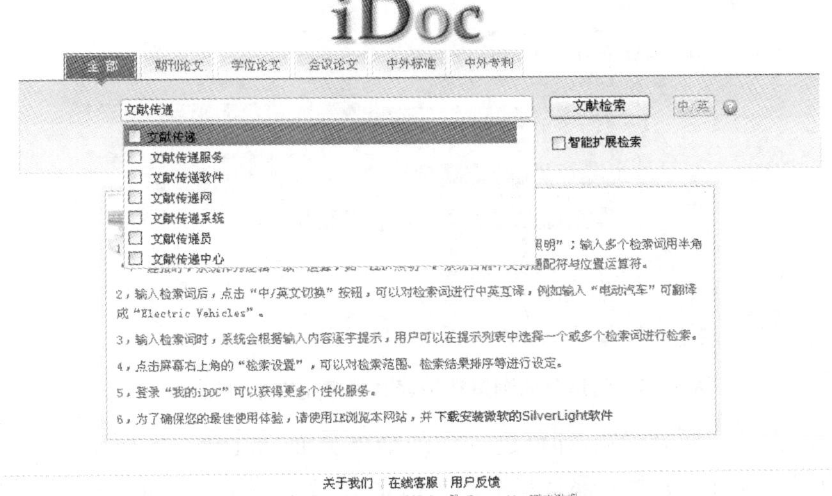

图 8－3　iDOC 检索入口

如图 8－4 所示，这是 iDOC 文献搜索系统的检索结果页面，从下往上首先是搜索框，搜索框之下显示了检索结果数量、所耗时间及排序方式。我们看到检索超过 5 万条记录耗时仅有 0.5 秒，整个结果集按相关度排序。在往下就是检索结果列表部分，这里页面又分为左中右三栏。中间一栏是结果列表，所有的关键词都被高亮显示，针对每条题录，系统提供了题录收藏功能和购买原文的选项。右侧一栏提供了相关词提示功能。这里的相关词提示与搜索引擎结果页面常见的相关词不同，搜索引擎的相关词是动态计算得到的，而 iDOC 平台的相关词是基于叙词表的，不仅是静态的，而且收词范围有限。页面左侧一栏提供了二次检索入口以及按照文献类型聚类的分面导航功能。如果我们点击“学位论文”，则会缩小检索范围，将文献类型限制在“学位论文”之内。如图 8－5 所示。

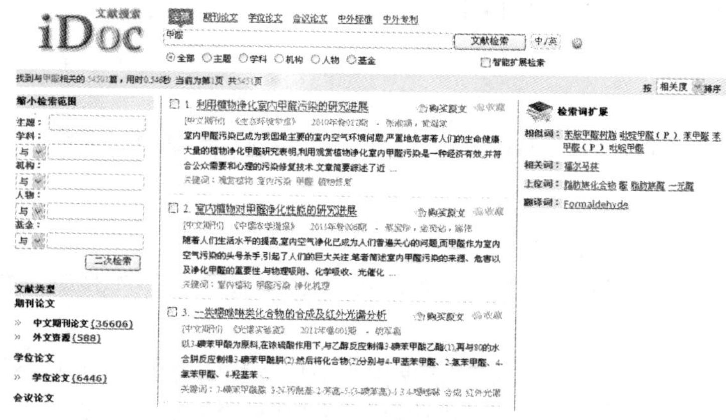

图 8－4　iDOC 检索结果

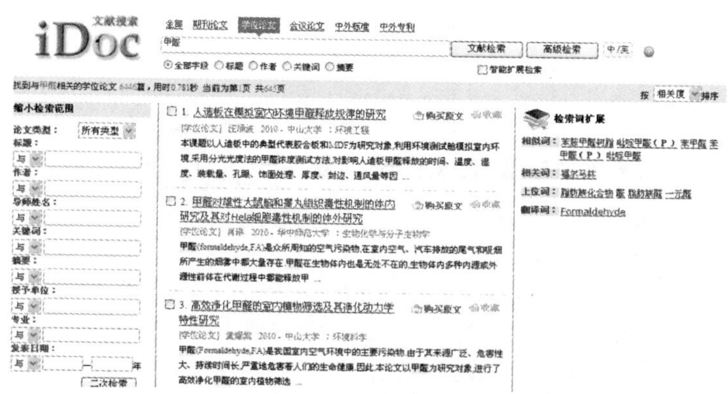

图 8－5　利用分面浏览将检索结果限定在学位论文内

我们点击任一题录标题，即可进入详细结果页面，如图 8－6 所示。页面内容可以分为三个部分：页面上部是基本题录信息；在此之下便是“原文获取”选项，对于馆内用户，给出了收录该篇学位论文的清华同方镜像站链接，对于馆外用户，给出了“购买原文”的选项；在此之下是相关文献列表。

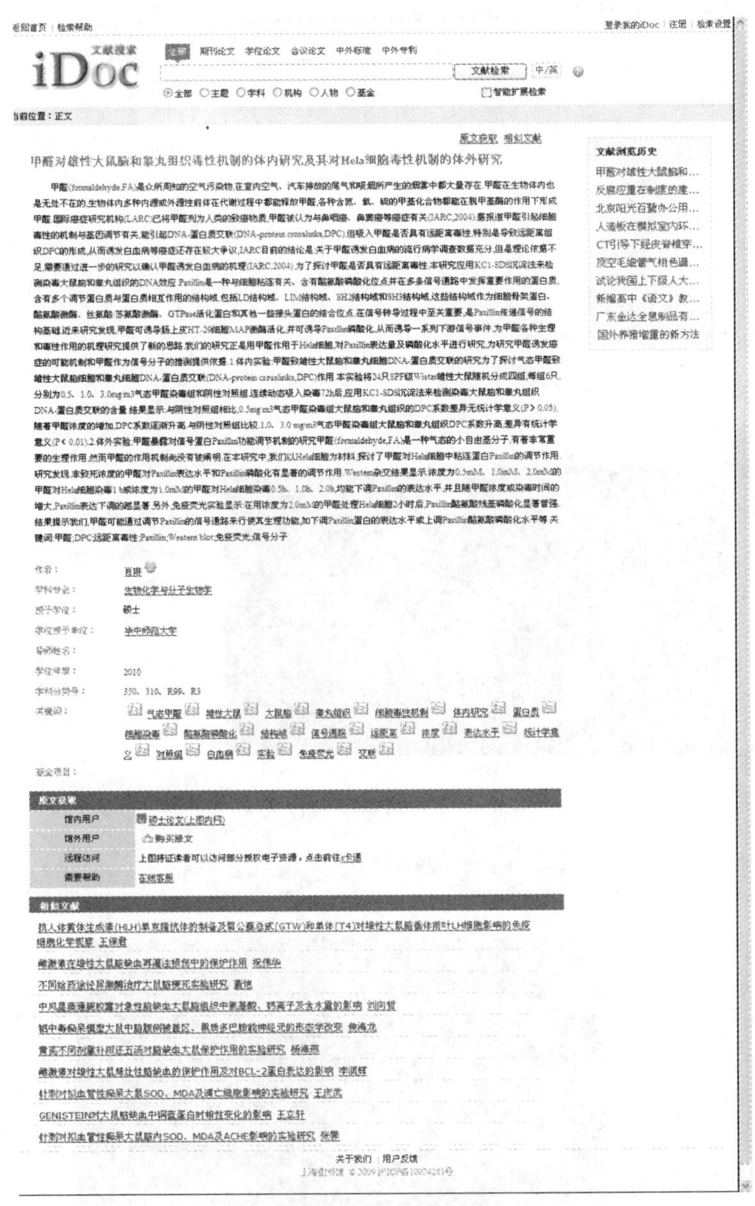

图 8-6　详细记录页面

iDOC 平台还提供了一项较有新意的“知识脉络发现”功能，可以从文献作者的合作关系和文献关键词所构成的知识网络两个角度去“发现”更多的相关文献。如我们点击图 8-6 中作者姓名“肖琳”旁的图标，则进入作者科研关系页面，如图 8-7 所示，可以进一步了解作者的合作关系、科研产出(发文)情况、研究主题、研究方向等信息。如果我们点击图 8-6 中关键词“气态甲醛”左侧的图标，则可以进一步以可视化的方式显示相关关键词、相关作者、相关期刊和相关机构，如图 8-8 所示，利用知识脉络，我们可以从主题、文献作者、文献出处等途径进行进一步的扩检。

作者信息
作者姓名：肖琳
作者单位：
华中师范大学
全选
华中科技大学武昌分校
单位过滤：
确定
作者简介
单位：华中科技大学武昌分校（在职年月：200818）
职称：助教
简介：肖琳(1981-),女,湖北武汉人,华中科技大学武昌分校外语系助教.
相同研究方向作者
作者合作关系
作者科研产出统计
期刊
学位
会议
作者研究主题
DNA-蛋白质交联
纳米SIO2
细胞毒性
MTT法
HELA细胞
对比分析
湖北方言
听力与语言
作者研究方向
医学、卫生
语言、文字
环境科学、安全科学
工业技术
主要发文期刊
生态毒理学报
医学研究杂志
现代企业文化
环境与健康杂志
参与基金项目
国家自然科学基金
国家科技支撑计划

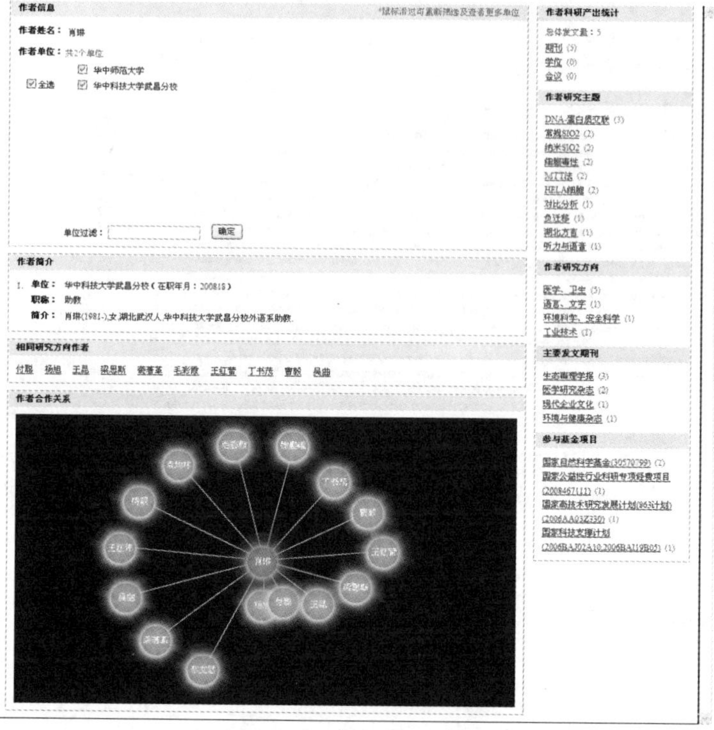

图 8-7　作者科研合作关系

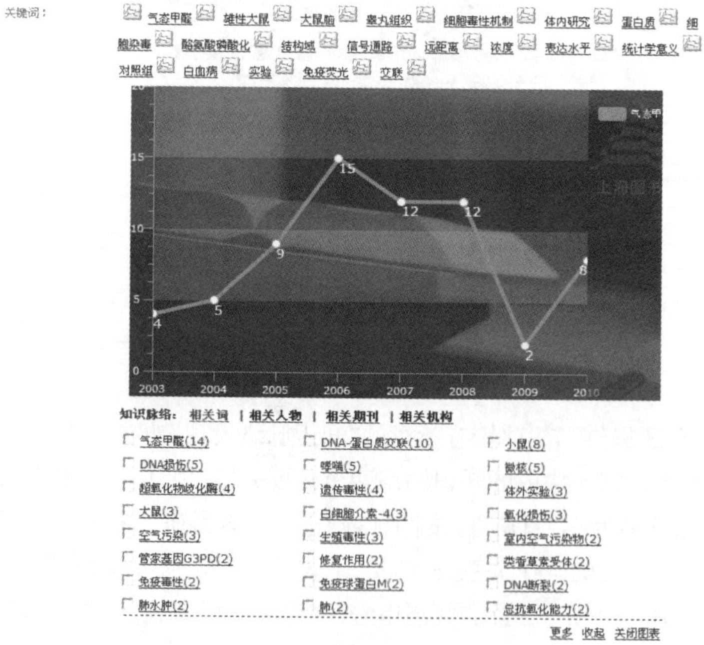

关键词：
气态甲醛
雄性大鼠
大鼠脑
睾丸组织
细胞毒性机制
体内研究
蛋白质
细胞染毒
酪氨酸磷酸化
结构域
信号通路
远距离
浓度
表达水平
统计学意义
对照组
白血病
实验
免疫荧光
交联
2003
2004
2005
2006
2007
2008
2009
2010
知识脉络：相关词 | 相关人物 | 相关期刊 | 相关机构
气态甲醛(14)
DNA-蛋白质交联(10)
小鼠(8)
DNA损伤(5)
哮喘(5)
微核(5)
超氧化物歧化酶(4)
遗传毒性(4)
体外实验(3)
大鼠(3)
白细胞介素-4(3)
氧化损伤(3)
空气污染(3)
生殖毒性(3)
室内空气污染物(2)
管家基因G3PD(2)
修复作用(2)
类香草素受体(2)
免疫毒性(2)
免疫球蛋白M(2)
DNA断裂(2)
肺水肿(2)
肺(2)
总抗氧化能力(2)
更多
收起
关闭图表

图 8-8　特定关键词的可视化知识脉络

与国外的类似产品相比，iDOC 平台尚存在以下不足：

(1) 内容。由于是国内的产品，缺乏外刊元数据授权，因此外文期刊收录数量尚无法令人满意。

(2) 元数据。缺少系统的元数据规范化方案，即使同一类文献，如外文期刊也存在不同的元数据方案，影响数据可靠性和检索效率。

(3) 分面浏览。目前只能按照文献类型分面浏览，缺乏其他分面浏览途径。

(4) 缺少链接解析服务。尽管 iDOC 也提供了原文定位功能，但与常见国外供应商的产品不同，iDOC 平台的原文定位机制不是基于链接解析服务器的（如 Exlibris 的 SFX 等产品），而是基于传统跨库检索的，系统在显示详细题录信息时，会实时检索预先配置好，可供原文定位的数据库，例如对于中刊，系统会实时检索清华同方和重庆维普数据库，对于学位论文会同时检索清华同方和万方数据库，以这样一种变通的方式实现了发现服务与全文数据的关联。这样做的缺点主要有两个：首先是跨库检索的维护和效率问题，特别是外刊，这个问题尤为突出；其次是无法解决合适拷贝（appropriate copy）问题。

8.7 上图 iDOC 平台与文献传递服务的整合

由于系统开发的初衷是为了文献传递服务，因此除了检索功能外，系统最重要的特性是其与我们所开发的文献传递系统的无缝链接，用户利用 iDOC 平台检索文献后可以直接将需要购买的文献提交给文献传递系统。

如图 8－9 所示，用户选择需要购买的文献加入购物车。图 8－10 显示了查看购物车的画面。点击提交即可将委托传递给文献传递系统，生成订单，如图 8－11 所示。

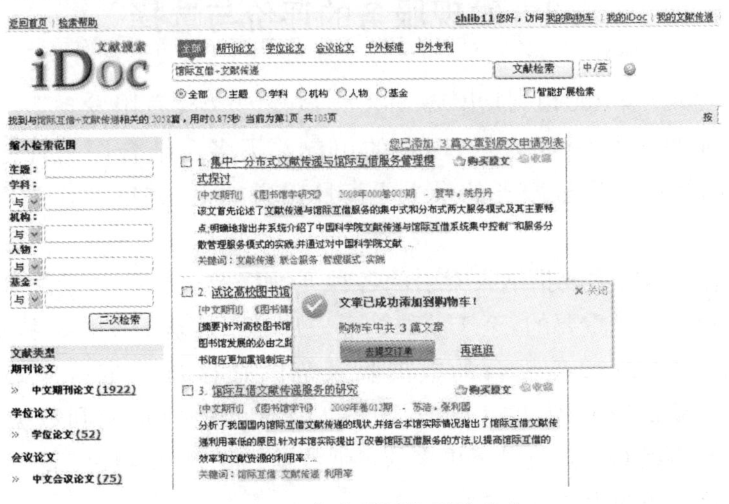

图 8－9 将文献添加到购物车

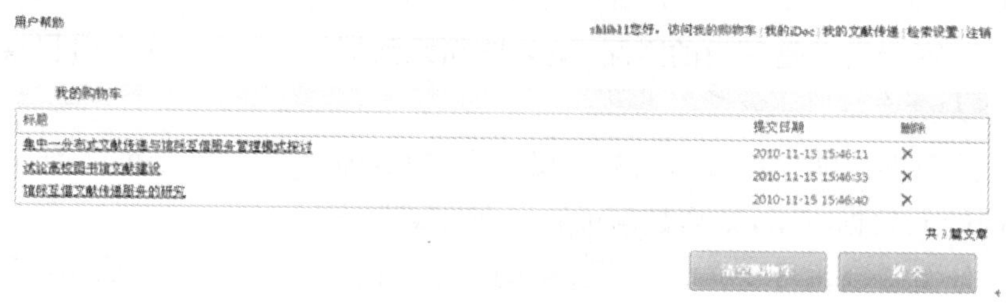

图 8-10　查看购物车

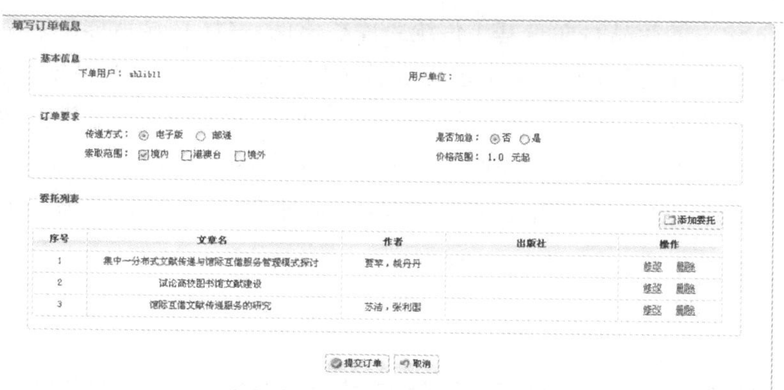

图 8-11　文献传递系统生成的订单

与国外的类似系统不同。iDOC 直接与文献传递系统通过接口传递数据，而国外同类系统的接口则与发现系统无关。与原文定位类似，文献传递服务的调度是通过链接解析服务器完成的。

8.8　发现服务的评价与选择

尽管从 2007 年 OCLC 推出 WorldCat Local 开始，商用发现服务平台的推出已有一段时间。但至今为止，国内的用户并不多。结合国内外同行经验与自身实践，归纳评价发现服务的最主要衡量因素如下，并以此作为本文的一个总结。

(1) 内容。内容主要指纳入索引的各种元数据及全文的数量。对用户而言，知道文献的存在是最重要的，至于获取的手段那是下一步的工作。特别需要注意的是，各个商用发现服务平台的数据收录范围是存在一定差异的，如 OCLC WorldCat Local 的强项是书目数据，EBSCO DS 的强项是期刊数据，而 Serials Solution 的 SUMMON 则收录了更多的报纸数据。我们应当对每个产品的内容收录与授权策略给予极大关注。

(2) 元数据。由于收录内容的庞杂,各种文献又有各自的特点,因此,元数据规范水平也是一个非常重要的衡量指标。不仅涉及数据的可靠性,更关乎检索速度、聚类速度、分面浏览的流畅程度等诸多方面。

(3) 算法。相关性排序算法是系统的核心内容,价值所在,至关重要,此外对系统检索速度也有相当大的影响。聚类算法则会显著影响分面浏览的性能及用户体验。

(4) 界面。界面和用户交互设计往往决定了一个系统的成败,界面的易用性、特别是分面浏览与导航的方便程度是衡量用户界面优劣的重要评判指标。

(5) 工具。系统是否提供了各种数据收割工具,用以方便地收割各种外部数据。特别是对 OPAC 中 MARC 数据的收割。

(6) 部署。现有的大部分商用发现服务平台采用了云计算的方式,即平台并非布置在用户本地,而是部署在供应商的服务器上。这样做是有其客观原因的,例如 ProQuest 新的整合检索平台使用了超过 120 台服务器,其中,很大部分的计算资源被用于聚类运算以服务于分面浏览与导航功能。特别随着内容收录范围的扩大,从本地资源扩展到 Web-Scale,存储管理也成为一个重任。由此看来,采用本地部署方式运行发现服务,对一般图书馆而言在经济上是不合算的,在管理上也是极为困难的。但是,采用云计算方式必须将本地数据收割后交由供应商在云端进行合并索引后再行使用,对此,图书馆方面也一定会存在某些顾虑。

(7) 厂商。研究产品更要研究厂商,研究它从哪里来、要到哪里去。厂商的发展方向从某种程度上决定了用户的未来。

(本文作者:彭伟　上海图书馆文献提供中心)

参 考 文 献

[1] Jian Wang, Adriene Lim. Local touch and global reach: The next generation of network-level information discovery and delivery services in a digital landscape[J]. Library Management. 2009,30(1/2): 25 - 34.

[2] Jason Vaughan. Web Scale Discovery: What and Why? [J]. Library Technology Reports,2011,47(1): 5 - 11.

[3] Marshall Breeding. Cloud Discovery Services for Libraries[IC/OL]. 2009 Annual ASERL Membership Meeting [2011 - 6 - 16]. http://www. librarytechnology. org/docs/14679. ppt.

[4] 王红霞. WorldCat Local 资源整合与服务集成及其启示[J].《现代情报》,2010,30(3): 45 - 47,54.

［5］ 朱本军，聂华. 对下一代图书馆界面的探索与实践[J]. 大学图书馆学报，2010(4)：5－9.
［6］ 胡小菁. 论新一代 OPAC 的理念与实践[J]. 中国图书馆学报，2006(5)：67－70.
［7］ 姜义台. 图书馆资源探索服务(Discovery Service)初探[EB/OL]. [2011－6－16]. http://www.lib.pu.edu.tw/～jiang/articals/20110301-Discovery%20Service.pdf.

9 上海图书馆馆际互借服务系统的总体架构和关键技术

9.1 概　　述

图书是人类传播知识重要载体，人类通过阅读来汲取书中所蕴含的知识和思想。图书馆在图书和读者之间建立了一个沟通服务的渠道，读者通过图书馆找到所需要的图书，而图书中的知识也通过读者得到了传播。图书馆担负的一项重要使命就是使馆藏的图书资源可以更多地流通，为更多的读者提供更多的服务。

"更多的读者"意味着要能够在原有服务范围的基础上进一步扩大拓展。国内图书馆目前根据所处的地理位置和隶属关系，其所服务的读者范围往往是有限的，如高校图书馆服务于高校，地区公共图书馆服务于某个地区。形成了一个个图书资源的孤岛，不在岛上的读者往往只能望书兴叹。

"更多的服务"意味着要提高服务水平，能够让读者更方便地使用图书借阅服务，提高服务使用的频度。读者和图书馆之间的物理距离是客观存在的，一本书从书架上到读者家中，在阅毕后到再归还到书架，这之间的距离就是读者和图书馆借阅服务之间的距离。俗话说"远亲不如近邻"，如何拉近和读者之间的距离，为创建学习型社会做出贡献，只有依靠服务模式的创新。

上海图书馆是一个大型综合性研究型公共图书馆，上图的参考外借图书资源数量、种类都非常丰富，目前采用闭架式的借阅管理模式，通过馆内的索书系统，上图参考外借的有效持证读者可以方便从中借阅所需的书籍。如何让这个资源宝库发挥更大的作用，上图通过服务模式创新，以馆际互借服务为载体，在切实做到"激活馆藏，为更多的读者提供更多的服务"上，迈出了坚实的一步。

9.2 上图馆际互借服务简介

馆际互借服务通常是指弥补馆藏资源的不足，使各馆之间实现资源共享，通过馆际互借系统,将文献进行物流传递,充分利用图书馆的文献资源。可以使读者足不出户即可获得图书馆的服务,缩短获取文献的时间,提高工作效率。

9.2.1 上图馆际互借服务

上海图书馆开展馆际互借服务已有近20年历史,1998年加入国际OCLC馆际互借服务(OCLC Interlibrary Loan (ILL) service)系统,随着上海地区文献资源协作网的发展和上海市中心图书馆建立,上图牵头组织的上海地区文献资源共建共享工作致力于为馆内外广大用户、读者从境内外图书情报机构获取急需文献,与此同时,上海图书馆全面接受国内外图书馆向本馆发出的文献提供请求。上图原先的馆际互借服务主要通过人工的方式进行处理。

上图在2009年6月和2010年9月,分别上线了"上海图书馆网上委托借书系统","上海图书馆原书馆际互借服务系统",这两个系统都是采用了馆际互借的服务模式,面向不同的服务对象提供馆际互借服务。

9.2.2 上海图书馆网上委托借书系统

"上海图书馆网上委托借书系统"所服务的用户为上图参考外借的有效持证读者。在原先的服务模式下,读者借阅和归还上图参考外借图书,都需要到上图总馆。

在城市人口郊区化的趋势下,读者和上图总馆的距离也就越来越远了。上海图书馆自2000年11月正式启动以"一卡通"[①]服务体系为重要内容的中心图书馆建设,目前中心图书馆已经形成以上图总馆为核心、包含了23家区(县)级分馆、260多家街(镇)服务点,形成了一个覆盖全市的服务网络。

网上委托借书系统依托上海中心图书馆的服务网络,读者可以选择离自己借还书最近的图书馆作为委托馆,上图总馆完成索书后,由中心馆物流将书籍送到委托馆。通过网上委托借书系统读者在家里就可以完成借书委托,并能实时跟踪委托状态,就近借还"一卡通"以外的上图参考外借资料。系统缩短了读者和上图之间的距离,方便了读者对参考外借图书资源的使用。

9.2.3 上海图书馆原书馆际互借系统

"上海图书馆原书馆际互借系统"跨出上海公共图书馆的服务领域,面向全国

---

① "一卡通"是依托上海图书馆强大的信息技术平台,在行政隶属、人事和财政关系不变的情况,以上海图书馆为总馆,区(县)公共图书馆、高校图书馆、专业图书馆以及社区图书馆等为分馆和基层服务点,组成新颖的图书馆联合——"上海市中心图书馆",在该联合体的公共图书馆内实行统一的读者借阅卡制度,实施IPAC统一联机公共目录检索和异地通借通还的一卡通服务,从而实现"一卡在手,全市借还"的目标,是面向基层,面向群众的"公益性、基本性、均等性、便利性"的公共文化服务体系建设的重要组成部分。

各公共、高校图书馆提供馆际互借服务。馆际互借系统目前采用直接面向委托馆馆员提供服务的模式。委托馆的读者需要通过委托馆的馆员向上图总馆提交图书借阅的请求。上图总馆完成索书后，由快递公司将书籍送到委托馆。

馆际互借系统在读者的服务范围上进行了扩展，使上图参考外借图书资源，特别上图一些特色馆藏（如西文图书等）可以为更多有需要的读者提供服务。

9.3　上图馆际互借系统架构

"上海图书馆网上委托借书"和"上海图书馆原书馆际互借系统"从业务角度存在着一定的差异，但从系统架构和功能的角度来看，还是具有很大的共性的。

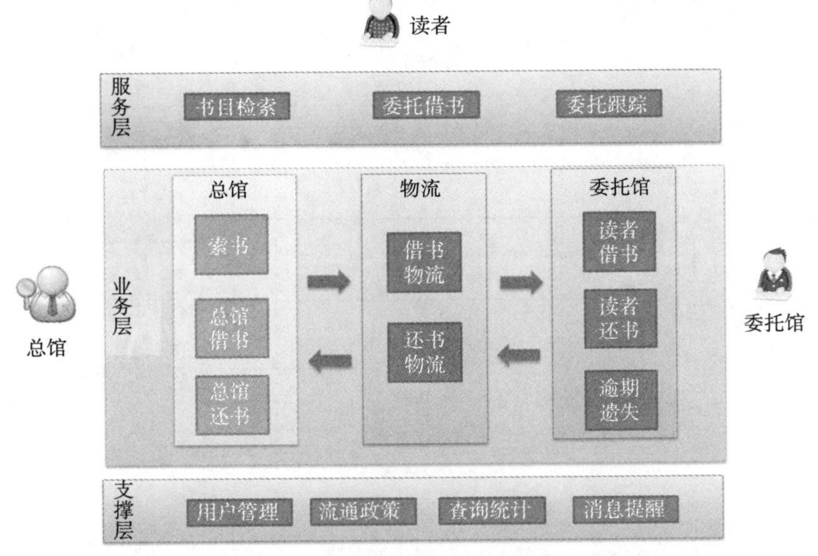

图 9－1　上图馆际互借系统架构

上图馆际互借服务系统的架构可以分为服务层、业务层和支撑层等三个层面。如图 9－1 所示。上海馆际互借服务中参与的业务角色包括：读者、上图总馆、委托馆和物流等四类角色。

➢　服务层：提供用户对参考外借资源目录的检索，以及馆际互借服务请求的提交。

➢　业务层：完成对馆际互借服务请求的处理，完成总馆、物流、委托馆三者的相关业务处理。

➢　支撑层：对系统中的用户、流通政策、业务统计、消息提醒等基础业务对象和处理逻辑进行管理，为业务层和服务层的应用提供支撑。

9.3.1 服务层

服务层整合上图书目目录资源系统(IPAC),读者/委托馆馆员通过目录查询参考外借馆藏资源。读者/委托馆馆员对于需要的资源可以一键式的提交委托,并在线跟踪委托的处理状态。

9.3.2 业务层

馆际互借系统的业务层处理流程大致如图 9-2 所示:

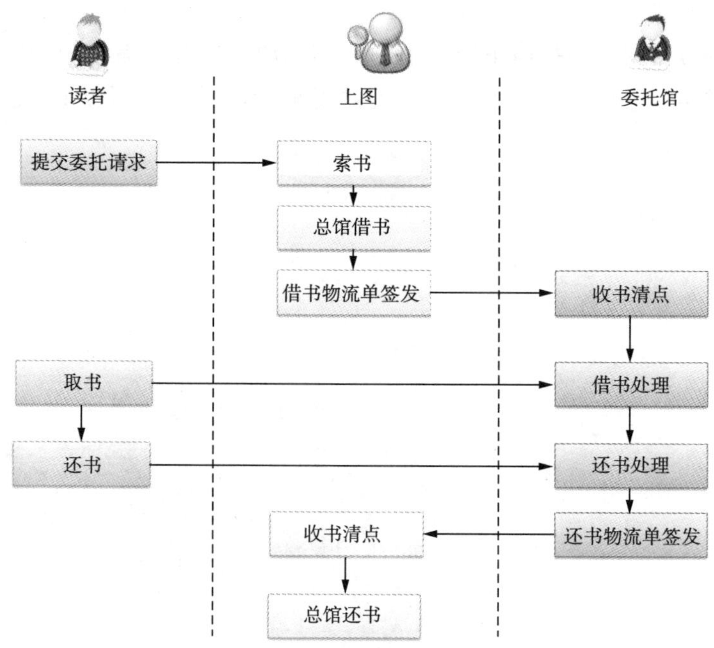

图 9-2 馆际互借业务流程

(1) 总馆在接收到读者/委托馆馆员提交的服务请求后,由系统形成索书清单进行索书处理。

(2) 索书完成,总馆将索书成功的书籍条码扫入系统中,完成借书处理。

(3) 总馆每天按照委托馆生成、签发借书物流单,并提交物流。

(4) 委托馆在收到物流送交的书籍后,进行收书清点,并签收借书物流单。

(5) 读者到委托馆取书时,委托馆扫描借出书籍条码,完成委托馆借书处理。

(6) 读者到委托馆还书时,委托馆扫描还入书籍条码,完成委托馆还书处理。对于逾期、遗失等异常情况进行处理。

(7) 委托馆定期生成、签发还书物流单,并提交物流。

(8) 总馆在收到委托馆的还书物流单后,进行收书清点,并签收还书物流单。

(9) 总馆将归还的书籍条码扫入系统,完成总馆还书处理操作。

9.3.3　支撑层

支撑层对系统中的用户、流通政策、业务统计、消息提醒等基础业务对象和处理逻辑进行管理。

系统中的用户可以分为两类读者和馆员。读者的管理在不同系统中会存在差异，在“上海图书馆网上委托借书系统”中读者信息需要和上图 LDAP 系统进行对接。在“上海图书馆原书馆际互借系统”中读者由各委托馆进行审核管理。用户管理中可以结合诚信度策略，对不遵守馆际互借服务约定的读者，进行账户锁定。

流通政策相当于馆际互借服务系统业务的服务策略控制信息，对图书流通的周期、借阅图书的数量、馆际互借的计费策略等进行管理。流通政策管理增加了系统的灵活性，增强系统对不同时期和业务环境的适应性。

查询统计为馆际互借服务业务中各环节业务状况的管理、分析提供了数字化分析工具。消息提醒则通过和上图现有的短信、邮件服务系统的结合，提醒读者及时到馆借书和按时还书。

9.3.4　外部系统整合

上图馆际互借系统是建立在上图已有的业务基础之上的，所以馆际互借系统和上图已有的业务系统接口也比较多。主要整合系统如图 9－3 所示：

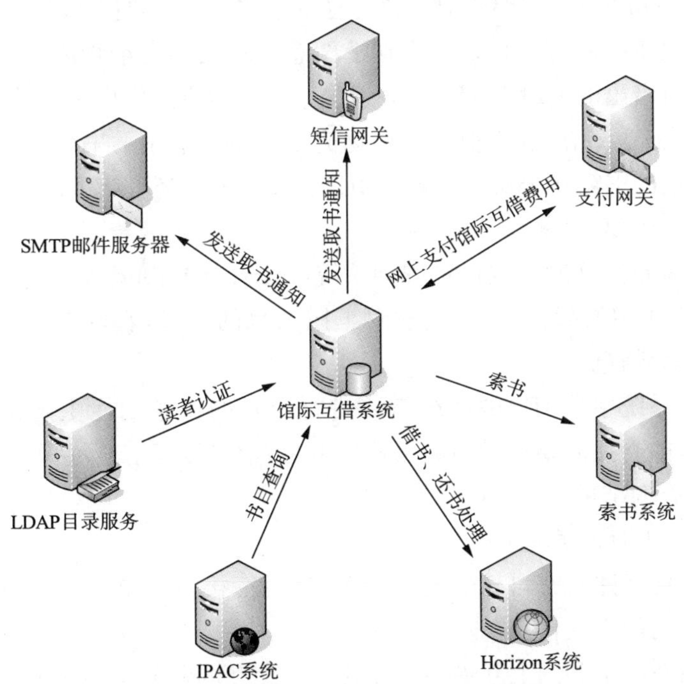

图 9－3　馆际互借系统和外部系统整合

9.3.4.1 上图用户 LDAP 目录服务

上图总馆的有效持证读者约有 40 多万，其中开通参考外借功能的读者约有 2 万多，这些读者信息都记录在 LDAP 中。LDAP 中保存了读者的姓名、卡号、证件号码、借阅证状态等信息。

馆际互借系统中和 LDAP 需要进行交互的业务功能主要包括以下方面：

(1) 读者信息管理：通过 LDAP 对读者姓名和证件号码的唯一性判断。建立馆际互借读者和 LDAP 上账号信息的关联。

(2) 读者借阅证的有效性验证：通过 LDAP 中的信息判断借阅卡是否有效，以及是否开通了参考外借功能。

(3) 读者服务登录：通过 LDAP 验证登录读者的读者卡号和证件证号的正确性。

馆际互借业务系统对 LDAP 中的信息应该是只需要进行读取的操作。接口的方式通过提供 LDAP Schema 说明，由系统通过 JNDI 的方式进行访问。

9.3.4.2 索书系统

索书系统和上图大库相衔接，完成对上图总馆的参考外借和参考阅览读者的索书请求。

馆际互借系统的读者索书请求在确认后，需要进入到索书系统。

9.3.4.3 Horizon 系统

Horizon 系统是上图业务的核心系统，图书的编目和流通管理都在这个系统完成。馆际互借系统中和 Horizon 系统需要进行交互的业务功能主要包括以下两个方面：

(1) 借书处理：馆际互借业务中在上图总馆将图书交给物流公司传递到取书馆之前，需要对借出的书籍在 Horizon 系统中进行相应的借出登记处理。

(2) 还书处理：馆际互借业务中在物流公司将还书馆的书籍还回上图总馆之后，需要对归还的书籍在 Horizon 系统中进行相应的归还登记处理。

9.3.4.4 IPAC 系统

IPAC 系统是互联网公共目录查询系统(Internet Public Access Catalog)的简称。读者通过 IPAC 系统就可以完成对上图书目的检索，获取需要书籍的索书号以及馆藏状态等信息。

馆际互借系统中和 IPAC 系统需要进行交互的业务功能主要是委托书目查询。馆际互借的委托需要提供借阅书籍的书名、索书号等信息，这些信息就来源于 IPAC 系统的查询结果。

9.3.4.5 支付网关

上图总馆已经建立有自己的支付网关，通过衔接一个第三方支付平台可以支持多家银行卡的网上支付。

馆际互借系统中和网上互借系统需要进行交互的业务功能主要是自助委托支付馆际互借费用。读者通过网络自助提交借阅委托后，可以通过网上支付的方式直接支付掉馆际互借费用。

馆际互借系统按照支付网关的接口标准，完成馆际互借费用的支付。

9.3.4.6　短信网关

上图总馆已经建立有自己的短信网关。馆际互借系统中和短信网关需要进行交互的业务功能主要是取书短信提醒。在用户委托的书籍到达读者取书馆后，取书馆工作人员可以通过系统将取书通知以短信的方式发送给用户。

馆际互借系统按照短信网关的接口标准，完成用户取书短信提醒的功能。

9.3.4.7　邮件系统

上图总馆已经建立有自己的邮件系统。馆际互借系统中和邮件系统需要进行交互的业务功能主要包括以下两个方面：

(1) 读者邮件验证：在首次输入或修改读者邮件地址的时候，需要进行通过邮件系统发送验证邮件到用户信箱。

(2) 取书邮件提醒：在用户委托的书籍到达读者取书馆后，取书馆工作人员可以通过系统将取书通知以邮件的方式发送给用户。

馆际互借系统只按照 SMTP 邮件发送协议和邮件系统衔接，完成读者邮件验证、取书邮件提醒的功能。

9.4　应用整合关键技术介绍

9.4.1　IPAC 整合需求

IPAC 系统的整合位于在系统中的服务层，读者在 IPAC 中检索书目，并将需要书目提交到馆际互借系统。所以这两个系统整合的无缝程度，将直接影响到读者对于馆际互借服务的使用体验，在一定程度上是决定系统可用性的关键。

IPAC 系统的整合包括以下两点：

(1) 图书是否可供馆际互借的状态判断：只有状态为“归还”，馆藏类型为“参考外借资料”才可以馆际互借。

(2) 对于符合馆际互借的状态的书籍，可以将索书号、书名、条码号等信息，一键式的提交到馆际互借系统。

在和目录、邮件、短信、Horizon 等系统的整合中，一般都通过应用接口、数据接口、协议接口这几种常用的方式，基本就可以完成系统整合，但在 IPAC 系统进行整合时，却遇到的问题，以上的这些方式都不适用。

IPAC 系统不提供对外集成的接口，另外再为馆际互借服务搭建一套 IPAC 系统也不具备实际的操作性。所以 IPAC 的整合就变为如何对一个不提供任何接口的封闭系统,同时又不对系统进行任何修改的前提下,完成对这个系统的整合。

在上图馆际互借服务系统的建设中,通过反向代理技术,最终实现了和 IPAC 和馆际互借系统之间的无缝衔接。

9.4.2 代理机制介绍

从传统意义上讲,Proxy Server 即代理服务器是指位于用户计算机网络与互联网之间的服务器,其功能就是代理网络用户去取得网络信息,可以把它理解为网络信息的中转站。如果 WEB 浏览器配置为使用代理服务器的话,所有的请求都只会通过代理转发,代理服务器会按照用户的要求向站点发出访问请求,并针对各种应用依次采用不同的过滤规则。如图 9-4 所示。

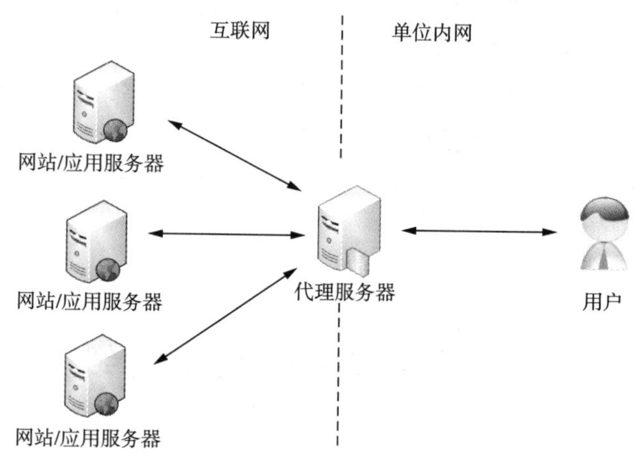

图 9-4　正向代理机制

当一个代理服务器能够代理外部网络上的客户端,访问内部网络时,这种代理服务的方式称为反向代理服务。此时代理服务器对外就表现为一个 Web 服务器,外部网络就可以简单把它当做一个标准的 Web 服务器而不需要特定的配置。不同之处在于,这个服务器没有保存任何真实数据或真实的业务代码,当一个 HTTP 连接进入时,反向代理服务器会决定所执行的操作,然后向后端的 WEB 服务器发出请求,并将 WEB 服务器返回的内容再返回给客户端。如图 9-5 所示。

反向代理一般作用有三:减轻源服务器负载,保障源服务器安全,对源服务器进行负载均衡(Load Balance)。在上图馆际互借系统中,通过反向代理技术,在不修改原有系统代码的情况下,实现 B/S 系统间无缝整合。

9.4.3 基于反向代理的应用整合

由于在反向代理情况下,所有客户端接收到的内容都是由反向代理服务器返回的,可以通过在反向代理服务器上对业务 WEB 服务器反馈内容进行特殊处理,

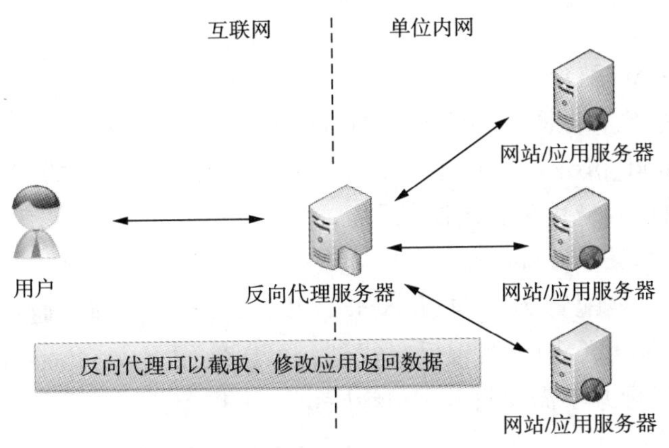

图 9-5　反向代理机制

从而实现无需修改业务 WEB 服务器的任何代码，也无需在客户端增加任何插件或特殊设置，就可以改变客户端接收到的内容，进而可以根据需要实现不同 BS 业务系统的无缝整合。如图 9-6 所示。

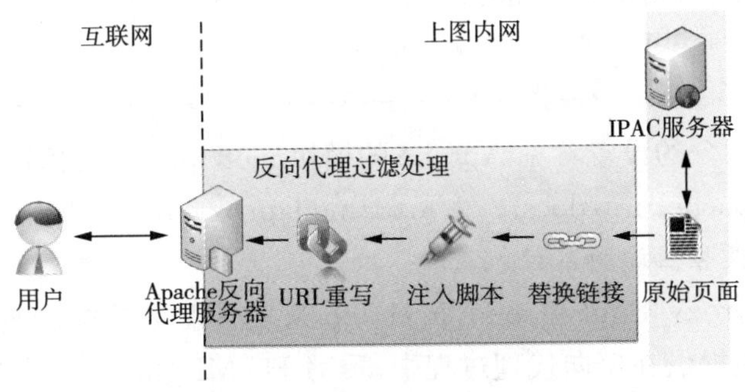

图 9-6　上图馆际互借系统通过反向代理整合 IPAC

(1) 终端用户使用客户端浏览器直接访问反向代理服务器的指定端口，就好像直接访问 IPAC 服务器一样。

(2) 反向代理服务器将访问请求转发到 IPAC 服务器。

(3) IPAC 服务器处理访问请求，并以标准 HTML 方式反馈结果页面。

(4) 反向代理服务器根据配置，对 IPAC 服务器返回的 HTML 页面进行处理，主要包括以下几个部分：

① 采用 URL 重写方式，修改 HTML 中的绝对路径，避免客户端直接访问 IPAC 服务器。

② 采用脚本注入方式，将馆际互借的脚本注入对 IPAC 返回 HTML 中。

③ 反向代理服务器将修改后的 HTML 页面返回给客户端。

(5) 注入在 IPAC 页面中的馆际互借服务脚本，由用户终端浏览器解释执行。用户在 IPAC 查询结果页面中就看到了向馆际互借服务提交委托请求的功能按钮。

9.4.4 上图 IPAC 整合

馆际互借系统和上图 IPAC 系统整合的具体技术实现使用了 Apache 进行反向代理，通过 mod_proxy_html 和 mod_injection 来实现服务器端的 URL 重写和脚本注入，从而达到应用整合定制的目标。

9.4.4.1 配置 Apache 反向代理

Apache 可以被配置为正向(forward)和(reverse)代理。通过对文件 httpd. conf，进行简单的设置，即可实现反向代理。可以使用 ProxyPass 指令激活反向代理。配置反向代理并不需要打开 ProxyRequests 指令。

```
……
ProxyRequests Off
<Proxy *>
Order deny,allow
Allow from all
</Proxy>
ProxyPass /script ! ProxyPass / http://ipac. library. sh. cn/
ProxyPassReverse / http://ipac. library. sh. cn:80/
……
```

Apache 的相关指令的设置参见 Apache 的模块 mod_proxy 文档：
http://httpd. apache. org/docs/2. 2/mod/mod_proxy. html

9.4.4.2 服务器端脚本注入

通过 mod_proxy_html 和 mod_injection 来实现服务器端的脚本注入。mod_proxy_html 模块提供在反向代理过程中，重写 HTML_links 的功能。从 3.0 版本开始，使用了一个独立的配置文件 proxy_html. conf。

httpd. conf 中相关基本配置如下：

```
……
LoadModule proxy_html_module
modules/mod_proxy_html/mod_proxy_html. so
Include modules/mod_proxy_html/proxy_html. conf
Proxy HTMLExtended On
LoadModule injection_module modules/mod_injection. so
#   Configuration for mod_injection
<IfModule mod_injection. c>
        InjectAfter epixtech,
        InjectString "<script
src='/script/IPACSearch. server. js'></script>
<script>doInjection(); </script>"
</IfModule>
End of mod_injection.
……
```

proxy_html. conf 中的基本配置如下：

```
……
ProxyHTMLLogVerbose On
LogLevel debug
ProxyHTMLCharsetDefault utf-8
ProxyHTMLCharsetOut utf-8
ProxyHTMLURLMap    http://ipac.library.sh.cn//
ProxyHTMLEvents    onclick ondblclick onmousedown onmouseup \
        onmouseover onmousemove onmouseout onkeypress \
        onkeydown onkeyup onfocus onblur onload \
        onunload onsubmit onreset onselect onchange
……
```

IPACSearch. server. js 的基本内容如下：

```
……
//主函数,脚本执行入口处
function doInjection() {
 if (isRightPage) {
 modifyScript();
     }
}
……
```

9.4.4.3　实际应用效果

原 IPAC 系统的访问地址为 http://ipac. library. sh. cn,新建的馆际互借系统进行反向代理后的访问地址为 http://ill. digilib. sh. cn:8080。原 IPAC 系统和整合后系统的区别如下：

1) 在于在输入书名查询关键词后,列表出现"查看委托单"的按钮,如图 9-7、图 9-8 所示。

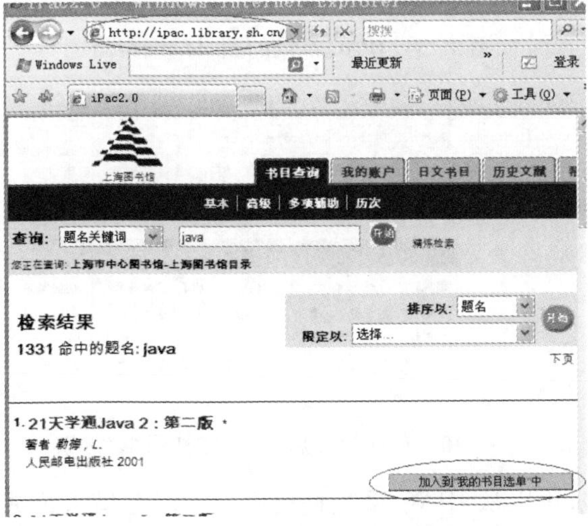

图 9-7　IPAC 系统的图书检索列表

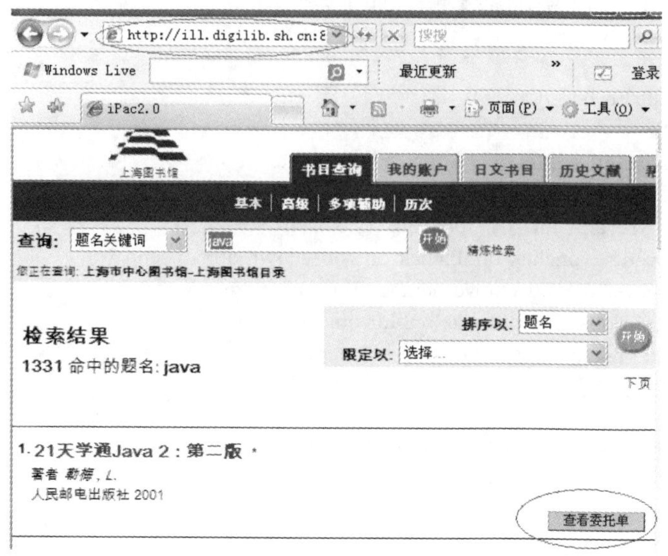

图 9-8 反向代理后用“查看委托单”按钮替换掉原有按钮

2）点击书籍明细页面，如果是参考外借且库中有书可借，出现“委托借书”按钮。如图 9-9、图 9-10 所示。

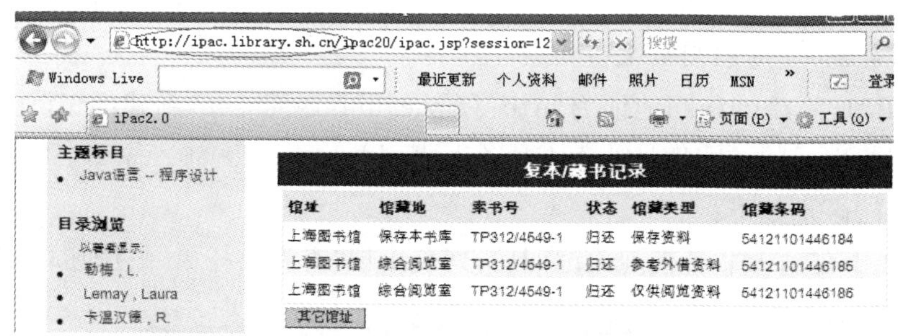

图 9-9 IPAC 系统的图书明细页面

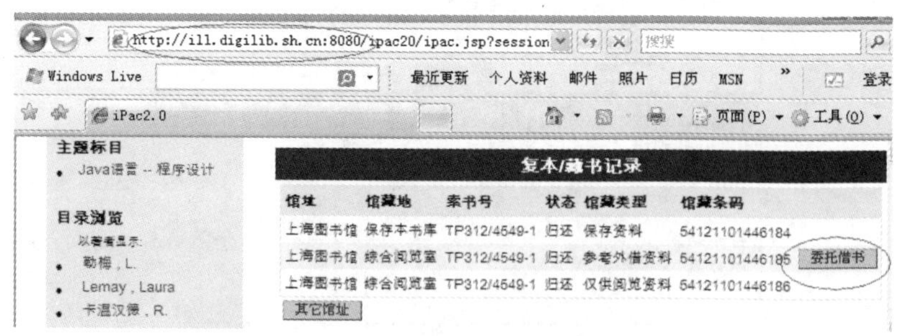

图 9-10 反向代理后增加“委托借书”按钮

点击相应按钮，可以从 IPAC 系统直接进入馆际互借系统进行相应操作。

9.4.4.4 反向代理整合的优点

通过反向代理技术,结合 URL 重写、脚本注入等手段,对 B/S 应用系统返回页面内容进行修改定制,从而无需修改应用系统源代码,即可实现不同 B/S 应用系统间在客户体验上的无缝整合。其优点在于:

(1) 对于各整合的应用系统不需要做任何改动。

(2) 通过脚本注入的方式,在客户端解析处理,提高了整合的灵活性以及可适应性。整合业务逻辑的调整,也只需要调整注入的脚本即可。

(3) 对于客户端无须安装任何插件。

(4) Apache 本身是开放源码的,如果有一些特殊需求无法直接满足,还可以通过修改 Apache 源码方式来实现。

9.5 系统现状和服务展望

9.5.1 系统现状

上海图书馆目前网上委托借书仍在试点阶段,读者可以登录上图网上委托借书的网站,通过检索书目、网上委托后,2~3 天内上图就会通过邮政快递,把书籍送到各区(县)的分馆,读者可以到家门口的分馆服务点取书和还书。目前分馆服务点有长宁区图书馆、徐汇区图书馆、黄浦区图书馆、浦东新区陆家嘴图书馆和中国科学院上海生命科学图书馆。

上图原书馆际互借服务系统目前已经和 126 家国内外图书情报机构建立了馆际互借合作关系。这 126 家馆均可通过系统,向上图申请馆际互借参考外借类资料,3 至 5 个工作日内,所需图书就能送到馆内。

9.5.2 服务展望

上图馆际互借服务通过建立系统服务,迈上了一个崭新的台阶,但资源有限、服务无限,上图馆际互借服务在服务网络、服务平台、读者服务、流通政策等方面还有很多可为之处。

9.5.2.1 拓展服务网络

当今时代渠道为王,好的产品和服务,背后一定有一个好的服务网络和渠道。上海中心馆服务网络通过 10 年建设,已经形成以上图总馆为核心、包含了 23 家区(县)级分馆、260 多家街(镇)服务点,形成了一个覆盖全市的服务网络。

上海图书馆网上委托借书可以充分利用好这个服务网络,将上图参考外借资源覆盖到读者家门口的最后一公里。

9.5.2.2 树立服务品牌

上图馆际互借服务在推出之初，就非常注重树立服务品牌形象。专门设计了文献传递服务包，来包装传递图书，这在读者之中获得好评。可以进一步打造服务品牌形象，如统一醒目的服务标识、服务导向等，使读者在进入图书馆后，可以方便地找到服务点。

“酒香还需勤吆喝”，努力通过各种渠道，宣传推介上图馆际互借服务，使馆际互借服务走出图书馆，为更多的人所知，为更多的人使用。

9.5.2.3 完善读者服务

完善读者服务，读者至上是图书馆的服务宗旨。读者服务的完善可以以为读者提供更好、更快、更方便的读者服务体验为目标进行扩展。

读者服务功能网络化是一种很好的手段，使读者只要在家里就能使用馆际互借服务的功能，尽量减少往来于图书馆的时间。在初期阶段网上读者服务可以只是个人信息的维护、委托、委托状态查询等简单的服务。以后可以增强更多的读者互动服务，可以和豆瓣读书互动平台进行衔接，建立图书馆员和读者之间、读者和读者之间的信息互通的平台，一同来将馆际互借服务做得更好。

9.5.2.4 改进流通政策

完善流通政策是指将流通政策的制定从方便管理向方便服务倾斜。放开流通政策流程中一些出于方便管理而设定的限制。

如现在的流通政策规定网上委托借书服务在没有归还前一次委托的图书之前，不能再进行委托。所以读者每次要是想在还书的同时借书，就得多去一个来回。

（本文作者：方建清　上海万达信息系统有限公司）

10 网络环境下新技术推动文献服务发展

数字信息时代，计算机、网络、通讯技术的迅速发展改变了传统图书馆文献服务的信息服务环境，推动文献服务资源、组织和服务方式发生了深刻的变革。网络环境下，用户信息需求呈现出许多新的特征，如何尽可能发挥新技术的优势，运用高新技术创新服务方式，充分体现公共文化服务的“普遍均等、惠及全民”原则，对图书馆文献服务工作提出了新的挑战同时也带来了许多机遇。

10.1 网络环境下信息需求的新特征

信息技术的发展丰富了人们交流获取信息的内容和方式，文献服务的用户对信息来源和信息服务形式的要求已不再仅仅满足于传统的纸质文献借阅，而是提供内容全面、类型完整、形式多样、来源广泛的信息保障，以满足多元化的信息需求。

10.1.1 用户信息需求多元化

首先，信息需求内容多元化。一是类型多元化。由过去以图书和期刊为主，逐步发展为涵盖学位论文、科技报告、技术标准、专利文献、会议录等各类型文献资料；二是载体多元化。文献信息资源从单一的传统介质（纸张）载体向现代介质（磁盘、光盘、缩微胶片等）为载体的新型载体文献信息资源、数字化信息资源与传统文献信息源相并存。

其次，信息获取方式多元化。网络时代信息用户的需求发生了很大的变化，越来越多地用户青睐利用数据库、网络等渠道获取数字化信息。用户可以通过远程登录查询公共联机检索目录、数字图书馆目录、全文资料、商业数据库等。世界上许多大学图书馆、学术机构和一些政府部门都可通过远程登录服务，对外提供联机检索服务。除了文本信息外，还包括了大量的非文本信息，如图形、图像、声音等。

10.1.2 信息服务模式多元化

在网络信息资源日益膨胀的环境下，用户一般性地信息需求大多可以通过常用的搜索引擎和专业的网站免费、快捷地获得。通常在通过上述途径无法满足信息需求时，用户才转向图书馆文献服务。他们对信息查询和获取信息的准确性、权威性和时效性等各方面都提出了较高的要求。新技术的应用提升了文献服务的能力，文献传递手段与途径多样化，服务理念从单一的被动式馆藏传递服务转变到以用户为中心，提供个性化、一体化和多样化的全方位的信息服务。服务模式从提供实体性文献为主向提供实体文献与数字型文献并重转移；从一般性的文献借阅服务向深层次、个性化方向推进；以到馆的、手工的文献借阅服务与远程的、网络化的文献信息和知识推送服务并举。

数字化信息资源打破了局限性和地域性，文献服务的内容从传统意义的图书馆馆藏扩展到包括到对网络、数据库、电子出版物等数字化信息资源的收集、开发和利用上来。依托先进的技术手段，一方面，扩大服务领域，拓展新的服务功能和服务方式，满足多元化用户的需求；另一方面，改变传统的业务流程，开展个性化的深层次信息服务项目，拓展服务范围，如电子资源远程服务、网络家庭书房、文献传递等，使越来越多的信息用户可以利用图书馆信息资源，在开放式、交互式的环境下实现信息资源的共享。

10.2 新技术应用文献服务新模式的案例研究

10.2.1 电子资源远程服务系统

10.2.1.1 技术支持

SSL(Secure Sockets Layer，安全套接层)协议是 Netscape 公司设计的，主要应用于 Web 服务的安全传输协议。SSL 协议建立在可靠的传输层协议之上，由握手协议、改变密码规格协议、记录协议以及警告协议 4 个部分组成，它采用公钥加密，为 TCP/IP 链接提供数据加密、服务器认证、消息完整性以及可选的客户机认证。

SSL VPN 是目前应用最为广泛的 VPN 解决方案，它支持高强度密码和双因素认证，目前已经成为 WEB 应用中用来鉴别网站和网页浏览者身份，以及在 web 用户和服务器之间进行加密通信的全球化标准。它为远程访问在用户身份认证、数据传输、内部资源访问等方面的技术实现提供了完善的安全性保障。

10.2.1.2 应用实例

“e 卡通”——上图电子资源远程服务平台是上海图书馆面向所有持证读者，

提供电子资源远程访问服务的应用系统。该服务旨在对经过厂商授权的电子资源提供365天、每天24小时的免费在线服务，来提高资源利用效率、最大限度地满足读者的信息需求。因此，系统在设计服务对象集合时，就确立了服务范围最大化的参考标准，只要是上海图书馆的有效持证读者（证件包括普通阅览、普通外借、参考阅览、参考外借等所有功能类型），可以不受时空和地域的限制，在任何时候、任何地点，通过“e卡通”平台，远程访问获得授权的中外文电子资源。

上图“e卡通”服务严格遵守知识产权，仅对授权电子资源提供远程服务，资源类型包括中外文的电子参考工具书、全文电子期刊、电子图书等，其中中文电子图书16万种32万册，外文电子图书3万余种，中文电子期刊11 000余种，西文电子期刊5 000余种，逾500万篇全文内容可通过“e卡通”远程使用。资源品种丰富，而且还将不断充实，以期为读者提供更为丰富的精神食粮。

自2007年9月25日系统开通运行以来，已经为将近17万成功认证的用户提供服务，用户远程登录率已达12万多次，资源点击量接近15万次，得到了读者的广泛好评。实践证明，“e卡通”系统提升了图书馆的服务能力，显著提高了电子资源的利用率，同时并为读者的“网络家庭书房”提供了丰富的资源保障。

10.2.2　网上委托借书服务

10.2.2.1　技术支持

LDAP(Light Directory Access Protocol，轻量级目录访问协议)是在TCP/IP上实现的目录服务协议。所谓的目录服务就是按照树状信息组织模式，实现信息管理和服务的一种方法。它能够快速响应大容量信息查询，并提供多个目录服务器的信息复制功能，从而在缩短响应时间的同时，提高了可用性和可靠性。网上委托借书服务应用系统所建立的LDAP目录服务器通过目录数据库来存储网络信息以提供目录服务，实现用户身份认证的统一管理。

网上委托借书服务平台采用LDAP技术来实现用户的统一管理。LDAP目录服务器和上海图书馆现有读者数据库系统实现了读者数据同步，同步的信息范围包括读者卡系统中的所有有效持证读者的所有信息。图10－1为LDAP用户和组界面。

LDAP采用SOAP(Simple Object Access Protocol，简单对象访问协议)访问集中存储的用户信息，提供用户信息的远程查询接口。SOAP协议基于XML定义了访问远程对象的规范，支持跨平台、跨环境的远程访问请求，使得运行在不同的操作系统并使用不同的技术和编程语言的应用程序可以互相进行通信。应用服务平台的用户和工作人员认证信息通过网络安全信息通道到达LDAP服务器。LDAP服务器在认证用户身份后，向应用系统提供相关资源的使用权限。

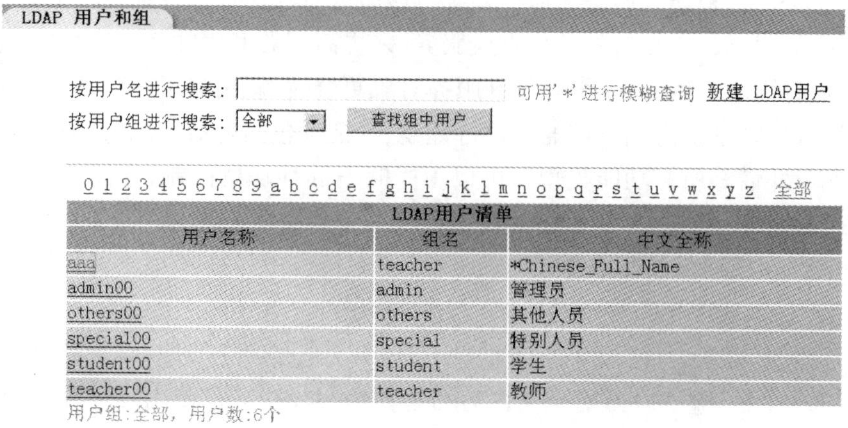

LDAP 用户和组

按用户名进行搜索： 可用'*'进行模糊查询 新建 LDAP用户

按用户组进行搜索：全部 查找组中用户

0 1 2 3 4 5 6 7 8 9 a b c d e f g h i j k l m n o p q r s t u v w x y z 全部

LDAP用户清单		
用户名称	组名	中文全称
aaa	teacher	*Chinese_Full_Name
admin00	admin	管理员
others00	others	其他人员
special00	special	特别人员
student00	student	学生
teacher00	teacher	教师

用户组：全部，用户数：6个

图 10－1 LDAP 用户和组管理当前全部用户列表

10.2.2.2 应用实例

上图网上委托借书服务是上海图书馆新推出的一项便民服务，是深化公共文化服务的新举措。该服务以上图的参考外借类图书为文献保障，以网上委托借书系统为技术手段，以高效的邮政快递为物流保障，把上图的参考外借图书服务到各区(县)分馆服务点。凡持上图有效参考外借读者证的读者都能到上图网上委托借书服务系统委托借书服务。

网上委托借书服务，365 天，24 小时接受读者网上委托借书申请。网上委托借书申请成功后，书将在 2—3 个工作日内送到分馆服务点。这项服务实现“网上委托借书，就近取书还书”，从而方便读者就近借还“一卡通”以外的上图参考外借资料，促进上海地区资源共享。

上图参考外借服务所提供的文献资源几乎涵盖了现有馆藏全部种类的中、外文图书资料，包括图书馆一些比较重要的研究性的资料，主要是满足读者研究性阅读和参考性阅读需要。但是由于受限于服务方式较为单一、服务环境不便利等因素的影响，此类阅读需求的实现状况并不尽如人意。

“网上委托借书”服务依托总分馆之间资源和服务互动互联的体制优势和 LDAP 等新技术应用而开辟的全新服务方式，它不仅增加了服务途径，鼓励和引导读者积极利用馆藏资源，而且与参考外借服务互相补充、发挥整体效应，从形式、方法和内容等诸多方面满足了传统读者和新理念读者的多样性文献需求，提高馆藏文献资源利用率。

“网上委托借书”服务于 2009 年 6 月 25 日开始试运行，受到读者的广泛好评。目前开通了长宁区图书馆、徐汇区图书馆、黄浦区图书馆、陆家嘴图书馆以及生命科学图书馆等五家服务点。自服务开通至今两年的时间以来，成功借书册数超过 4 500 册，成功借书人次累计超过 1 100 次。

10.2.3　手机图书馆短信支付自动下载全文服务

10.2.3.1　技术支持

手机图书馆的服务模式因采用不同的无线接入技术而不同，但是目前国内在无线网络提供高速数据业务方面的技术能力有限，大多数公共图书馆和高校图书馆都采用了相对成熟而且应用广泛的手机短信服务平台。

基于手机短信平台的移动支付业务采取了短信STK(SIM Tool Kit用户识别应用发展工具)的接入方式，短信格式与短信信息服务费绑定。用户无需将手机的SIM卡与银行卡等支付账户进行绑定来注册“手机银行”服务，只要发送一条简单地特定格式的短信，在得到平台确认后，费用随即从用户的手机话费中直接扣除。手机短信支付采用的是无线专用的支付通道，用户独立地与平台之间进行互相确认，可以有效避免由于网络黑客或者病毒程序的攻击所引起的个人账户信息被窃取等网上支付方式所带来的安全风险。

10.2.3.2　应用实例

原文传递是图书馆为了满足读者个性化文献资源需求、开展资源共享而提供的一项重要的服务方式。但是传统的文献传递服务，通常需要确认用户支付成功才能提供相应服务和资源，时效性较差，支付方式尤其是小额支付方式不便捷。

手机短信支付全文下载服务的主要目的在于：当用户通过网络从提供全文的服务平台中检索出符合自己要求的文献资源后，可以不受时间和地域的限制，立即发送手机短信支付文献传递产生的费用。在支付完成后并得到短信平台的确认之后，用户即可享有下载全文的权利，实时获取所需的文献资源。

基于短信平台的手机图书馆得益于无线网络所拥有的无可比拟的独特优势，为通过短信支付实现自动下载全文的服务提供了坚实的技术保障，保障用户随时随地享受到文献传递机构提供的方便、及时、安全、高效的服务。此服务开通三年多来，用户成功在线下载超过1 000篇文献，成为文献服务新模式的重要补充。

10.3　结　　语

一直以来，文献服务以实现信息资源共享和最大限度满足读者信息需求为宗旨。新技术的发展以及信息服务环境的变化，不仅推动文献服务方式发生转变，更重要的是推动文献服务理念和整个服务机制的变革。新技术的深层次应用拉近了图书馆与读者的距离，增强了服务的便捷性和时效性，为实现全民共享普遍均等的文献服务提供了强有力的技术支撑和物质保障，推动文献服务朝着网络化和数字信息化服务方向发展。

（本文作者：金家琴　上海图书馆文献提供中心）

参考文献

[1] 陈力.数字时代的馆际互借与文献传递[J].国家图书馆学刊，2008，3(65)：54-58，79.

[2] 金家琴.基于SSL VPN技术实现公共图书馆电子资源远程访问[J].图书馆杂志，2009，3(28)：64-68.

[3] 金家琴.基于短信平台的手机图书馆短信支付自动下载全文服务[J].数字图书馆论坛，2007，12(43)：71-74.

[4] 董曾妮.谈网络时代图书馆文献服务模式的转变[J].图书馆学刊，2002，1：21-22.

[5] 吴志宏.网络环境下用户需求与信息服务探索[J].图书馆论坛，2002，4(22)：77-79.

[6] 冯梅.新技术环境下的图书馆服务与挑战[J].武汉科技学院学报，2002，8(15)：81-82.

11 最直接的文献服务方式——上图电子资源远程服务研究

11.1 电子资源远程服务提出的背景

在21世纪国内数字图书馆建设如火如荼之时，图书馆也越来越认识到数字图书馆内容服务的重要性，并将数字图书馆内容服务视为建设根本。在数字图书馆内容建设中，根据电子资源不同的获得方式，主要分为三类：第一类是图书馆从互联网上免费获取的电子资源，第二类是图书馆自建的电子资源，第三类是图书馆购买或者订阅的电子资源。图书馆电子资源的构成主体正是第三类电子资源。

11.1.1 局域网服务模式成为国内公共图书馆电子资源服务的主要瓶颈

此类电子资源的使用受到使用许可的限制。一般情况下，电子资源厂商常常以一个机构的IP地址范围作为许可使用的范围，使得图书馆电子资源服务往往成为一种局域网服务。

对于国内高校图书馆来讲，局域网范围为校园网，可以涵盖一个校区或者几个校区，其读者主体为学生和教职员工。这些读者在校园的任何一个有网点的地方，如图书馆、实验室、宿舍、办公室等都可以使用到图书馆电子资源，高校图书馆电子资源服务也成为一种突破时空限制的局域网服务。

对于国内公共图书馆来讲，局域网范围仅限于一幢楼或者几幢楼，其读者主体为具有有效身份证件的市民。这些读者必须亲自到图书馆才能使用图书馆电子资源，而且也仅能在图书馆开放时间内使用，公共图书馆电子资源服务只能成为一种无法突破时空限制的局域网服务。

同样的电子资源，同样的使用许可条件，同样的电子资源局域网服务，在国内公共图书馆和高校图书馆这两种不同类型的图书馆中，读者的使用体验和享受到的服务却截然不同。公共图书馆电子资源服务受众面少、便捷性差的局限性，成为导致电子资源使用情况不佳的一个重要因素。上海图书馆也处于这样一种状况。因此，电子资源局域网服务模式，不适应公共图书馆电子资源服务实情，难以发挥电子资源优势和潜质，必须加以突破。

11.1.2 数字阅读已成为读者新阅读方式，图书馆原有服务方式无法满足读者新需求

用户阅读行为的改变也是影响电子资源使用的另一个重要因素。更多读者开始优先选择数字化阅读。调查表明，在高校中，在电子期刊和印刷期刊中优先选择使用电子期刊的用户，在各个年龄段中的比例都达到了压倒性多数。此外，美国的联机计算机图书馆中心(OCLC)在2005年出版的年度研究报告中指出：自从互联网的出现，信息用户越来越少使用图书馆；绝大多数信息用户没有意识到图书馆拥有大量的电子资源，也没有到图书馆去使用这些资源；图书馆应当寻找方法将用户所需的信息提供给他们，而不是让人们来图书馆寻找信息。这表明，用户通过远程访问使用图书馆电子资源已是一种很重要的途径，图书馆传统的到馆服务方式已经无法满足用户对电子资源日益增长的需求，也必须加以改变。

11.1.3 国内知识产权意识的相对薄弱，严重影响电子资源厂商对公共图书馆电子资源服务的信任

电子资源能够实现远程访问的一个重要前提就是资源厂商授权。在与各资源厂商沟通中，我们了解到国外很多公共图书馆都采用远程访问的方式供图书馆会员(持证读者)使用。但厂商对于国内知识产权意识相对薄弱的现状表示担忧，对上海图书馆几十万的持证读者望而生畏，唯恐管理不善，出现大量恶意下载现象，影响到厂商的利益。因此，如何对读者进行认证，如何管理好读者的使用行为，保护知识产权，解除出版商的疑虑，就成为了国内公共图书馆电子资源突破围墙服务的一个关键问题。国内公共图书馆只有通过利用技术手段，设计出让电子资源厂商认同的服务方案，技术方案，管理方案，才能取得电子资源厂商对国内公共图书馆因电子资源使用性价比不佳之现实而要求改变电子资源服务模式的认同，消除电子资源厂商在版权问题上的担忧，最大限度保护电子资源厂商利益，最终取得合作共赢。

11.2 国内公共图书馆电子资源远程服务模式概览

综合上述背景，各个公共图书馆都在寻求电子资源能够远程提供读者使用的方式，满足读者的需求。笔者从网上调研了国内一些公共图书馆远程服务的模式，供参考比较。

11.2.1 国家图书馆

通过“国家图书馆基层图书馆服务卡”，各基层图书馆可共享国家图书馆授权第三方使用的数字文献资源。部分数字资源可以实现在线阅读，图书检索、下载、借阅、续借、归还等功能；部分数字资源鉴于知识产权的有关规定，无法直接获取原文，可以通过馆际互借和文献传递等服务方式向基层图书馆提供文献服务。

用“国家图书馆基层图书馆服务卡”登录后可以检索 Web of Science、EI、CSA 等文摘索引库的资源，也可以检索中国期刊全文数据库(CNKI)、万方数据资源系统(包括期刊、学位论文等)、维普科技期刊全文数据库、Science Direct Springerlink、Wily 等全文数据库，通过文献传递服务获取全文。

11.2.2 广东省立中山图书馆的“数字化资源网上阅读”

广东省立中山图书馆的数字化资源网上阅读平台，免费提供 42 万种电子图书、3 000万篇期刊论文、80 万篇博硕士论文、30 万篇会议论文、3.5 万件标准文献的远程在线阅读，以及 1 300 多影视节目的在线点播，同时还有数十位馆员在线回答您的咨询问题，提供更好更快的网上文献服务。

使用数字化资源网上阅读平台需要用网上阅览证号和密码登录。任何人都可申请注册。申请注册时要求提供读者自行设置的用户名，密码及身份证号，电话和 e-mail，申请成功后页面上直接给出网上阅览证号，用此号成功登录后，即可进行数字图书馆数字资源的阅读。

11.2.3 天津图书馆网上阅览“一码通”

采用清华同方的 PKSS 公共图书馆知识服务平台。PKSS 专门配置了账号管理系统、全线管理系统和流量计费系统，支持注册读者在图书馆局域网内及互联网远程访问 CNKI 数据库，实现按实际下载量计费(免费)功能。账号管理支持实现账号数量和使用时间期限的设置，读者可以在有效期内按设定的一定下载量正常使用，过期或下载量用尽账号即作废。读者未用完的剩余流量归入总账号。当总量超过 CNKI 给的限量，图书馆需向清华同方公司补交相关的费用。持证读者可在网上申请免费试用账号(15 天试用)，正式账号需要到天津图书馆电子文献检索室免费办理账号申请手续。正式账号有效期为一年，下载流量限制在 500 页以内。

11.2.4 深圳图书馆电子资源馆外受限访问模式

2008 年 11 月开通，深圳图书馆持证读者用卡号和密码登录后，可以远程访问电子资源。每种资源的访问量或下载篇数都有限制，限制量各不相同，且不同类型读者卡的每种资源的限制量也不径相同。在图书馆网页上都一一列出。如表 11 - 1 所示。

表 11－1　深圳图书馆电子资源馆外访问限量规定(部分)

数据库名称	并发限制(单位：个)	控制方式	不同类型读者的限制			
			阅览证	中文借书证	外文借书证	中外文借书证
万方数据	50	日篇数	5 篇	30 篇	30 篇	30 篇
中国法律检索系统	10	年浏览量(KB)	5 KB	120 KB	120 KB	120 KB
国研网数据库	50	日下载量(KB)	50 KB	500 KB	500 KB	500 KB
维普(VIP)	50	日篇数	5 篇	80 篇	80 篇	80 篇
中国知网(CNKI)	30	年总页数	20 页	300 页	300 页	300 页
中国资讯行(INFOBANK)	50	年总篇数/日篇数	20/5 篇	400/30 篇	400/30 篇	400/30 篇
中国资讯行(SOSHOO)	50	日篇数或流量	30 篇	50 篇	50 篇	50 篇
PROQUEST、EBSCO	50	日流量	300 KB	5 000 KB	10 000 KB	10 000 KB
TEPS、CETD	50	日流量	100 KB	2 000 KB	2 000 KB	2 000 KB
世界美术数据库、故宫在线	50	日流量	2 000 KB	20 000 KB	20 000 KB	20 000 KB
中经网系列	50	日流量	50 KB	1 000 KB	1 000 KB	1 000 KB
LexisNexis	3	日流量	50 KB	1 000 KB	1 000 KB	1 000 KB

说明：

1) 控制方式：日篇数是指每日可下载篇数，年总篇数是指每年可下载的总篇数，年总页数是指每年可用的总页数，日流量是指每日可用的流量，年流量是批每年可用的流量数。

2) 并发限制是指同时可以在图书馆馆外访问图书馆资源的读者人数，如果达到上限，请稍等再使用。

3) 馆外访问流量用完的读者可以使用原文传递服务。

11.2.5　东莞图书馆的一站式检索

是基于文献信息资源检索与用户管理功能为一体的系统平台，需注册后才能访问。东莞图书馆正式读者(含东莞图书馆分馆正式读者)，均可以通过该系统实现注册，一次注册即可使用东莞图书馆提供的网上资源。该平台上有近 30 万种电子图书、9 000 种电子期刊，其中 1 400 种综合性电子杂志和 7 000 多种学术期刊，学术期刊论文达 1 000 多万篇，电子版中国古籍图书 17 000 种。

11.2.6　浙江网络图书馆

浙江网络图书馆是以浙江文化信息资源共享工程和全省公共图书馆的传统文献和数字资源为基础，以“共建、共享、共通、共赢”为目标，运用先进的网络技术，打破地域限制，为广大读者打造的一个统一的、"一站式"资源和服务平台。它是以全省公共图书馆为成员馆的网络化数字化图书馆，管理中心设在浙江省图书馆。通过与电子资源厂商谈判购买省区域内的使用授权，实现全省公共图书馆用户信息和资源的统一认证，实现全省公共图书馆和文化共享工程基层服务点电子资源统一使用。

有 IP 认证和账号密码认证二种认证方式。IP 认证：通过内嵌的公共图书馆网络 IP 地址列表，所有在全省公共图书馆局域网范围内的读者可实现自动登录，使用有访问权限的资源。账号密码认证：在图书馆局域网以外的读者，利用注册用户或借书卡证号在平台统一登录，通过后读者即可使用共享资源和所在图书馆授权的数字资源。

11.3　集网络接入、(读者)身份认证，授权电子资源访问和使用管理与一体的电子资源远程服务

上海图书馆在 2001 年开始较大规模开展和推进电子资源建设之初，就把电子资源服务放于重要位置，坚持电子资源采集和服务相结合，并关注到国外公共图书馆的电子资源服务已对本馆用户远程开放的实情，积极探索电子资源服务新模式。在遵守知识产权的总原则下，上海图书馆根据本馆实际情况，以版权解决较好、价格较高、使用量较少的外文电子资源为突破口，同时考虑版权解决较好的中文电子资源，抓住电子资源新订、续订两大源头，结合中外文电子资源远程服务存在的难点，与电子资源厂商进行了漫长而不懈的交流和交涉，争取国内公共图书馆与国外公共图书馆在电子资源服务上的同等待遇；共同探讨上海图书馆电子资源远程服务和管理的方法，最大限度保护电子资源厂商利益，消除电子资源厂商在版权问题上的担忧；摆出上海图书馆外文电子资源使用性价比不佳之现实，希望电子资源厂商与上海图书馆一起共同努力改变这一现状。经过不懈的努力，上图电子资源远程服务在 2007 年 9 月 23 日向上图持证读者开放试用。我们赋予这项服务好记的名称—e 卡通。在试运行之时，为上图有效持证读者提供了较为丰富的电子资源品种和内容，包括中外文电子期刊 5 000 多种，中外文电子图书 11 万多种，以及 4 种中外文电子参考工具书数据库，全文内容达百万篇。

e 卡通——上图电子资源远程服务(以下简称 e 卡通)就是指凡上图有效持证读者无论何时何地，只要一卡在手，就可便捷地使用上图购买的并获得厂商授权的电子资源内容的一种远程服务，是让读者在使用上图电子资源远程服务的 e 路上畅通无阻的一种服务模式。

e 卡通推出 4 个月后媒体相继报道，并指出上图这种集网络接入、(读者)身份认证，授权电子资源访问和使用管理与一体的电子资源远程服务在国内公共图书

馆尚属首家。2009年9月获得第三届文化部创新奖。

11.3.1 e卡通服务中的创新点

e卡通从登录到访问电子资源看似简单的过程，其幕后离不开各种创新和技术支撑。

e卡通有五大创新点，首先是理念的创新。这是整个项目实现的基础，理念创新点在于突破围墙，跨越时空，惠及读者。就是让原来电子资源仅限在图书馆大楼局域网IP内使用的变为部分电子资源可足不出户的远程访问。这一突破带来了跨越时空的服务，只要是上图的有效持证读者，任何时候、任何地点都能使用。实现了365天24小时全天候无边界的免费服务。实现了上图电子资源服务到读者身边，服务到读者指尖。

11.3.1.1 理念创新带动了技术创新

技术创新体现了科学性。e卡通采用目录服务访问协议技术（LDAP技术）和安全套接的专用虚拟内网接入技术（SSL VPN技术）相结合的技术方案，具体可细分为用户远程接入、用户身份认证和管理、资源访问控制以及用户使用管理四个方面。LDAP负责用户身份认证服务和管理，即上图持证读者必须经过身份认证，确保是我馆有效持证读者；SSL VPN负责用户远程接入、用户使用管理，即SSL VPN将经过认证的合法读者接入图书馆，并对该读者所有的使用情况都会被记录并能够进行审计；两者共同协作负责资源访问控制，即做到不同远程使用许可范围的电子资源对应不同的读者证功能类型的读者，最终达到资源、技术、服务、管理的有效整合。远程访问服务示意图见下图11-1所示：

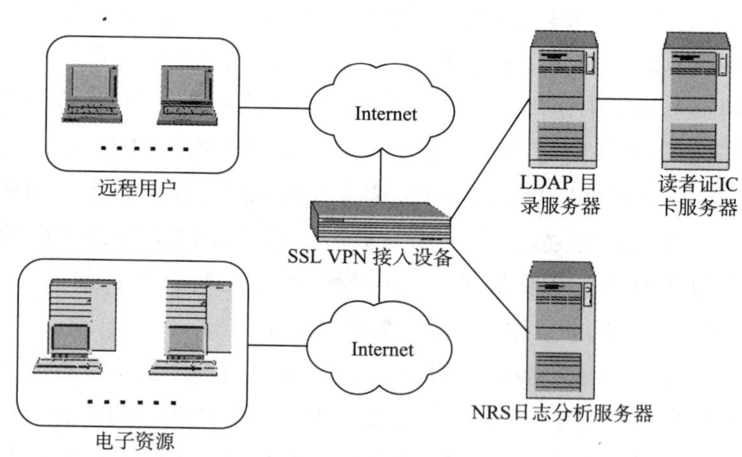

图11-1 远程访问服务示意图

11.3.1.2 技术创新促进了服务创新

在服务方案设计上，采用接轨国际、立足现状、体现简便的原则。接轨国际是指借鉴国外公共图书馆通行、成熟的电子资源远程服务的对象界定和服务方式，便于电子资源厂商对上海图书馆服务方案的理解，易于双方沟通交流并达成共识。具体而言，以上海图书馆有效持证读者作为其电子资源远程服务对象，研发基于有效持证读者的身份认证、资源访问和使用管理的服务方案。立足现状是指充分利用上图读者证具有普通阅览、普通外借、参考阅览、参考外借四种不同功能类型的特点，建立不同功能类型有效持证读者和不同电子资源之间的使用许可联系，消除电子资源厂商对于上图电子资源远程使用的恐惧，并且今后可以根据使用情况与电子资源厂商协商来调节不同功能类型有效持证读者和电子资源之间的使用许可关系。体现简便是指读者使用过程的简便性和图书馆管理过程的简便性。读者使用过程的简便性是指上图有效持证读者在使用上海图书馆电子资源远程服务时，不需要重新办证、不需要注册、不需要申请、不需要开通，只要输入读者证卡号和身份证件号码登录即可。图书馆管理过程的简便性是指针对可能发生的用户恶意下载等情况，图书馆能够方便地利用日志文件并迅速定位不良使用行为读者，更好地保护电子资源版权和上图的声誉。以此三大原则设计的服务方案，让 e 卡通服务真正实现有效持证读者无论在何时何地，只要一卡在手，就可以便捷地使用上图购买的并获得厂商授权的电子资源内容的远程服务，在使用上图电子资源远程服务的 e 路上畅通无阻的服务新模式。

在网页设计中，体现简约层次、突现流程，友好设计，展以人为本，以用为本之风格。

SSL VPN 设备提供了默认的登录界面，但是为了提高 e 卡通服务的易用性和友好性，上图定制开发了服务网站。在该服务网站的首页上告示服务简介、服务公告、服务流程三大主要内容（如图 11－2 所示），并在醒目位置突现“用户登录”功

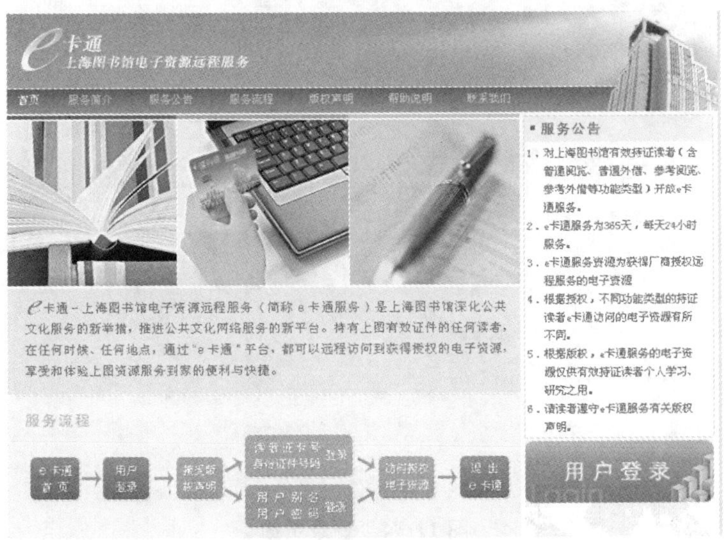

图 11－2　e 卡通首页

能，设计从“接受版权声明”（如图 11－3 所示）、“读者证卡号/身份证件号码登录”到“访问授权电子资源”的服务流程，对于“用户登录”、“找回密码”、“申请用户别名和用户密码”等功能性网页设计时采用左半页为输入页、右半页为在线帮助页，或结果提示页（如图 11－4 所示），及时帮助读者了解需要输入的信息字段内容，及时

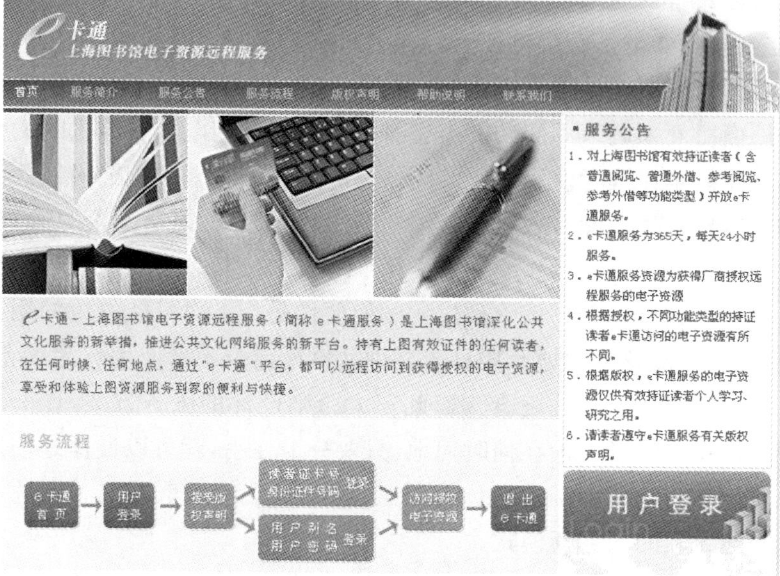

图 11－3　版权声明页面

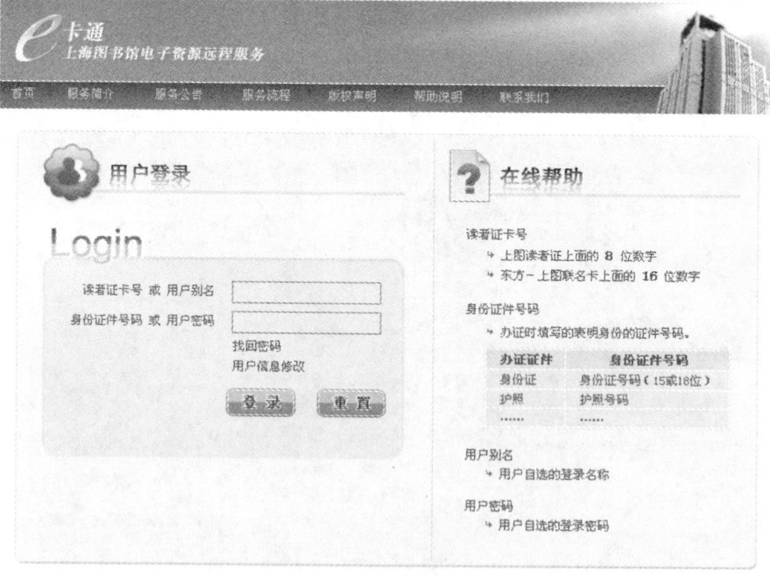

图 11－4　登录页面

提醒读者产生登录失败的可能因素。读者在使用时,从远程接入、读者身份认证、授权访问控制到资源使用,服务流畅,方便宜用。

11.3.1.3 技术创新支撑了管理创新

e卡通以现有的上图读者IC卡系统数据为源,故不需再投入有效读者认证的管理成本;采用SSL VPN定制的NRS日志分析软件,实现了从读者认证到资源访问、使用的全程监控和管理。Web服务器的日志访问文件对于网络服务系统的建设和安全保障具有极其重要的作用。e卡通系统应用了NRS(Network Report Sonic,网络安全设备中文报表)安全解决方案,监控Web服务器的运行和访问情况,详细地分析和统计日志文件,及时了解系统运行情况和网站内容的访问状况,确保服务正常开展。NRS为第一套中文化网络设备之日志数据分析统计报表管理软件,客户端不需安装任何程序,即可以透过浏览器直接了解目前网络状况,并提供设备状态监控、流量及攻击事件等警示服务,可同时支持多台装置日志接收分析,并提供中文化的图形化分析报告。NRS的使用,可以实现对恶意下载等不良使用行为的读者的迅速查找和定位,而且可以记录读者自输入读者证卡号/身份证件号码起所有行为,包括登陆、认证、退出等成功与否状态信息;认证成功之后电子资源的访问地址、访问时间、访问次数和访问流量等的详细记录信息等,同时,还可以实时监测系统状态,包括流量负载、活动连接、用户登录/登出和认证成功/失败等,为应对可能发生的读者恶意下载,为上图合理使用提供了保障。

11.3.1.4 前四种创新带动了机制创新

e卡通服务的生存基础就是要遵守知识产权。由于e卡通利用技术手段做到不同授权电子资源和不同功能类型持证读者之间无缝关联和灵活关联,使得远程服务电子资源的使用许可范围可以根据试用或使用情况进行弹性收缩,消除了电子资源厂商面对上图数量巨大的读者群的担心和忧虑,反之,试用情况良好或使用情况良好的电子资源的新订或续订又能使用电子资源厂商得到效益。这样,既保证知识产权得到尊重,又满足图书馆和读者的需求,达到电子资源厂商、图书馆、读者的三方共赢,形成可持续发展的服务新机制。

11.3.2 国内公共图书馆常见的远程访问模式比较

可以说各公共图书馆基于本馆的特点和读者群的特点在电子资源远程访问方面动足脑筋,电子资源远程服务模式各有特色。笔者将几种模式做了简单的概括,如表11-2所示。

表 11－2　国内公共图书馆远程访问模式比较

	IP 开放模式	账号认证模式	e 卡通模式
方式	与资源厂商达成协议，允许在一定 IP 许可范围内（如整个区、城市或省，或一些 IP 段内），供机构或个人使用	本馆读者凭读者证申请网上阅读账号，用账号登录使用	读者卡身份认证后，直接登录后访问资源
特点	1. 只要是允许 IP 范围内的用户，直接可以访问 2. 需要支付较昂贵的资源采购费，可持续发展的成本高 3. 使用统计在资源厂商方，对使用情况进行跟踪统计和分析困难	1. 一个账号在手，任何时间任何地点，都可使用 2. 需要额外申请网上阅读账号 3. 每个账号有下载流量限制，用完为止 4. 不同功能类型的卡可以弹性设置可访问的资源范围	1. 一卡在手，任何时间任何地点都可使用 2. 读者无须申请、无须注册、无须开通 3. 没有下载流量控制，但可全程监控读者使用过程，一经发现恶意下载可锁定对象 4. 不同功能类型的卡可以弹性设置可访问的资源范围

11.4　远程访问的效果及经验总结

e 卡通开通三年多来，取得了良好的应用和明显的服务效果，主要有四项。

11.4.1　广受读者的喜欢，使用率逐年上升

读者使用量和大多数电子资源的利用率都呈逐步上升趋势，如图 11－5 所示。

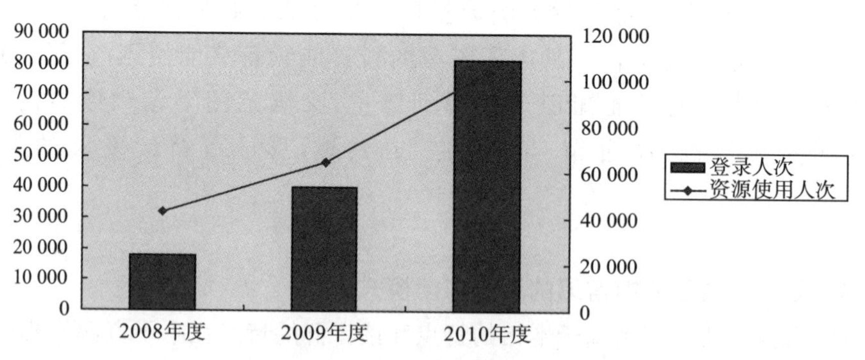

图 11－5　e 卡通和资源使用统计

2007 年开通至 2010 年，每年登录 e 卡通系统的人次持续上升，其中 2009 年

登录人次比 2008 年增长 125%，2010 年比 2009 年增长 103%。资源使用率也是呈上升趋势，其中 2009 年比 2008 年提高 50%，2010 年又比 2009 年提高了 60%。

11.4.2　有效形成了电子资源使用与电子资源建设的良性互动

对于已经购买了的电子资源，在消除厂商顾虑后，厂商同意在价格不变的前提下允许远程访问。而对于新订购资源，上图则要求厂商从试用阶段开始就授权开放远程访问。系统日志帮助上图向厂商证明了授权远程访问服务的重要性，也使厂商认识到在远程服务平台上试用情况良好的电子资源会获得新订或续订，从而使厂商获益。例如，龙源电子期刊数据库在试用期的几个月内，统计显示有超过 50%的使用量来自于远程访问，为该电子资源的引进提供了有力的参考（该资源于 2009 年 2 月正式引进）。由于 e 卡通利用技术手段做到不同授权电子资源和不同功能类型持证读者之间无缝关联和灵活关联，使得远程服务电子资源的使用许可范围可以根据试用或使用情况进行弹性收缩，来调整开通范围，同时也打消电子资源厂商对对远程访问服务不确定性的担忧。以 Springer 电子图书为列，谈判之初资源厂商担心我们几十万持证读者的使用率，我们答应仅对上图参考外借读者开放，在系统年使用量的监控下，如果年使用情况没有超过厂商预想的范围，则调整开放范围，从参考外借扩大到参考阅览甚至普通外借。事实上由于外文书起点高，再加上限制在参考外借范围读者，使用率非常有限，因此在新三年的订购谈判中，e 卡通系统提供了有力的证明，springer 厂商轻松地同意远程访问范围扩大到所有上图持证读者，惠及所有读者。

系统的良好运行，严格管理，使得资源厂商非常愿意和我们谈及开通远程访问事宜，而不是原先的“谈虎色变”。2010 年重庆维普中文科技期刊数据库也向上图有效持证读者开通了远程服务。三年多来可通过 e 卡通访问的电子资源种类不断增加。目前有中文电子图书 20 万种 44 万册，外文电子图书 3 万余种，中文电子期刊 11 000 余种，西文电子期刊 5 000 余种，逾 500 万篇全文内容可通过 e 卡通远程使用。

11.4.3　突破时间空间，扩大了辐射面

通过日志分析软件发现，e 卡通的使用高峰除了上午 9 点到下午 6 点，还出现在晚上 8 点到凌晨 2 点（见图 11－6），访问的 IP 地址中有不少非上海的 IP 地址（见表 11－3），这些访问者又都是上图的有效持证读者，这充分说明 e 卡通突破了时空，辐射到了全国甚至海外，提升了公共图书馆服务的能级和水平。

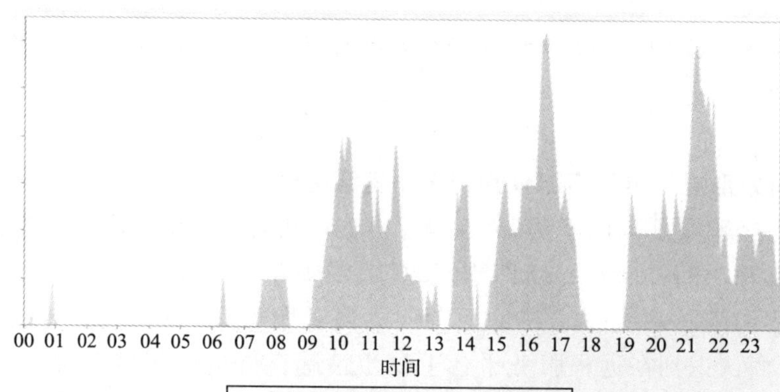

图 11－6　e卡通使用时间分布图

表 11－3　登录到 e 卡通的非上海的部分 IP 地址

IP 地址或地址段	国家或地区名称
202.8.27.5	日本
202.170.219.131	马来西亚
60.168.92.114	安徽省
211.157.19.177	北京市
210.13.94.234	福建省
60.164.177.46—119	甘肃省
60.164.178.27—239	甘肃省
210.13.70.237	黑龙江省
218.10.128.73	黑龙江省
221.212.219.151	黑龙江省
221.212.226.199	黑龙江省
221.212.238.73	黑龙江省
221.207.147.70—123	黑龙江省
58.48.243.234	湖北省
202.127.144.50	湖北省
116.209.1.182	湖北省
116.209.5.191	湖北省
58.211.130.234	江苏省
221.201.74.221	辽宁省
221.203.111.142	辽宁省
222.173.95.83	山东省
221.205.45.182	山西省
221.205.46.119	山西省
221.205.46.189	山西省
60.190.135.62	浙江省

11.4.4　e卡通服务为基础服务提供支撑，为创新服务奠定基础

2009年2月上图推出的电子阅读器试借服务，就是因为有了e卡通，读者可以在家里把方正电子书下载到手持阅读器里，让读者随时随地享受"移动阅读"、"随身读"的乐趣。电子阅读器试借服务在国内图书馆也是首次尝试。2008年7月在得到数据库厂商授权认可的基础上，把e卡通服务延伸到了14家有条件开通服务的区县分馆，一方面方便家无电脑的读者到就近的分馆远程使用上图电子资源。另一方面大大丰富了区县分馆电子资源的数量和种类。成为上海地区资源共建共享的新举措。比如上海某区图书馆把e卡通的服务的链接按钮直接嵌入到该馆的多媒体电子阅览中心的主页上，方便读者点击使用。2010年上海世博会期间，上图承担了在世博中心开设世博阅览区，为中外记者提供信息服务的重任，图书馆服务延伸到了世博会，开了世博会历史之的先河。不仅如此，我们通过e卡通服务，上图的电子资源也延伸到了世博会，受到了中外记者的欢迎。

虽然e卡通服务突破了时空限制，取得了一些成绩，但从e卡通长远发展来看，还需要从以下几个方面进一步改进和提高。一是资源扩大化：进一步加强与厂商的沟通，扩大可远程访问的电子资源数量；二是宣传多样化，即多渠道、多种形式，多载体的加强宣传，进一步提高e卡通的知晓率和利用率，三是读者互动化，通过读者投票，最活跃读者评选等方式增强与读者指尖的互动与交流来吸引读者。

（本文作者：陈顺忠　上海图书馆文献提供中心）

参 考 文 献

［1］ 金家琴. 基于SSL VPN技术实现公共图书馆电子资源远程访问——上海图书馆电子资源远程访问服务系统"e卡通"实例[J]. 图书馆杂志，2009(3)：64-68.

［2］ 彭伟. 迎接电子资源的挑战：上海图书馆电子资源远程服务案例研究[J]. 图书情报工作，2009，53(1)：64-68.

12　在线参考咨询服务促进文献提供服务发展

随着数字图书馆的发展，各馆数字化资源建设已有相当规模，如何利用数字图书馆开展信息与文献提供服务，提高数字图书馆的利用率，已经成为目前图书馆新发展的一种挑战。而在线参考咨询服务作为图书馆一种重要服务应运而生，它的及时性特性很受读者的欢迎，并逐步拓展成促进图书馆文献提供服务的一种新途径。本文所讨论的就是基于在线客服技术的实时参考咨询对文献提供服务关系与作用。

12.1　在线客服技术

在线客服是 Web2.0 互动的重要环节，它是一种基于 Web2.0 的核心思想即互动性，把即时通讯功能与网站整合的客服系统。这种系统的主要作用是：访客登录网站后，主页上就有在线交流的图标，点击图标后即可与后台客服人员进行在线实时交谈。

在线客服系统一般是基于网页的即时通讯工具，它不需要安装任何软件，只需要用通用的网页浏览器打开在线实时咨询窗口就可以进行实时交流。它具有主动性、客服支持及客户关系管理方面的功能，能够实时查看网站访问者信息，包括：访问者通过哪种途径来到网站、来自于哪个地区、正在访问网站的哪个页面、停留了多久、登录的次数等。

在线客服作为一个即时通信系统，与其他即时通信工具诸如 MSN、QQ、ICQ 等，有点相同，但也存在一定的差别。相同之处在于都作为一种沟通工具能够在线实时交流；不同之处在于在线客服更加关注于服务方面，尽力解决访问者在浏览时遇到的问题，实现及时的帮助，同时用户方添加用户等操作，直接可以提问，十分便捷。

12.2　在线客服技术在图书馆服务中的运用

参考咨询是图书馆的基本服务之一，随着网络的发展，网上参考咨询方心未艾。一般都是自行开发的网上咨询系统如上图的网上联合知识导航站、中国科学院国家科学图书馆网上咨询台、OCLC 的 QuestionPoint 等等。近几年来随着 IM (Instant Message 的缩写，即时通讯）软件的层出不穷，不少图书馆利用 QQ、MSN 等这些 IM 软件为读者提供实时参考咨询，也被广泛接受。

上海图书馆文献提供服务是较早将 MSN 这样的 IM 软件用到参考咨询服务中的。经过多年的实践，由于 MSN 需要读者安装客户端软件，还必须执行添加用户等操作，便捷性上还是有所欠缺。2009 年经过多方比较，文献提供服务引进了“Live800”在线客服系统实现电子资源、文献传递等服务中碰到问题的实时咨询服务。简单地说“Live800”是一款网站在线沟通软件，Live800 名称的含义：Live 有“在线”的意思，强调一种实时性，800 取意于 800 免费电话，是一种通讯服务的体现。Live800 是一款企业级的网站实时交流系统，网站访客只需点击网页中的对话图标，无须安装或者下载任何软件，就能直接和网站客服人员进行即时交流。

12.2.1　Live800 系统结构功能简介

Live800 系统主要有 4 个模块：Live800 对话服务中心、客服模块、访客对话模块、数据统计分析模块。

➢　Live800 对话服务中心：位于 Live800 服务器端，是访客与客服沟通的桥梁；

➢　客服模块：提供对话、监控、分析、管理功能；

➢　访客对话模块：访客通过访客端来获取客服的服务。网站只须嵌入一小段代码，访客访问该网站时按需获取相应功能，无须下载任何软件；

➢　数据分析模块：统计分析访客来源、对话、留言、网站流量、访问时间分布情况等，为图书馆服务分析决策提供翔实可靠的数据。

当访客访问用户网站时，该网站的后台客服人员便能实时查看到，而访客也能实时知晓客服是否在线，因此 Live800 起到了一个桥梁作用，将用户网站的客服和访客联系起来。

从图 12－1 的工作原理示意图可见，Live800 服务器负责处理系统所有的对话中转功能，为用户网站提供实时对话服务，因此，服务器是整个系统的中心枢纽，服务器的良好性能为全天 24 小时不间断运行并提供高效服务打下了基础。

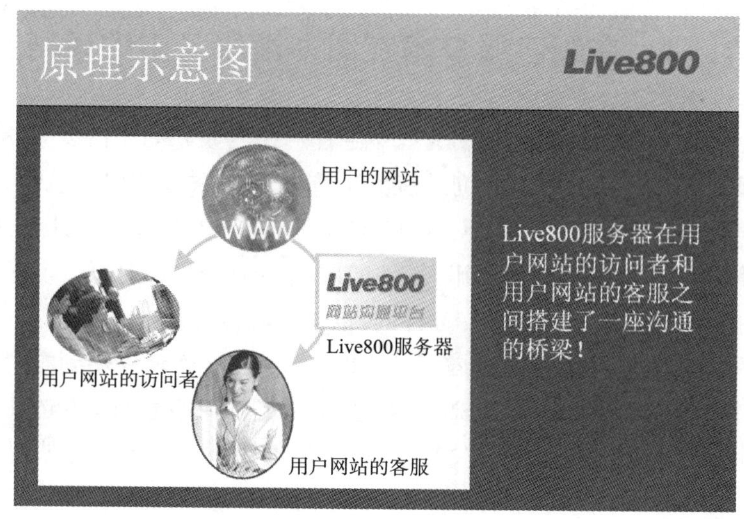

图 12-1　工作原理图

12.2.2　在线咨询客服客户端功能在图书馆运用

12.2.2.1　实时查看网站访问情况

客服人员也就是图书馆的咨询馆员可以在系统后台实时监控网站的访问情况，当有新的访客进入网站时，客服客户端的访客队列中就会显示出该访客的详细信息，包括访客进入网站的时间、IP 地址、所在的地理位置、当前正在访问的页面 URL 等等，当访客在网站的不同页面间切换时，会产生一条“访问轨迹”，通过对大多数访客访问轨迹的分析，客服可以发现并归纳出访客进入网站后的行为习惯。图 12-2 为客服人员使用最多的工作界面，您可以看到访客队列、访客状态、对话栏等。

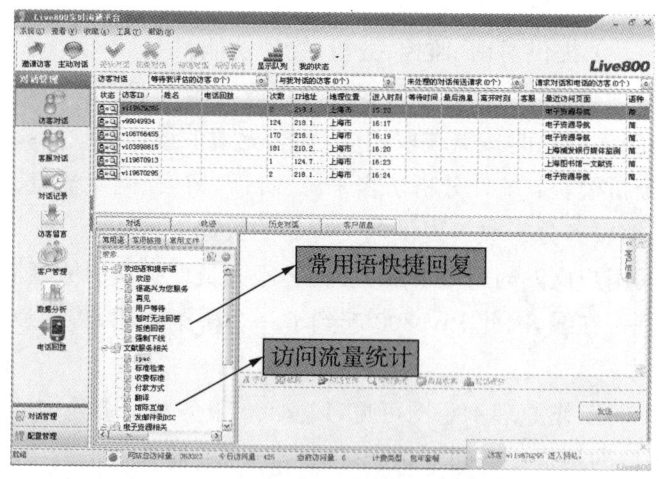

图 12-2　上海图书馆在线咨询客服端显示界面

12.2.2.2 及时沟通功能

读者在访问图书馆网页时,通过在线客服就可与图书馆的资源与服务紧密地联系起来,作为与读者交流的平台,实现方便、快捷地通话,有效地解决图书馆的交互式咨询障碍,提高了资源的利用效率。读者在访问网站的时候,往往会被相应的在线客服图标(一般以浮动图标、静态图片、文字链接等形式展现)所吸引并点击,即可向网站的咨询馆员发起对话请求,请求被接受后,实时对话开始。

一般情况下,网站的访客在访问网站时仅仅是作为"访问者",他们进入网站,浏览某些页面,然后离开。而通过 Live800 系统,作为客服的图书馆咨询馆员可以在访客浏览网站时邀请访客对话或主动发起对话。邀请对话会使得访客的浏览器页面上弹出一个邀请对话的图标,访客点击该图标后即可立即与发出邀请的咨询馆员实时对话;而主动对话则会强行在访客端弹出对话窗口,主动向访客发送实时消息。

客服在与访客对话的过程中,访客提出的问题可能超出了解答能力。这时,客服可以将该对话传送给其他客服。同一对话可以在不同的客服之间进行任意次数的传送。该功能使得多个客服协同工作以向访客提供最佳服务,使其获得最满意的答复。

12.2.2.3 常用语与链接推送回复功能

Live800 拥有常用语和常用链接功能,如图 12-2 所示。通过将常用的对话内容和网站地址进行分类整理如,"你好,请问您有什么查询?",客服可以通过点击预先编辑输入好的常用语和图书馆业务相关服务链接,来同时接待多个访客的对话,快速应答;客服还可以向访客"推送"页面,即将某个网站的 URL 地址"推送"到访客端,访客端收到此 URL 链接后,会自动将访客的浏览器重定向的该 URL,通过该功能,访客可以得到更加贴心的服务。除此之外,实时查看功能可以让客服预先看到访客正在输入的消息,给客服充分的时间来准备应答内容,从而提高客服的服务品质。

12.2.2.4 数据统计与分析功能

如图 12-2 所示,客服端有即时流量统计功能,在线咨询馆员可以随时了解到网站的各种流量信息:总访问量、当天访问量、当前访问量等。

而对与一个大流量的网站来说,如何从众多的访客信息中寻找出特定信息是非常重要的,借助于 Live800 系统的数据分析与统计功能,客服可以通过多种方式对访客的留言、对话、来源、甚至对话内容关键词进行查询统计,从而为更深层次的数据信息挖掘提供基础服务。

图书馆正是通过对读者最近所浏览的页面及查询的资源进行相关数据挖掘与统计,同时也可以分析读者阅读兴趣与研究方向等,并相应地改进服务措施,提高图书馆资源的利用率;另一方面通过统计数据可以对客服的服务质量进行评析,以便改进,如图 12-3 所示。

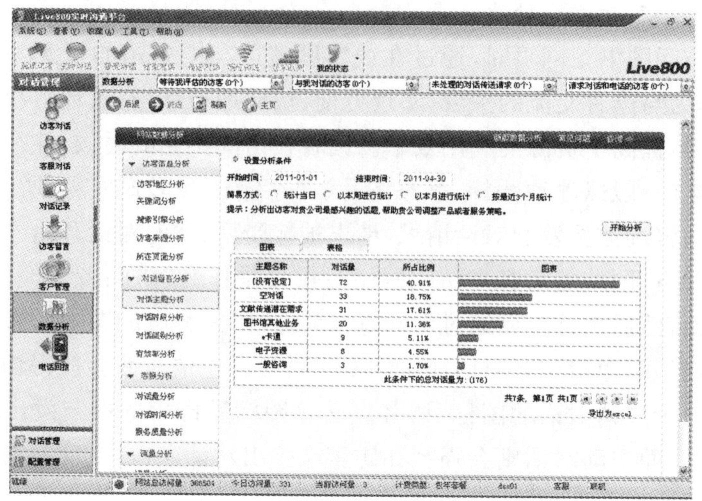

图 12-3 数据统计与分析界面

12.2.2.5 *访客留言功能*

当图书馆客服全部处于离线状态时，实时对话功能关闭不可用，比如休息时间，国定节假日等。如果读者又有问题要咨询，此时在线客服系统仍然可提供相应的服务来弥补，即访客可以进行留言，在留言的时候会提示访客输入电子邮件以便联系。这样，客服就可以随时查询相关的新留言，并及时回复，使读者能够及时了解到有关图书馆信息。事实证明，此功能的开通，使读者及时了解了图书馆的日常服务情况，包括办证事宜，图书借阅与续借，以及电子资源的使用指南和资源介绍，文献复印、全文的索取等，如图 12-4、图 12-5 所示。访客的留言不仅能保存在 Live800 后台的留言记录中，访客还可以选择抄送一份到客服的手机上，以便及时处理信息需求。

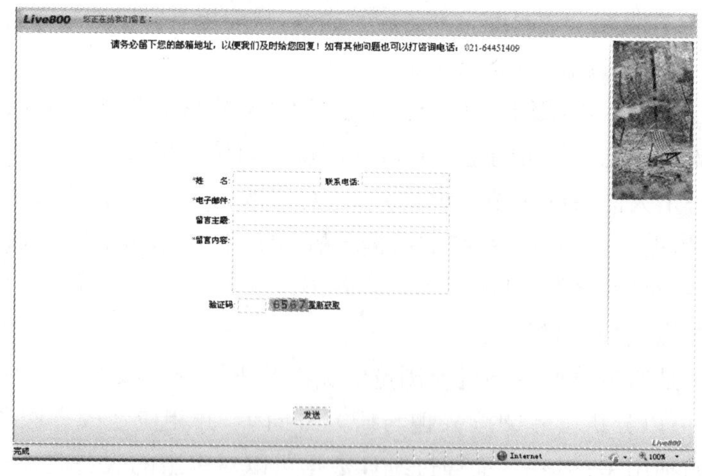

图 12-4 访客留言界面

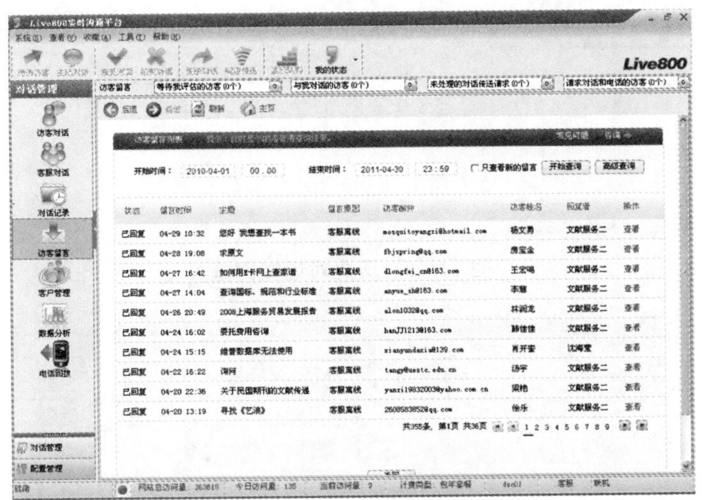

图 12-5 访客留言查询界面

12.2.2.6 文件传输功能

当读者需要快速浏览馆藏电子资源，或者相关网络资源全文、使用指南以及图书馆服务的介绍等，客服端的文件传送功能，能够很快速的将文件及时传递给客户，而不用让客户再等待通过邮件传送给他，这样大大地提高了图书馆与读者之间的沟通效率。附件传输功能最多可支持上传 20 多个各类文件。对于图书馆文献提供馆际互借的合作单位来说，特别是在客服本地网络环境不佳的情况下，这种功能的效果更明显。

12.2.2.7 快捷的截图功能

快捷的截图功能可以让咨询馆员在第一时间准确地将信息传递给读者，提高沟通的效率，当咨询馆员需要将某个特定的画面传递给读者时，可以利用截图功能，直观地介绍和说明。此项功能往往用在上海图书馆 e 卡通电子资源远程使用和网上委托借书服务使用等操作指南上，通过截图犹如手把手教读者如何使用，相比对话描述与电话指导更有互动性和说服力。

12.2.2.8 同步显示历史对话记录与对方信息功能

Live800 为了提高客服人员的服务质量，开发了同步显示历史对话记录功能，当某一读者在线提问时，客服就可通过打开“历史对话”窗口，方便快速地查看到该访客之前的全部对话记录和访问的时间、次数，了解访客之前关心和咨询的问题，当客服切换至“客户信息”还可查看到该访客所预留的信息，然后再切换至“对话”与访客继续对话，并为本次新的对话做好充分的准备，如图 12-6、图 12-7 所示。

在查看历史对话与对方信息页面的同时，图书馆客服人员还可通过“跟进记录”功能，及时添加对方的其他详细信息、创建时间与内容，为以后客户管理打下基础。

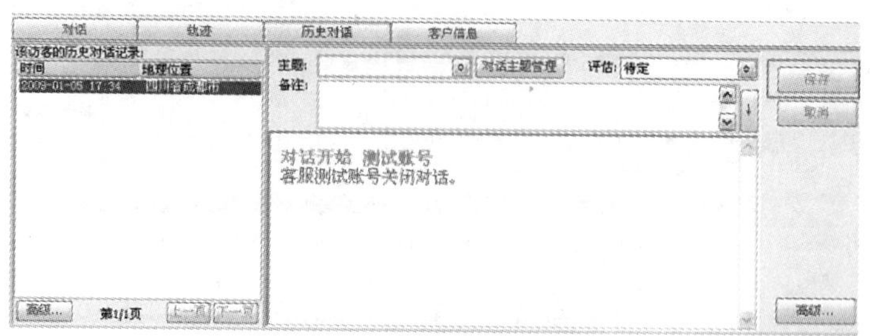

图 12－6　历史对话查询框

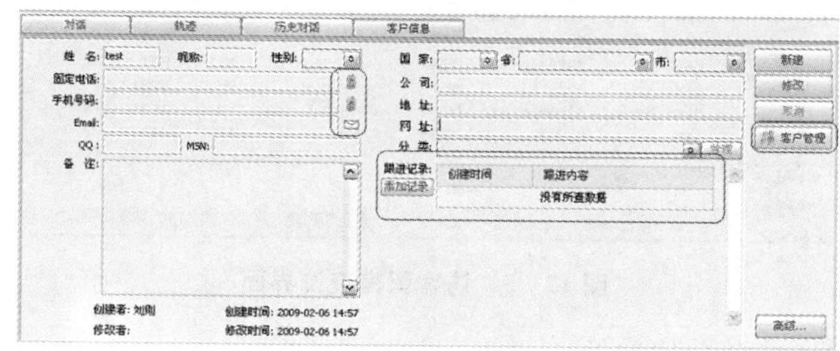

图 12－7　客户信息显示

12.2.2.9　对话评估

对话评估功能可以让客服对对话进行归类整理，如标记有价值的对话或无效对话，为以后对话查询和分析提供依据。客服可以对正在进行的对话进行评估，也可以对历史对话进行评估。

根据以上功能，图书馆客服可以事先设置好有关服务的类别，如文献提供服务、e卡通上图电子资源远程服务、电子资源导航以及图书馆其他各项服务，并对该次的对话进行一个评估判断，确定是否有价值。这样可以方便客服管理人员在后期进行数据挖掘时从中提取出有价值的信息。

当客服结束某次对话，退出系统时，屏幕会跳出对话框提示评估操作，点击“立即评估”进入评估页面如图 12－8、图 12－9、图 12－10 所示。

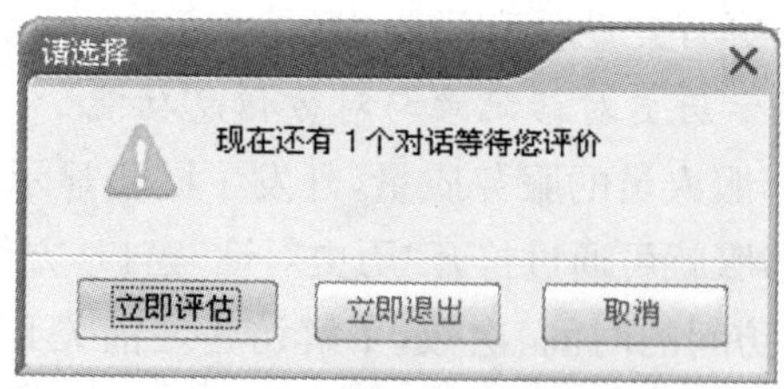

图 12－8　提示评估弹出窗口

访客对话　等待我评估的访客(1个)　与我对话的访客(1个)

状态	访客ID /	姓名	次数	IP地址	地理位置	进入时刻	等待E
	v25050109		1	220.184...	浙江省杭州市	14:36	

图 12－9　页面上方提示评估栏窗口

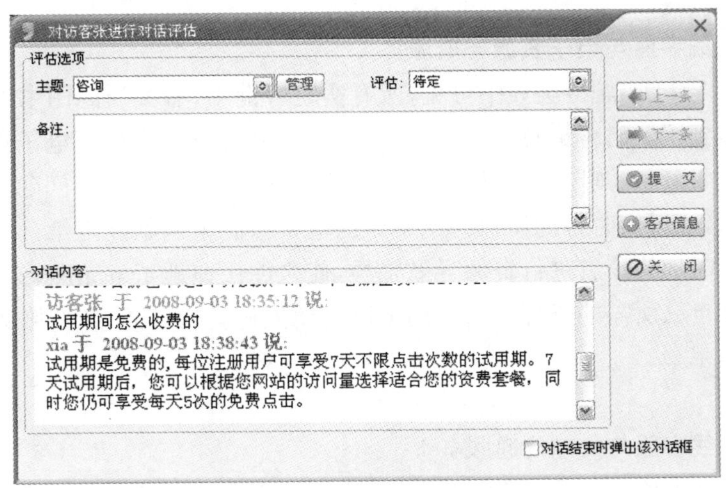

图 12-10 评估主页面

历史对话评估,可以根据日期查询某条对话记录,打开历史对话页面,进行评估。

12.3 在线客服技术与文献提供服务新探索

在线客服技术的即时通讯功能,吸引了大量的读者向图书馆提出咨询,由于 Live800 实时咨询服务是嵌入在上图文献提供服务、电子资源导航、e 卡通电子资源远程服务、个性化电子剪报服务平台等系统的,因此读者提问的主题也主要集中在这些范围内,如图 12-11 所示。

说明:由于图形不能显示所有的主题,所有只显示对话量较多的十个主题,其余主题累计显示成其他

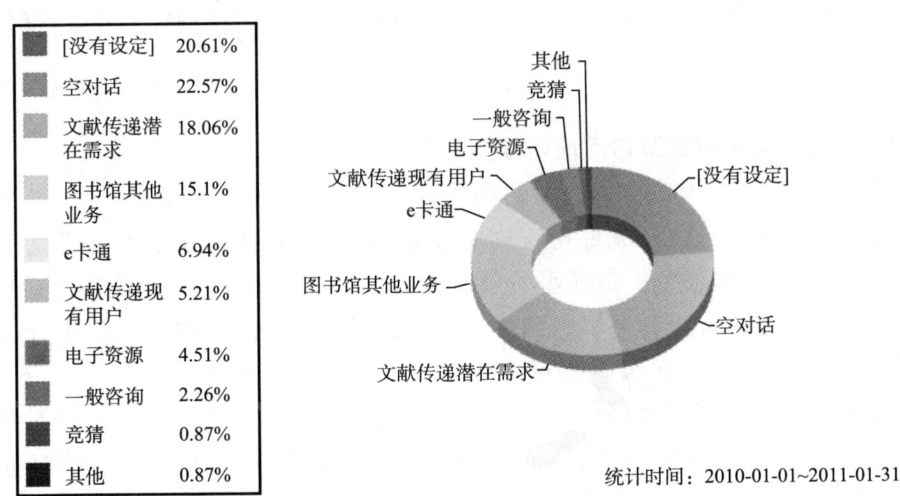

图 12-11 在线咨询主题分类图表

12.3.1 在线客服与电子资源导航服务

从图12－11主题分类表中可见，所有实时咨询中，有关访问图书馆电子资源的咨询量占到了实时咨询总量的4.51%，相当一部分读者在访问电子资源时遇到了电子资源收藏量、浏览全文、检索方式、访问权限、试用库期限等问题需要咨询馆员，还有读者通过实时咨询窗口为图书馆的电子资源采购献计献策。图书馆在线咨询馆员及时地为读者进行资源导航辅导，使之能快速地了解馆藏，浏览馆藏，并顺利检索到自己所需的资源。馆员还可以主动推送新的资源、新的服务提高馆藏文献的利用率。

12.3.2 在线客服与文献传递服务

当读者在浏览馆藏数字资源并需及时提供文献信息包括文献题录、全文、图片等信息时，作为在线咨询馆员就可以通过后台下载全文数据，或者截取有关文献图片，根据读者需要的文件格式，快速地传送给文献提供的用户，有时也可发送有关资源网页信息的链接，包括服务内容、服务价格与付款方式、服务注意事项等基本服务信息，读者可以马上打开浏览。

从图12－11主题分类表中可见，文献传递潜在需求与文献传递现有用户分别占实时咨询对话总数的18.06%、5.21%，通过在线咨询对话提出文献请求的用户数占到了近四分之一，这个数据让从事文献传递服务的馆员非常欣喜。可见读者使用文献提供服务网页是有一定指向性需求的。读者正试图了解并接受这种文献传递的方式，也正是这种方式让急需索取全文的读者得到了满足。如果我们馆员在担当在线客服时能够更主动地推送我们的资源与服务，那么文献传递的潜在用户就会有相当一部分转变成正式用户甚至是长期用户，实时咨询成为宣传、推介文献提供服务的重要窗口之一。

12.3.3 在线客服与资源访问培训服务

为不断提升图书馆数字资源的利用，图书馆通过各种创新服务将图书馆服务延伸至街镇与家庭，成百花齐放之态势，使许多读者能够足不出户就能体验到图书馆的精致服务。最典型的就是近几年来推出的手机图书馆与e卡通电子资源远程服务，读者可以利用手机问询以及预定图书馆的服务，还可以在家里利用手中的读者证来登录网站，进行电子资源的远程浏览与全文下载。在服务平台日趋多样化的今天，同样也对读者提出了更高的要求，他们不但需要掌握一般的电脑与网络知识，而且还要会登录与利用图书馆的各种服务平台。由于读者手中的终端情况迥异，使用各项服务时碰到的问题也各式各样。所以在实时咨询中会碰到各类我们意想不到的问题，因此在回答读者问题的过程有时也是咨询馆员自身学习提高的过程。利用实时咨询服务，对读者如何使用上图服务、上图资源进行辅导也是读者培训的一个重要渠道和方法。

例如，从图 12－11 主题分类表中可见 e 卡通电子资源远程服务的实时咨询量占到了总量的 6.94％，其中初期的网络环境、访问条件、登录方式，以及插件的安装等问题最为突出，有时咨询馆员要同时回答几个读者的问题，为了更加直观地让读者掌握访问的方法，咨询馆员采取了发送使用指南文件的链接，培训截图等方式进行在线指导，通常能够让读者比较快地掌握登录与安装插件等方法，为读者正常使用 e 卡通做好一对一的培训服务。

后期随着读者对 e 卡通服务平台的熟练运用与访问，文献下载与全文浏览问题又占到了一部分比例，此时客服在指导读者如何正确在线下载全文文献、正确浏览电子图书的同时，适时地向读者推介 e 卡通资源列表中的新成员。比如维普科技全文期刊获得远程访问许可权后，咨询馆员们经常向来咨询的读者介绍这个资源，结果这个资源深受读者欢迎，下载文献量大增，e 卡通的用户量和点击率大大提升。

12.3.4　在线客服与文献传递的质量分析与评估

利用 Live800 对话统计与分析功能，图书馆在线客服不但可以通过对话的主题、时段、有效率来分析与梳理出读者感兴趣的文献资料，并主动推送与宣传服务，而且还可以通过对客服的分析来提高服务质量。客服分析由对话量分析、对话时间分析、服务质量分析三种。

对话量分析：取某一时间段，来对比每个客服的对话数量，分析出最好的客服。

对话进间分析：对多个客服的平均等待时间和平均通话时间进行比较，可以判断客服的

服务质量。

（注：平均等待时间＝所有对话的等待时间之和/对话数；平均通话时间＝所有对话的通话时间之和/对话数。）

服务质量分析：根据访客对客服的评价，分析出最受访客欢迎的网站客服人员。

我们以上海图书馆文献提供服务的客服对话分析为例，如图 12－12 所示，先选择分析类别为服务质量，取一个时间段，再选择分析对象，如单个客服分析或者总体分析，最后开始分析，显示图表结果，分别为未评估、非常满意、满意、一般、不满意、非常不满意，所占总对话量比例分别为 67.98％、20.22％、10.11％、0.56％、0.56％。

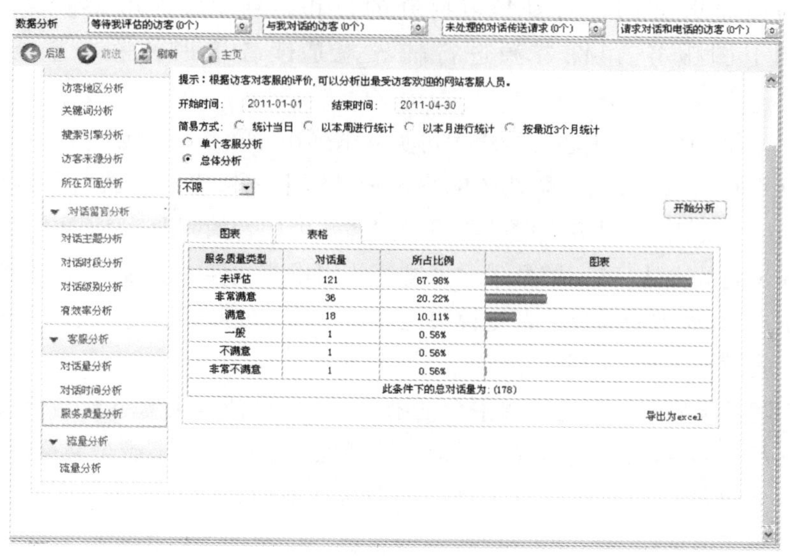

图 12－12　客服服务质量分析表

经过图表分析，我们可以看到此时间段内总体上对话服务质量非常满意和满意占了 30.33％，看上去并不高，但是如果排除未评估的部分，可以说达到了 95％，相当高的满意率。为什么会出现那么多未评估的咨询呢。分析原因主要有几方面：一是本身系统并没有强制所有读者咨询后一定要给出满意或不满意的评估，结束对话后如果关闭评估窗口，系统就默认为未评估；二是有相当一部分读者对于实时咨询图标在图书馆网页上出现觉得非常新鲜，抱着了解与尝试的态度点击了图标进入对话却未形成对话，便匆匆离去，自然不会留下评估。虽然一般、不满意和非常不满意的比例很低，但还是有，尤其出现了非常不满意的评估，分析个案原因，大致有这样几个原因：一是中午时间段咨询人员没有及时退出在线服务系统，以致读者以为有客服在线，提问后却长时间没人应答，留下了不满意的评估；二是读者对答案持疑惑或不确定所致。通过读者评估的分析，我们必须从以下几个方面改进，提高在线咨询质量。

第一，改进对话的响应速度，尽量减少读者的等待时间，发挥及时沟通的功能，让他们满意而归。第二，加强在线咨询馆员的专业知识培训，使他们熟练掌握文献传递各项业务的内容与服务方式，以及图书馆馆藏资源的检索，各种新平台的使用方法。第三，加强在线咨询团队的协作意识，取长补短，从而能较全面地为读者服务，提高对话的满意度。

近两年，在线客服技术在图书馆的服务中越来越受到重视，它的及时性和快捷性特点受到读者喜爱，同时除了文字对话外，提供的文件在线传递功能，以及分析评估功能提升了在线咨询服务的水平，而不是仅作为一种文本式聊天工具了。在实际服务中，我们体会到如果系统能够支持在线音频对话，在线视频对话等功能，将会让读者感觉更加亲切，自然，交互性更强，一下拉近了图书馆咨询馆员和读者之间的距离，同时由于音频和视频比文字表达更直接，文字和音频、视频相结合能够大大提高咨询效率。

（本文作者：沈海莹　上海图书馆文献提供中心）

第三篇　工作实践篇

13 上海图书馆馆藏特色资源——科技类文献

上海图书馆建于1952年,上海科学技术情报研究所成立于1958年,1995年10月上海图书馆与上海科学技术情报研究所合并,成为国内第一个省(市)级图书情报联合体。合并不仅仅体现在形式上,更重要的是资源也整合在一起。原来情报所和图书馆有各自的馆藏特色,合并后上海图书馆的馆藏资源得到了很大的丰富,在同类图书馆中形成了自己独特的馆藏特色,比如国内外会议录、专利标准文献,国外科技报告等文献,具有馆藏回溯时间长,数量大,覆盖专业广的特点,被广大读者经常使用,也是我们在国内文献传递和馆际互借中比较集中的资源种类。

为方便广大科研人员检索这些文献,经过几年的数据库建设,有馆藏信息的各类数据库通过互联网服务与读者,有些资源在馆内就可以下载全文,没有全文的可通过文献传递服务便捷的获取。

13.1 标准数据库

上海图书馆上海科学技术情报研究所馆藏有中国国家标准、行业标准、国外的国家和国际标准等。其中,中国国家标准GB、行业标准如GJS等、日本工业标准JIS、俄罗斯国家标准GOST、美国机动车工程师学会标准SAE、国际标准化组织ISO标准等为纸件,其他的标准都是电子版。上海图书馆的馆藏标准有两个数据库,即"馆藏标准目录数据库"和"世界各国标准及法规数据库",前者可以通过互联网检索到标准题录,后者必须在馆内使用,除了能够检索题录外还可以下载原文。

"馆藏标准目录数据库"为标准的题录数据库,读者可以在互联网上方便地检索到上海图书馆馆藏部分标准目录,其内容包括ANSI、ASME、ASTM、BS、CNS、DIN、EN、GB、GJB、GOST、中国行业标准、IEC、IEEE、ISO、JIS、UL等技术标准,约30多万条。从检索结果能够了解到标准号、标准的中英文标题、发布日期和被替代标准号等信息。使用“馆藏标准目录数据库”时，可以采用中文关键词来检索国外标准，这样就减轻了语言障碍对读者的影响。

“馆藏标准目录数据库”(http://search.digilib.sh.cn/standard/)的检索分“基本检索”和“高级检索”两种方式。在“基本检索”中可以通过标准号、中文标题、英文标题、中文主题词、英文主题词、中标分类号和国际分类号来检索。需要提醒的是在用标准号进行检索时，数字后面输入前方一致符号“?”，比如需要检索中国国家标准“GB15193.17”时，建议输入“15193.1?”，可以得到如图13-1的检索结果。在检索结果中列出了GB15193.1系列的所有标准题录。在“高级检索”中可以选择多个检索字段，输入检索词，并对检索字段进行“与”，“或”，“非”的布尔逻辑运算。在检索结果中找到并选择所需的标准的那条记录，点击结果栏上面的“原文索取”按钮就可以通过原文传递获得全文。

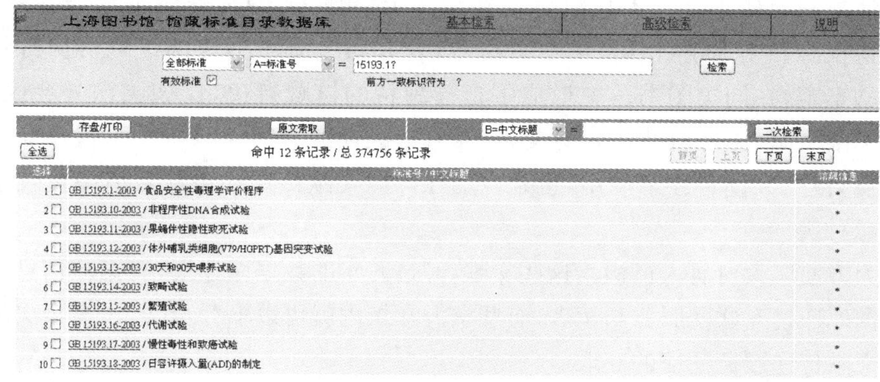

图13-1 标准检索结果页面

上海图书馆的“世界各国标准及法规数据库”主要包括商业和工程技术标准，该数据库涵盖全球370多家标准开发组织(SDO)拟定的45万多份文献，部分内容有标准全文。本数据库由原来的世界各国标准索引光盘(WWP)和IHS的美国军标准数据库合并以后就称为“世界各国标准及法规”。目前是光盘网络版数据库，因此只能在馆内使用。

该数据库可用关键词检索和标准号检索，还可以通过组织、文献类型、标准状态和分类等进行限制。如果有标准全文，检索结果里会出现View全文的图标，点击即可浏览全文。

比如，当输入检索词“grounding devices”后，在“Text”中查到91篇标准；如果只需要了解美国机动车工程师学会的标准，可以在“Organization”中限制为“SAE”，这样就只得到4个检索结果，结果中显示SAE J1908—2002(R2007)这篇标准有电子版全文，可以全文下载。

13.2　馆藏美国政府研究报告数据库

美国政府研究报告由美国科技情报服务处（NTIS：National Technical Information Service）发行，主要有美国商务部的 PB 报告，美国武装部队的 AD 报告，美国能源部的 DE 报告和美国宇航局的 NASA 报告，俗称美国政府四大套报告。

美国政府研究报告主要是美国政府资助的科研项目的工作进展记录或研究总结，其内容覆盖科学、技术、工程和商业等相关领域，特别是军事、能源和航天等尖端科学。

上海科技情报研究所自上世纪 60 年代起系统收藏美国政府研究报告，是国内采集最全、馆藏数量最大的图情单位之一。馆藏美国政府研究报告绝大部分订自《缩微平片版美国政府研究报告选集（SRIM）》，平片的内容需要在屏片阅读机上读取；2006 年起改订《光盘版科技报告（S&T on CD）》，光盘的内容通过上海图书馆局域网可以阅读全文。

馆藏美国政府研究报告数据库（http：//report. digilib. sh. cn/ntis/），是一个可以通过互联网访问的揭示馆藏美国政府研究报告的题录数据库。目前馆藏美国政府报告有近一百万份，日前在数据加工上从最新的数据开始由近及远，逐步加工和揭示。目前在互联网上可以检索到 1989 年起至今的馆藏美国政府研究报告题录信息。在馆内可以浏览到文摘和 2006 年起的报告全文。

美国政府研究报告数据库的检索字段有题名、主题、作者、单位和报告号，检索的时候可以采用“?”作为前方一致通配符。比如我们要检索“气化”这个主题，建议输入“gasif?”得到 1469 条，如图 13－2 所示。如果只需要“煤气化”的内容，可通过二次检索限定题目为“coal”，就只返回 213 条记录。对于有全文的直接点击“浏览”查看，没有全文的可以点击“原文索取”按钮，通过文献提供服务获得原文。

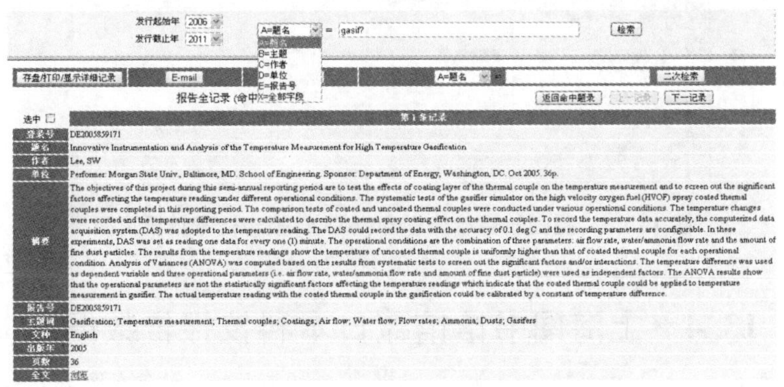

图 13－2　馆藏美国政府研究报告检索结果页面

13.3 美国航空航天学会(AIAA)报告数据库

AIAA 为美国航空航天学会(American Institute of Aeronautics and Astronautics)的简称,该学会是全球最大的致力于航空、航天、国防领域的科学技术进步和发展的专业性的非政府、非赢利的学会。AIAA 报告为 AIAA 主持召开的学术会议的会议论文的集合,每年收到来自 20—30 个会议的约 6 000 篇会议论文。论文通常涉及航空航天及相关领域的最新研发成果和研究进展,是航空航天相关领域教学和科研人员了解最新研究的重要参考文献资源之一。

上海科学技术情报研究所自 20 世纪 60 年代就开始系统订购和收藏的 AIAA 报告全文,目前收藏量接近 10 万篇。馆藏 AIAA 报告数据库(http://report.digilib.sh.cn:8080/aiaa/)收录了从 1997 年到 2009 年的报告数据。通过互联网可以检索题录信息,在馆内可以浏览 2007 年起至今的报告全文。

馆藏 AIAA 报告数据库可以通过题名、主题、作者、单位、报告号和 AIAA 报告号等字段进行检索,还可以选择"全部字段"进行合并检索,前方一致检索使用通配符"?"。在"高级检索"页面,可对上述字段进行"与","或","非"的布尔逻辑运算。

例如,需要检索"线性优化"这个主题,可以在高级检索的题名中输入"linear AND optimiz?",如图 13－3 所示。得到 5 条检索记录。对于有全文的内容在馆内可直接点击"浏览"即可查看,没有全文的可以点击上面的"原文索取"通过文献提供服务获得。

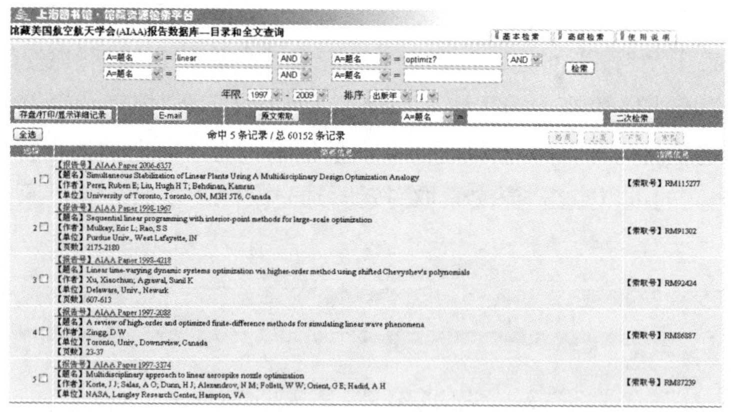

图 13－3 美国航空航天学会(AIAA)报告检索结果页面

13.4 上海图书馆馆藏日本科技报告数据库

上海科学技术情报研究所建所伊始就关注收藏日本出版的各种科技报告。馆藏日本科技报告数据库(http://report.digilib.sh.cn:8080/ieej/)揭示了上海图书馆上海科技情报研究所馆藏的两种日本科技报告——《电气学会研究会资料》和《电子情报通信学会技术研究报告》,可以通过互联网检索和索取馆藏日本科技报告原文。

《电气学会研究会资料》由日本电气学会(IEEJ)按专业研究会分别出版发行。报告原文都有英文文摘,正文多为日文,少数为英文。《电子情报通信学会技术研究报告》由日本电子情报通信学会(IEICE)按专业分别出版发行。报告原文都有日、英文文摘,正文多为日文,少数为英文。该套报告还另有期刊名——《信学技报》(ISSN 0913—5685)。这两种日本科技报告的学科专业涉及通信、电力技术、电子材料、电子设备、控制测量仪表、产业系统信息化、信息处理、交通电气等各个领域。

目前在互联网上可以检索 2007 年的馆藏日本科技报告的题录,在馆内可以浏览报告的文摘,如图 13-4 所示。

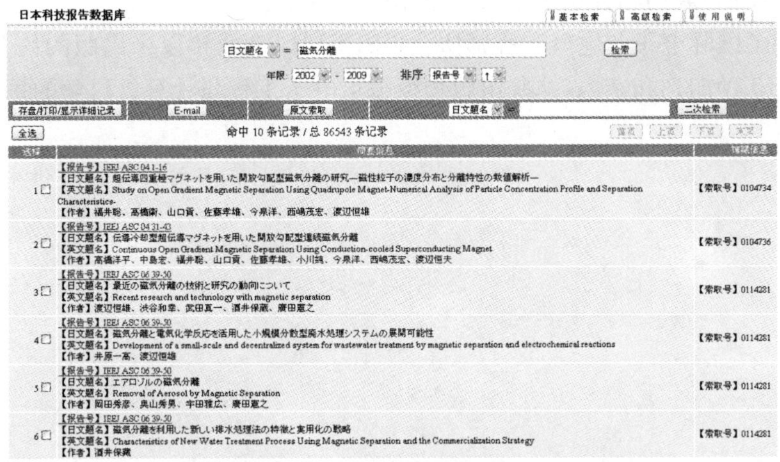

图 13-4　馆藏日本科技报告数据库检索结果页面

13.5　其他数据库

除此以外,上海图书馆常用的科技类数据库还有以下这些,这些数据都可以在上海图书馆馆内免费使用。

13.5.1　剑桥科学文摘数据库(CSA)

覆盖的学科范围包括人文科学、社会科学、水科学与海洋学、计算机科学、材料科学、环境科学、工程科学以及生命科学;检索结果为文献的题录文摘信息。

13.5.2 美国工程索引(EI Compendex WEB 版)

广泛收录了各尖端学科、应用科学、工程与技术方面参考资源,包括期刊、会议录、出版物等,数据收录从 1969 至今,每周更新。

13.5.3 药物工程(Pharmaprojects):

本数据库侧重于新药研发的相关内容的评价和记录,并及时对新药研究、开发信息进行跟踪。

13.5.4 日本科技速报(光盘版):

光盘版的《科学技术文献速报》速报每年只出一次,报道世界各国科学技术文献资料。

13.5.5 IEEE 期刊和会议录全文数据库:

提供了国际电子与电气工程师协会(IEEE)从 1998 年以来出版的约 370 种会议录和 115 种期刊和杂志,这些出版物覆盖了电子工程与计算机科学的每个领域。

(本文作者:张帆　上海图书馆文献提供中心)

14　上海图书馆馆藏特色资源——历史文献

上海图书馆是我国大型的综合型研究性公共图书馆，在其丰富的馆藏资源中，历史文献的收藏尤具特色。目前收藏有历史文献370万册，其中古籍、碑帖等古籍文献170余万册。其中古籍善本2.9万余种17万余册，近现代中文图书37万余册，以民国时期出版的为主。古籍文献俱为年代久远，极具学术史料研究价值和艺术鉴赏价值的稀世罕见之本。近代文献从各个角度反映了中国近现代政治、经济、文化、社会发展的真实状况，是研究近现代中国历史的重要文献。

在文献提供服务中，历史文献资料是馆藏的重要文献之一。本文重点介绍馆藏历史文献基本收藏情况及相关的检索数据库。

14.1　馆藏历史文献介绍

14.1.1　古籍善本

馆藏古籍170万册，其中善本29 636种，178 025册。所藏古籍善本数量多，质量高，品种全，其中宋元刻本最为珍贵。馆藏宋刻本《长短经》、《集韵》、《诸儒鸣道集》、《周髀算经》、《韵语阳秋》及元刻本《文心雕龙》、《农桑辑要》等，学术史料价值和艺术鉴赏价值皆非比寻常。

14.1.2　碑帖

馆藏碑帖拓片约20万件，其中善本2 500余件，列入国家一、二级文物者达200余件，馆藏质量与数量均在国内外名列前茅。宋拓《化度寺邕禅师塔铭》、《岑植德政碑》、《许真人井铭》、《赵清献公碑》、《淳化阁帖绍兴国子监本卷九》、《绛帖东库本卷四》、《绍兴米帖卷九》、《鼎帖》、《郁孤台法帖》、《凤墅帖》、《宝晋斋法帖》等传世孤本，堪称国之瑰宝，举世瞩目。

14.1.3 敦煌写经

馆藏敦煌文献历经半个多世纪多方征集，目前共收藏有 187 号（件）文献，多为唐或唐以前写本，不少藏品署有年月，其中经名家鉴藏、题跋者众多。抄写于公元 518 年的《维摩诘经》、北魏昙鸾写本《大般涅槃经疏》为传世经卷中罕见者，虽历千年，完好无损、墨色依旧。

14.1.4 稿本

稿本是文字作品的原始记录，即未经厘定或正式公开发布前的文本。广义而言，稿本都为孤本，因此价值尤显可贵。上海图书馆藏有历代专著稿本（包括诗文、日记、读书笔记等）2 400 余种，明清名家手稿 400 种，其中的文徵明《诗文稿》、顾祖禹《读史方舆纪要》稿本等皆享誉海内外。

14.1.5 明清尺牍

明、清及近代名家尺牍是上海图书馆馆藏精华的重要组成部分之一，总量达 12 万件以上，居国内各图书馆之首。这部分文献，不但具有极其丰富的历史文献价值，而且也是珍贵的书法艺术作品。最具有代表性者，如《颜氏家藏尺牍》，辑有顾炎武、李渔、孔尚任、朱彝尊等清初宰辅、名流、学者、遗硕手札计 230 家 700 余通，多为仅存的传世墨宝，其文物价值不言而喻。著名的《汪康年师友手札》，辑有康有为、梁启超、谭嗣同、黄遵宪、严复、章太炎等近代名流尺牍 700 余家 3 000 余通，是公认的研究中国近代历史不可或缺的重要资料，备受学界关注。

14.1.6 家谱

上海图书馆现藏有 2 万余种中国家谱，是世界上收藏中国家谱（原件）数量最多的单位，收藏量几乎是全国各公藏机构所藏中国家谱的总和。这些家谱分为 335 个姓氏，以陈、张、王、李、吴、刘、周、朱等姓数量最多。冷僻姓氏亦达 80 余个，其中包括数百种名人家谱。馆藏家谱多为清代、民国期间印本，但也不乏珍稀版本，清代以前的善本有 240 余种，以及众多的稿本、抄本、校本，最早的收藏为宋内府写本《仙源类谱》，是馆藏的瑰宝。

14.1.7 近代文献

上海图书馆馆藏有 1911—1949 年出版的中文图书 10 余万种 70 余万册；1868—1949 年出版的中文报刊 22 000 余种，其中报纸 4 200 余种，期刊 18 000 余种。10 余万种图书涵盖哲学、政治、经济、社会、军事、历史、地理、文化教育、文学艺术、交通运输等各个门类，丛书数量众多为一大特点，如中国最早翻译出版的《共产党宣言》就是“社会主义研究小丛书”的第一种。近代有影响的报刊大多收藏齐全，属于上海地方出版的约 3 000 种，为全国最多。在上海创刊、国内最早的中文日报《上海新报》；中国出版历史最长、影响最深远的《申报》；久负盛名的《良友画报》等收藏，都是国内外最完整的。

14.1.8 近代名人档案

上海图书馆珍藏晚清民初历史人物之档案约 10 余家，如李鸿章、盛宣怀、熊希龄、唐绍仪等，其中尤以享有“中国第一私人档案”之誉的盛宣怀档案为代表。“档案”是盛宣怀家族自 1856 年前后至 1936 年左右的文字记录，历史跨度将近 80 年，藏品近 17 万件、文字量达 1 亿。其文件数量巨大，文献种类繁多，牵涉人物、机构、事件广泛，原始资料丰富。

14.1.9 文化名人手稿

上海图书馆收藏现当代文化名人手稿始于 20 世纪 50 年代，1996 年正式建立了“中国文化名人手稿馆”，目前已征集了蔡元培、柳亚子、黄炎培、陶行知、郭沫若、茅盾、巴金、老舍、冰心、丁玲、钱钟书等 400 多位中国现代文化名人的各类文献 5 万余件，其中包括有著作手稿、书信、日记、照片、题词、签名本等。

14.1.10 年画

年画是中国民间文化的一个分支，它不仅蕴藏着民间文化的精髓，更是探寻一个国家民族心理和文化意识等众多方面不可忽视的重要途径，其独特的绘画语言和制版工艺表达的美感，亦是民俗民风的一种完美体现。上海图书馆收藏有 1900 年前后创作和印制的年画 4 千余件，有天津杨柳青、苏州桃花坞、山东潍坊、安徽芜湖、四川绵竹、河北武强等年画各主要生产地的作品，其中尤以上海小校场生产，反映时事和表现租界生活为主要内容的近代上海年画最具特色。它们从不同侧面反映历史事件和都市新兴的奇观胜景，展现了特定时期的社会风貌，从而成为人们了解西风东渐的一个视窗。

14.1.11 西文善本

上海图书馆收藏有丰富的外文原版图书，1949 年前出版的旧版外文文献就多达 32 万册，内容覆盖哲学、宗教、政治、经济、语言、文学、历史等各个领域，文种涉及拉丁、希腊、意大利、荷兰、英、法、德等 18 种语言文字，其中尤以 1515 年至 1800 年之间在欧洲出版的 1 831 种 2 500 余册西洋善本最为珍罕，而丰富的欧洲汉学文献和早期在沪出版的西文报纸也享誉中外学术界。这些外文典籍不仅是中西文化碰撞和交融的产物，更是弥足珍贵的人类文化遗产。2010 年底上海图书馆整体引进了瑞典藏书家罗闻达的“罗氏藏书”。这是世界上最大的私人汉学收藏，收录了1477年至1877年400年间1 551种西文汉学著作及手稿，涉及十多个语种，内容包括天文、地理、科学、工艺、历史、宗教、习俗、服饰、语言等多方面。这批藏书对了解自马可波罗到李希霍芬时代400年来的中西关系、欧洲的中国观、中国文化对欧洲的影响以及欧美中国学发展历史，具有较高的文物价值和学术价值。

14.1.12 历史照片

照片是记录历史的图像史料，上海图书馆收藏有数以万计珍贵的历史原照，刊载有照片的文献资料更是不胜其数。这些历史照片内容丰富，数量浩瀚，从北国雪原到江南水乡，从政要名流到平民百姓，表现地域广阔，涉及人物繁多，时间跨度更长达百年。这期间东西文明碰撞，各种思潮涌动，政局错综复杂，重大事件频发，与之相关的图像文献因此也愈加凸显价值。

14.1.13 老唱片

上海图书馆馆藏的老唱片共8万余张，内容包罗万象，精彩纷呈，清晰而生动地再现了“有声世界”的发展脉络。其中不乏大量的百代、大中华和胜利“三巨头”老唱片，还有长城、开明、北海等当时较有影响的中小公司产品。馆藏早期珍贵的单面老唱片、手刻片芯钻石针京剧老唱片、上世纪初样式各异的中外老唱片、建国初期的红唱片等，几成绝响。此外，还收藏有大量印制精美的唱片封套、手抄唱词、外国早期乐谱等，犹如一座浓缩了唱片百年历史的博物馆。

14.1.14 上海年华

“上海年华”是上海图书馆对馆藏近代文献进行数字化整合的一个总项目，下设有多个专题子项目，其特点是以图文并茂的方式及先进的检索途径去展示丰富多样的专题文献史料。如“电影记忆”子项目通过数字化手段，以大量图片、文字及视音频资料介绍了中国早期的百余位电影明星和1949年前出版的376种电影期刊，详尽展示了早期中国电影的生存概况和发展历程。而“图片上海”子项目则通过具体年份和关键词检索，让读者更加方便直观地共享上图馆藏丰富法图片资料。

14.2 历史文献检索数据库

上海图书馆对古籍的再生性保护工作始终高度重视。在1996年9月开始启动古籍数字化建库项目工作，经过十年的努力，古籍数字化历经书目数据库、全文影像光盘数据库和全文影像网络数据库三个阶段，迄今已经初步建成“馆藏古籍书目数据库”、“馆藏家谱书目数据库”、“馆藏古籍全文影像网络数据库”及“馆藏家谱全文影像数据库”。因“馆藏古籍全文影像网络数据库”及“馆藏家谱全文影像数据库”只能在上图馆内使用，这里就不详述，主要介绍在文献提供服务中经常用到的“馆藏古籍书目数据库”、“馆藏家谱书目数据库”。

在上海图书馆主页中找到 IPAC 目录查询系统，如图 14－1 所示，点击“历史文献”按钮，显示“古籍书目”、“家谱书目”和“近代文献期刊目录”三个选项。

图 14－1　上图 IPAC 书目查询中的历史文献查询选项

14.2.1　古籍书目数据库

古籍书目数据库收录上海图书馆收藏的包括刻本、活字本、抄本、稿本、校本、民国年间出版的石印本、影印本、珂罗版印本及普通古籍阅览室开架陈列的影印本，近 13 万条数据。其中普通古籍约 8.8 万条，从编子目约 2.9 万条，善本古籍约 1.3 万条。如图 14－1 所示，点击“古籍书目”栏目，进入“上海图书馆——古籍书目数据”查询系统，如图 14－2 所示。

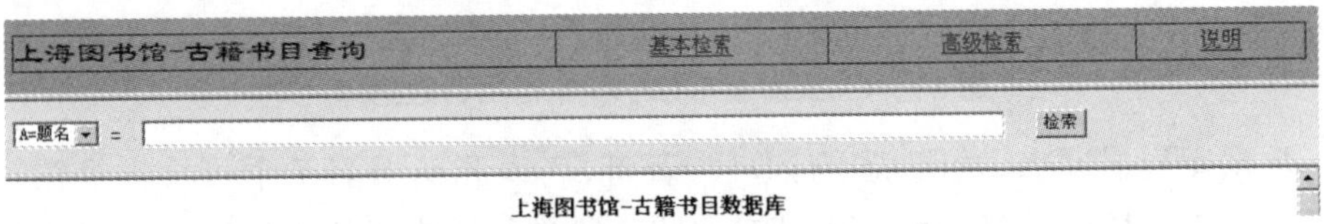

图 14－2　上海图书馆——古籍书目数据查询系统

数据库提供题名，责任，分类，丛书 4 个可检索字段。其中：题名和丛书两个字段支持全文检索；其余字段为整词索引字段，可输入检索词进行完全一致或前方一致检索，前方一致的标识符为“?”。如图 14－3 所示。

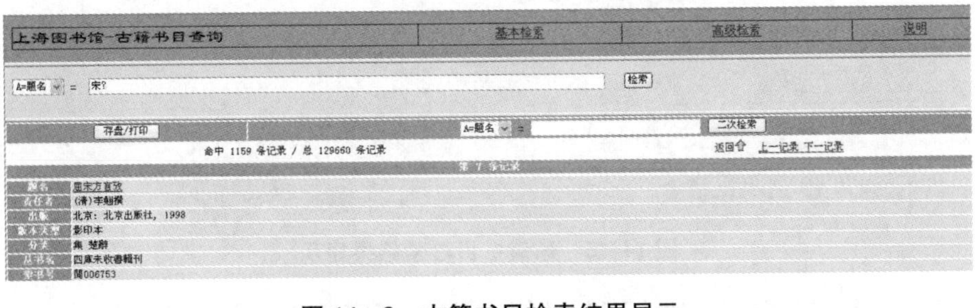

图 14－3　古籍书目检索结果显示

在图 14－3 所示的检索结果中，记录下索书号后，需到上图历史文献中心出纳台或阅览室调阅原文。

4.2.2 家谱书目数据库

上图收藏家谱分为 335 个姓氏，其中张姓、陈姓、王姓、李姓、刘姓、吴姓均在 500 种以上，而周、朱、徐、黄、杨、胡等姓也达数百种之多，冷僻姓氏有 90 余种。地区涵盖全国 20 余个省市，以浙江、湖南、江苏、安徽省为多，其次是江西、上海、福建、湖北、广东、河南、四川、山东、河北等省。浙江家谱主要在金华、余姚、上虞、慈溪一带，安徽家谱则以徽州地区最为集中。上图收藏的家谱多为清代、民国期间木活字本和刊本，但也不乏珍稀版本，最早者为宋内府写本《仙源类谱》（残页），明刊本、明抄本有近三百部，稿本及纂修底本也不少见。此外，还有相当一部分上海开埠后外地来沪发展人士的家谱，对于研究上海近代史有重要的史料价值。

如图 14－1 所示，点击“家谱书目”栏目，进入“上海图书馆——家谱书目数据”查询系统，如图 14－4 所示。

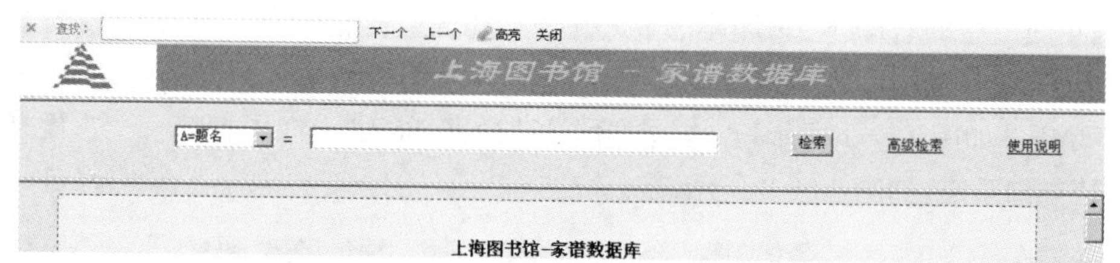

图 14－4 上海图书馆——家谱书目数据库

数据库提供题名、姓氏、居地、堂号、著者、名人和丛书名 7 个可检索字段。同时可在检索字段中选择“全部索引”对这些字段进行全字段检索。可输入检索词进行完全一致或前方一致检索，前方一致的标识符为“?”。如图 14－5 所示。

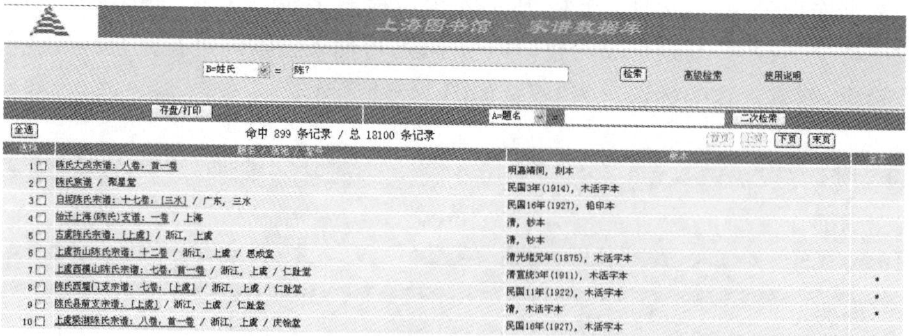

上海图书馆 - 家谱数据库

B=姓氏 = 陈?　检索　高级检索　使用说明

存盘/打印　A=题名 =　二次检索

全选　命中 899 条记录 / 总 18100 条记录　首页 上页 下页 末页

选择	题名 / 居地 / 堂号	版本	全文
1	陈氏大成宗谱：八卷，首一卷	明嘉靖间，刻本	
2	陈氏宗谱 / 聚星堂	民国3年(1914)，木活字本	
3	白坭陈氏宗谱：十七卷：[三水] / 广东，三水	民国16年(1927)，铅印本	
4	始迁上海(陈氏)支谱：一卷 / 上海	清，钞本	
5	古虞陈氏宗谱：[上虞] / 浙江，上虞	清，钞本	
6	上虞祈山陈氏宗谱：十二卷 / 浙江，上虞 / 思成堂	清光绪元年(1875)，木活字本	
7	上虞西横山陈氏宗谱：七卷，首一卷 / 浙江，上虞 / 仁让堂	清宣统3年(1911)，木活字本	*
8	陈氏西辕门支宗谱：七卷：[上虞] / 浙江，上虞 / 仁让堂	民国11年(1922)，木活字本	*
9	陈氏县前支宗谱：[上虞] / 浙江，上虞 / 仁让堂	清，木活字本	*
10	上虞梁湖陈氏宗谱：八卷，首一卷 / 浙江，上虞 / 庆锦堂	民国16年(1927)，木活字本	

图 14－5 家谱书目检索结果显示

图 14－5 中在全文字段上有“＊”的，可到上图家谱阅览室浏览全文。

14.2.3　近代文献期刊目录

在上图馆内，如图 14－6 所示，点击“近代文献期刊目录(局域网内)就可访问《全国报刊索引数据库》(馆外目前尚不能使用)。如图 14－6 所示。该数据库收录了自 1833 年至今、时间跨度长达一个半世纪、数据量超过 1 500 万条的报刊篇目信息，收录报刊数量达 15 000 余种(包括港台地区)。数据库目前年更新数据量 350 万余条。因该库仅限馆内使用，在此不详述。

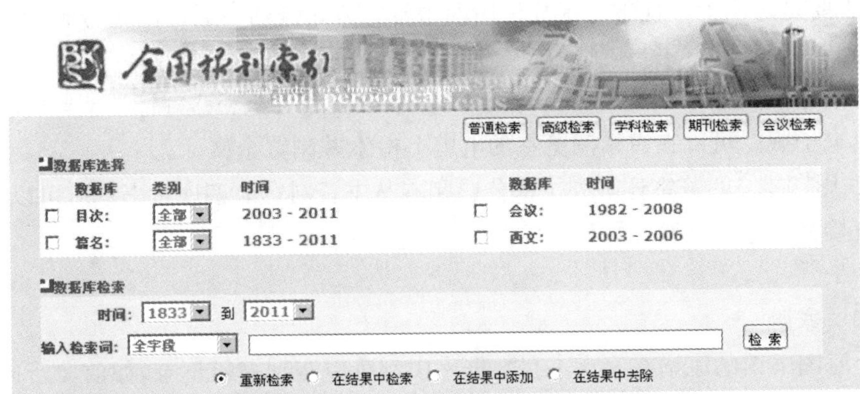

图 14－6　全国报刊索引数据库界面

14.2.4　历史文献统一检索平台

2011 年上图推出了历史文献统一检索平台，该平台集近代期刊、书、旧西文图书、旧日文书、盛宣怀档案、古籍、家谱和上海年华等书目数据于一体，部分文献可浏览全文。如图 14－7 所示。目前该数据库仅限在近代文献阅览室使用。

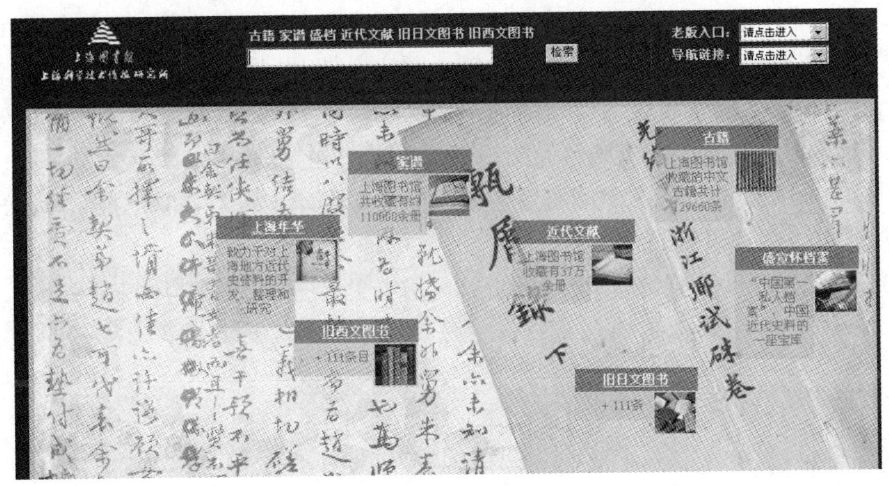

图 14－7　历史文献统一检索平台

14.3 需到馆检索的历史文献

14.3.1 古籍

1. 卡片检索：古籍资料除了前文介绍的“古籍书目数据库”能检索到书目数据外，还有一些资料。如善本，稿本，抄本等一些珍贵古籍数据库中并未收录，需到馆查阅，主要是运用卡片检索。卡片运用四角号码方式排列。通过四角号码检索后，根据查到的文献的索书号，到历史文献中心出纳台调阅。

2. 数据库检索：目前有一部分稿本、抄本等级品古籍和盛宣怀档案等资料，已经做成电子版。可以在古籍阅览室的电脑上检索并浏览全文。

3. 影印本：阅览室还陈列了部分影印本丛书资料，如《四库全书》等，可以凭读者证直接在阅览室阅览。

14.3.2 家谱

上海图书馆的家谱在家谱书目数据库中都可以查到书目记录，如前文所述，大部分已经做成全文电子版，可以直接在家谱阅览室检索并阅览全文。但还有一小部分没有做成电子版，可以通过家谱书目数据库查到索书号后，到馆调阅原件。

14.3.3 近代文献

近代文献资料品种比较多，有期刊、报纸、图书。载体形式也多样化，有纸件、胶卷和电子版。前文介绍的“全国报刊索引”数据库，仅能检索到近代文献中期刊资料的一部分。其余的还需到上图的近代文献阅览室进行查找。查找方式有以下几种。

1. 卡片检索：近代资料中的期刊、报纸、画册和书，都做成了卡片形式的目录，需要人工查找。排列方式是繁体字的笔画顺序。期刊、报纸和画册都是用题名检索。图书有题名检索和著者检索两种。找到相应资料的卡片，记录卡片上的索取号，到上图历史文献中心出纳台调阅。

2. 开架阅览：近代文献阅览室还陈列了一些影印本资料，如《申报》、《大公报》等报纸，可以凭读者证直接阅览。

3. 数据库检索：到馆利用前文中介绍的历史文献统一检索平台检索查询。

14.4 结　　语

本文介绍了馆藏历史文献资料及部分检索方法，由于馆藏历史文献种类繁多，收藏年代深远，给全面数字化带来诸多困难和极大的工作量，尽管上图自1996年就启动了历史文献数字化建库项目，但由于是分级开展数字化工作，且各种文献的著录字段、揭示和管理方式各不相同，因此存在有些可以在互联网上查询，有些只能在馆内查询的情况。但俗话说有总比没有好，至少通过这些书目数据能够轻松地知道上图馆藏是否有，馆藏号是多少，免去了卡片查询的繁琐和低效率。馆藏历史文献资料数字化道路漫漫，上图人将上下而求索。

（本文作者：陈燕梅　上海图书馆文献提供中心）

参考文献

[1] 张磊，胡新．以现代技术重现传统文献的探索——上海图书馆的古籍数字化工作[J]．数字图书馆论坛，2006(12)：5－11.

[2] 李婷．世界最大私人汉学收藏珍本落沪[J]．文汇报 2010－11－07 第1版.

15 检索化学物质合成方法实践——CA检索攻略

美国《化学文摘》(Chemical Abstracts)简称CA，是化学类文献最常用的检索工具之一。《化学文摘》创刊于1907年，由美国化学会化学文摘服务社编辑出版，是世界上收录最广泛、应用最广的化学文摘数据库，内容几乎涉及所有的化学化工领域，包括从185个国家以50多种语言发布的科学文献翻译而成的英文文摘。CA数据库每日更新，每天可增加3 000多条记录，目前的总数已经超过3 000万条。

现在CA提供4种版本检索服务，即书本式检索工具、联机检索数据库、网络数据库(SciFinder)和光盘数据库(CA on CD)。本文以检索2-氨基-6-氯苯甲酸的合成方法为例，对书本式检索工具、光盘数据库(CA on CD)和网络数据库(SciFinder)的利用进行比较研究。

15.1 利用书本式CA进行检索

书本式CA从1907年开始出版到2009年结束，2010年1月1日起CA宣布停止出版。CA在1961年前为半月刊，每年出版一卷。1962年(56卷)起改为双月刊，每半年13期为一卷。1967年(66卷)起改为周刊，每半年26期为一卷，每年出版两卷，并出版各种索引。2009年已出至151卷，每卷出齐后随即出版一套卷索引，每隔10年或5年出版一套累积索引。

书本式CA有期索引、卷索引和累积索引。常用的检索入口有：化学物质索引、普通主题索引、分子式索引、专利索引、著者索引，同时还附有登录号索引、索引指南、化学文摘、资料来源索引等。它们之间既彼此独立又相互关联，构成了CA完整的检索体系。要检索CA，首先要确定所检索的课题应通过哪种索引来查，只有确定了合理的查找索引，才能准确快速地查找到所需的资料。例如要查2-氨基-6-氯苯甲酸的合成方法，这时首先查CA的分子式索引来确定该化合物的CA

名称，或者通过CAS登记号来确定，再通过查CA的化学物质索引来查找所需的资料。

不过，从1972年76卷起CA的主题索引Subject Index分成化学物质(Chemical Substance Index)索引和普通主题索引(General Subject Index)两种索引，并且化合物的CA选用名也发生了一些变化，因此一个化合物的CA选用名可能有两个，即1971年前用的是一个名称，而1972年以后(含1972年)用的是另一个名称，在查1971年以前的主题索引(Subject Index)时，一定要查一下分子式索引(Formula Index)来证实一下所查物质的CA的名称。

检索一个物质的制备方法，最简单的办法就是通过物质索引找到这个物质，根据CA标引的内容，就可以在Prepn.(manufacture、synthesis、preparation)的后面找到相关内容。以第11累计索引为例，先通过Formula Index可以确定2-氨基-6-氯苯甲酸的名称是“Benzoic acid，-2-amino-6-chloro”。用化学名称在Chemical substance Index先找到母体名称“Benzoic acid”，然后再找到取代基“-2-amino-6-chloro”。具体内容如图15-1所示，2-氨基-6-氯苯甲酸的环合反应、制备方法或者是作为反应物都一目了然。CA已经对这个物质所有相关的文摘都做好了标引，不需要我们再进行进一步的筛选了。

——, 2-amino-6-chloro- *[2148-56-3]*, **104:** P 148515h
cyclocondensation of
with acrolein deriv., **101:** P 23363p
with acrolein derivs., acid-catalyzed, **104:** P 19524m
generation of chlorobenzyne and Diels-Alder reaction of, with anthracenes, triptycenes from, **105:** 152674x
prepn. and herbicidal activity of, structure in relation to, **101:** 50036r
reaction of, with fluorobenzoyl chloride, **97:** P 55825f
methyl ester *[41632-04-6]*
98: P 143133e
prepn. and chlorosulfonylation of, **96:** P 104222x
reaction of, with diphenyliodoniumcarboxylate deriv., **104:** 68739u

图15-1 CA检索结果

除了Prepn.条目是制备的内容以外，[2148-56-3]旁边的104：P148515h也是一条制备的专利文献。

15.2 CA on CD 检索系统

CA on CD数据库是从印刷型数据库演变而来，目前分为五年累计索引和年度版两种，五年累计索引是从印刷型的第10次累计索引开始的，到现在为止已经出版了第15次累计索引。也就是说，CA on CD可以检索到从1977年到现在的数据，每月更新。

CA on CD数据库提供四种检索方式，在屏幕的左上角有Browse，Search，Subst和Form四个按钮。点击“Subst”，我们可以输入化合物的母体名称，然后得到此化合物的下级类目，利用“Subst”可以准确地查找同族化合物的各种衍生物。点击“Form”，可以通过化合物的分子式来查找，根据同一分子式可以查到其同分异构体。但是由于CA on CD不提供结构式，对于复杂的结构或者手性化合物很难直观判断。

点击“Browse”按钮进入浏览模式，在“index”的下拉菜单中有“word”等16个字段可供选择。我们也可以把它看作是一个简单检索的窗口，比如在14CI中选择“CAS RN”选项，在“Find”中输入二氯-1，2-二硫环戊烯酮的CAS登记号“1192-52-5”共得到44个结果，这样就能够查到其相关的参考文献。

点击“Search”，我们可以看到一个“高级”检索窗口，如图15-2所示。该窗口设有多个检索入口，并可以对这些检索入口进行布尔逻辑运算。

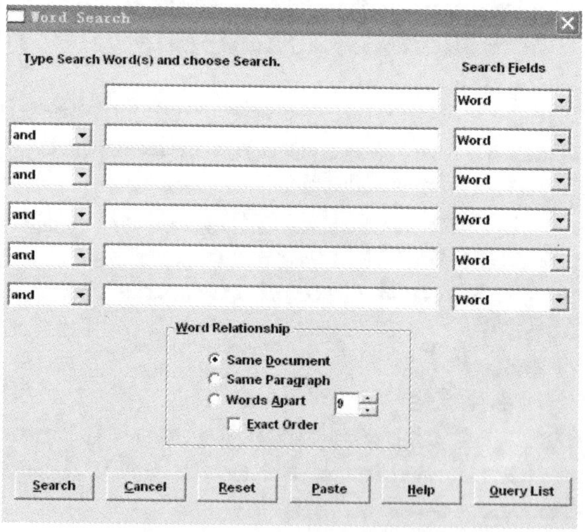

图15-2 高级检索页面

检索窗口下方还有“Word Relationship”选项，用以限定检索词在文献中出现的位置。

我们仍然以检索2-氨基-6-氯苯甲酸的合成方法为例来说明。由于有机化合物一般结构比较复杂，名称也很多，只有 CA 登记号才是物质的唯一标识，因此检索化合物的合成方法采用 CA 登记号和关键词来组合检索。

2-氨基-6-氯苯甲酸的分子式是 C7H6ClNO2，通过“Form”我们可以查到它的 CA 登记号是“2148-56-3”。英文中关于合成或者制备的词主要有 synthesis、preparation、manufacture、produce。考虑到词性和时态的变化，对这几个词采用截词处理“synthe* or manufact* or prepar* or produc*”。除此以外，CA on CD 对合成/制备的主题还做了专门的标引，用“prepn”来表示。我们以 14 累计索引为例，分别对其进行检索得到如下结果：

CAS RN=2148-56-3 AND WORD= synthe* or manufact* or prepar* or produc* or prepn，得到 28 个结果。

浏览这 28 个结果我们发现其中只有一条是该产品的合成方法，其他文献会被检出是因为 CA 登记号和关键词同时出现在了文献中。以此类推，对其他累计索引和年度索引全部进行检索和人工筛选以后我们就可以得到关于 2-氨基-6-氯苯甲酸的合成方法了。

15.3　SciFinder 检索系统

SciFinder 检索系统包括以下 6 个数据库：

(1) CAplus—(包括>3 000 万份文档，包括 1907 年至今，以及 1907 年之前的 130 000 多条期刊记录；内容涉及化学及相关科学，文献来源包括期刊、会议录、专利、学位论文和图书等等；每天更新 3 000 条以上)

(2) MEDLINE(包括>1 700 万份参考资料；由 The National Library of Medicine(美国国立医学图书馆)制作，涵盖生物医学的各个领域；始自 1949 年，每周更新 5 次)

(3) CAS REGISTRYSM(包括>4 200 万种有机与无机物质，>6 000 万种序列；始自 1957 年，每日更新)

(4) CASREACT(包括>1 600 万种单步及多步反应；始自 1840 年，每周更新)

(5) CHMLIST(包括>246 000 种储备或管制化学物质；每周更新)

(6) CHEMCATS(包括>2 600 万种商业应用化学物质；出现新信息或修订信息时)

进入 SciFinder 共有 3 个检索入口“Explore”、“Locate”和“Browse”。在“Explore”中我们可以通过文献、化合物和反应 3 个方面进行检索。在“Locate”中，可以通过文献、化合物的名称和 CA 登记号来查找。“Browse”能够直接浏览某本期刊的题录和文摘。

2-氨基-6-氯苯甲酸的分子式是 C7H6ClNO2，利用“Explore”的“Molecular Formula”，可以查到它的结构式，于是可以直观地从众多同分异构体中根据其取代基的相对位置来判断其 CA 登记号是“2148-56-3”。在 SciFinder 中有两种方法可以检索化合物的合成方法。针对特定的物质，一种是限定反应的类型，另一种是限定参考文献的相关类型。

在“Locate Substances”中，通过 CA 登记号可以查到 2-氨基-6-氯苯甲酸在整个 SciFinder 系统中共有 185 条参考文献，如图 15-3 所示。点击最右边的“A▸B”，这个功能是选择它在反应中的作用，作为反应物还是产物或者是催化剂等，选择“Product”确定以后可以得到 10 个化学反应方程式，其中反应物，产物和反应条件都一目了然，再点击屏幕下方的“Get Reference”最终可以得到 4 条相关的文献。另一种方法是点击最左边的图标，就是通过选择检索文献的类型查找合成方法。在“Referecnces associated with preparation”的类目下总共检索到 19 条参考文献，然后再经过人工筛选排除不相关的文献。虽然也需要人工筛选，但那时和 CA on CD 相比工作量就小多了。

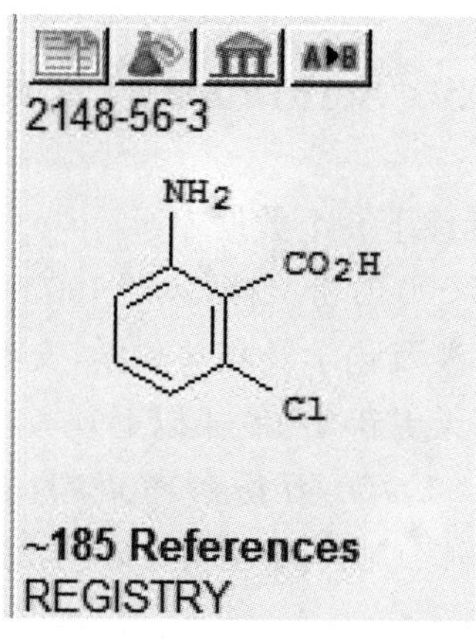

图 15-3　CA 检索结果

一般来说，通过“Product”得到的结果查准率非常高，但是查全率就要低一些；而通过“preparation”查到的结果查全率高，但是查准率就要差一点。这两种方法其实都比较依赖于 SciFinder 的标引工作，如果一篇关于 2-氨基-6-氯苯甲酸合成的文献没有正确标引到“Product”或者“preparation”条目下就无法查到了。

15.4　书本式 CA、CA on CD 与 SciFinder 的比较

从检索时间来看，书本式 CA 检索时间是从 1907 年到 2009 年，CA on CD 只

能查到1977年至今的数据，而SciFinder可以查从1907年至今的全部数据。

从检索的效果来看，书本式CA的查准率最高，而是否查全很难判断。CA on CD检索到的结果需要检索人员通过文摘和主题进行人工筛选，对于个别没有文摘的数据判断难度就更大。SciFinder查准率和查全率在三者中最高。

SciFinder从“product”检索途径得到的结果已经是反应方程式，反应物、反应条件和产物都一目了然，结果简单直观。从“preparation”得到的也是针对制备反应的相关文献。此外，对于检索结果还可以进行进一步的分析和限定。除此以外，对得到的数据还可以直接链接到文献全文。

从方便使用的角度来看，CA on CD检索时必须按照每个累计索引分别进行检索，对于最近五年以内的数据由于没有累计索引还需要按照年度数据进行；而SciFinder可以一次检索1907年至今所有年度的数据，检索范围更加广泛、检索速度更快捷。CA on CD的数据是每月更新，而SciFinder是每日更新，检索时效性也更强。书本式CA需等到书本资料收到经过采编加工才能使用，且需要要到阅览室采用手工翻阅来查找，使用上局限比较大。

从购买费用上看，目前SciFinder费用相对于书本式CA和CA on CD要高很多，且SciFinder是网络数据库，一旦停止付费所有的数据都将无法继续检索；而CA on CD因为是光盘数据库可以将数据和检索结果保存下载，但是使用上必须依赖相关的软硬件设施。书本式CA对于已经购买的内容，不需要其他投入，可以反复循环使用，但需要一定的空间予以保存。

综上所述，SciFinder的检索效果显然比书本式CA和CA on CD要好，随着网络技术的不断发展，SciFinder会逐渐成为美国《化学文摘》的主要使用方式。

（本文作者：张帆　上海图书馆文献提供中心）

16 专利性检索与检索技巧

16.1 专利性检索概念

16.1.1 专利性检索的定义

专利性检索是以被检索的专利或专利申请为对象，对包括专利文献在内的各种科技信息进行检索，从中获得评价该对象专利性的对比文件。

中国专利有三种形式：发明、实用新型和外观设计。发明，是指对产品、方法或者其改进所提出的新的技术方案。实用新型，是指对产品的形状、构造或者其结合所提出的适于实用的新的技术方案。外观设计，是指对产品的形状、图案或者其结合以及色彩与形状、图案的结合所作出的富有美感并适于工业应用的新设计。可见，发明和实用新型保护的是技术法案，而外观设计保护的是设计，两者保护的客体有明显差异，因而涉及的专利性检索方法有很大区别，本文所说的专利性检索仅限于发明和实用新型。

授予专利权的发明和实用新型，应当具备新颖性、创造性和实用性。这里所说的新颖性、创造性和实用性即为通常所称的“专利性”。发明或者实用新型专利权的保护范围以其权利要求的内容为准，说明书及附图可以用于解释权利要求的内容。因此，专利性检索主要针对申请的权利要求书进行，并考虑说明书及其附图的内容。

16.1.2 专利性检索与专利技术信息检索的区别

在实践中，还有一类检索称之为专利技术信息检索，它是指按客户提出的检索主题，查找相关专利文献。在字面上与专利性检索很类似，但从检索对象、要素、要求等方面看，有着诸多区别。笔者做了总结和归纳，如表 16 - 1 所示。

表 16-1　专利性检索与专利技术信息检索的比较

名称	利性检索	专利技术信息检索
检索对象	有明确的检索技术主题,明确的技术解决方案	有明确的检索技术主题,但没有明确的技术解决方案
检索要素	能够体现发明创造技术方案的基本构思	能够代表具体技术领域及技术范围的术语
检索结果	相同或相近技术解决方案的对比文件	相关技术主题的参考文献
检索要求	尽可能准	尽可能全
检索文献范围	公开文献	仅限专利

16.1.3　专利性检索的分类

一件专利申请自申请前至经专利局审批通过并授权后,申请人、专利权审查员和社会公众都可能进行不同目的的专利性检索。按专利性检索的用途不同,我们可以将专利性检索分为查新检索、专利审查检索和无效证据检索三类。无论哪类专利性检索,虽然检索类目有所不同,但检索的方法和依据相同,以查新检索为例。

专利申请前所做的专利性检索又称为专利性查新检索,目的是了解申请专利主题的可专利性,从而决定是否进行专利申请;如果要申请专利的话,代理人或申请人以查到的相同或相接近的对比文件为依据,撰写出专利申请书并在权利要求书中概括出尽可能大的保护范围。

在发明专利的审查过程中,专利审查员只有在审查发明专利时,才会启动专利性检索。中国专利制度规定,实用新型经过初步审查就可以授权,而发明专利在初步审查后,要经过实质审查才能授权。初步审查主要是形式型审查,而实质审查中,审查员主要是依据专利性检索中找到的对比文件,判定专利申请是否符合专利法中新颖性、创造性和实用性的规定。在专利授权后发生专利侵权纠纷时,被控侵权人通常会委托专业机构进行专利性检索,目的是启动专利无效宣告程序。如上文所述,实用新型没有经过实质审查,就被授权,其权利稳定性要比发明专利差。一般而言,实用新型的专利性检索,很有可能找到破坏其新颖性或创造性的现有技术文件。

16.2　判断专利性的法律依据

要进行有效的专利性检索,必须首先对专利性判断的依据有所了解。现行的《专利法》和《专利审查指南》对专利性判断给出了明确的依据。从文献分析的角度而言，只需对新颖性和创造性做出判断，而实用性的判断并不一定要文献支持。

16.2.1 新颖性的判断

专利法第二十二条规定新颖性，是指该发明或者实用新型不属于现有技术；也没有任何单位或者个人就同样的发明或者实用新型在申请日以前向专利局提出过申请，并记载在申请日以后（含申请日）公布的专利申请文件或者公告的专利文件中。法条中的现有技术包括在申请日（有优先权的，指优先权日）以前在国内外出版物上公开发表、在国内外公开使用或者以其他方式为公众所知的技术。广义上说，申请日以前公开的技术内容都属于现有技术，但申请日当天公开的技术内容不包括在现有技术范围内。法条后半句指的是通常所说的“抵触申请”。值得注意的是只有国内专利才可能构成抵触申请，国外专利只能构成现有技术。

判断新颖性时，应当将发明或者实用新型专利申请的各项权利要求分别与每一项现有技术或申请在先公布或公告在后的发明或实用新型的相关技术内容单独地进行比较，不得将其与几项现有技术或者申请在先公布或公告在后的发明或者实用新型内容的组合、或者与一份对比文件中的多项技术方案的组合进行对比。即，判断发明或者实用新型专利申请的新颖性适用单独对比的原则。

16.2.2 创造性

专利法第二十二条规定创造性，是指与现有技术相比，该发明有突出的实质性特点和显著的进步。这里现有技术的定义和新颖性中是一样的，但是前文说到的抵触申请在判断创造性时，并不适用。

与新颖性“单独对比”的原则不同，判断创造性时，是将一份或者多份现有技术中的不同的技术内容组合在一起对要求保护的发明进行评价。通常采用下面三个步骤判断创造性

(1) 确定最接近的现有技术；

(2) 确定发明的区别特征和发明实际解决的技术问题；

(3) 判断要求保护的发明对本领域的技术人员来说是否显而易见。

16.3 检索范围

16.3.1 时间范围

从专利性判断的法律依据可见，新颖性检索的时间范围要比创造性检索广，不仅包括现有技术还包括抵触申请。在专利申请前检索，由于无法检索到抵触申请，

只要考虑现有技术，即检索申请日前公开的国内外文献；而在专利审查或无效阶段，就要同时考虑抵触申请和现有技术。这时检索中国专利时（包括 PCT 专利指定国为中国的专利）不仅要检索在待检索专利申请日前公开的专利（构成现有技术），也要检索申请前而公开在后的可能构成抵触申请的专利；而检索中国专利文献以外的文献就只要检索申请日以前公开的文献（构成现有技术）。

16.3.2　文献范围

对专利性检索而言，一般无法查找到以使用公开和以其他方式公开的现有技术，仅能检索到以出版物形式公开的文献。从专利法第二十二条表述来看，专利性检索应该检索世界范围公开的文献，但考虑到有许多公开文献并没有可检索的数据库或工具书，有时给出的检索时间也非常有限。

国外文献通常根据 PCT 最低文献量的规定确定最低检索范围：1920 年以来的八国两组织专利（即美国、日本、英国、德国、法国、瑞士、前苏联（俄罗斯）、韩国和欧洲专利局、世界知识产权组织）；1920 年以来的讲英语、法语、德语、西班牙语的国家不要求优先权的专利文献；近 5 年的 100 多种科技期刊。

国内检索范围：中国专利文献以及中国的科技期刊。在实践操作过程中，会按学科分类，适当增加文献检索范围。

16.4　检索流程及技巧

检索过程一般分这样四个关键步骤：正确理解技术方案、确定检索要素、选择检索资源和构建检索表达式。一般运用关键词结合分类的检索方法。

16.4.1　正确理解技术方案

对技术方案的理解深度很大程度上决定了后续检索的质量。专业科技检索机构通常按照学科大分类设置检索人员，每个检索人员通常具有自己熟悉的学科领域。即便如下，检索者也只是掌握了一些学科的基础知识，随着科技的日新月异，对每一项新技术，检索者只有通过学习才能透彻理解其技术方案。

检索者可以从待检索的专利说明书出发开始学习理解。专利说明书是技术传播的有效载体，对发明或实用新型作出清楚、完整的说明，通常由技术领域、背景技术、发明内容、附图、具体实施方式等几部分组成。其中背景技术部分写明了对发明或者实用新型的理解、检索、审查有用的背景技术；有时还会引证反映这些背景技术的文件。发明内容部分写明了发明或者实用新型所要解决的技术问题以及解决其技术问题采用的技术方案，并对照现有技术写明发明或者实用新型的有益效果；由此可见，通过阅读专利说明书，必要时获取说明书中引证的文献原文，可以帮助检索者充分理解技术方案。此外，在审查或无效阶段的专利说明书上都标明了国际专利分类号。通过国际专利分类号分类表，就可以在短时间内专利在专业学科系统中的位置、上下关系、来龙去脉，运用自己掌握的分类法弥补知识结构上的不足。

16.4.2 确定检索要素

检索要素是体现技术方案构思的可检索的要素，包括属于现有技术的特征和体现创新点的技术特征。独立权利要求限定了保护范围最宽的技术方案，从中抽取的检索要素称为基本检索要素。基本检索要素可以是独立权利要求前序部分中的主题名称也可以是权利要求特征部分中最能够体现发明构思的一个或多个技术特征。确定基本检索要素时需要考虑技术领域、技术问题、技术手段、技术效果等各方面。当找到能够破坏独立权利专利性的文件时，通常要再分析从属权利要求，把附加的技术特征作为检索要素再做进一步检索，以判断从属权利要求的专利性。

在确定反映技术方案的检索要素时，不仅要考虑技术方案中明确的技术特征，必要时还应当考虑技术方案中的某些技术特征的等同特征。等同特征是指与所记载的技术特征相比，以基本相同的手段，实现基本相同的功能，达到基本相同的效果，并且所属技术领域的技术人员能够联想到的特征。在确定等同特征时，应当考虑说明书中描述的各种变型实施例、说明书中不明显排除的内容等因素。

16.4.3 选择检索资源

专利性检索过程中必然要使用好几种数据库，安排好数据库检索的先后顺序、选择合适的数据库可以提高检索效率。对于母语为中文的检索者而言，很自然地会想到先检索中文数据库。在没有语言障碍的情况下，我们更容易理解文献所表述的技术内容。如果，在中文数据库中找到足以判断专利性的文献，就可以中止检索，这显然缩短了检索时间；即使只找到相关文献，那也为接下来查找外文资料提供了便利。参阅中文文献中所附的外文参考文献，不仅可加深对技术的理解也可以很方便地确定英文检索关键词。对于数据库类型而言，选择综合性的专利数据库会比较节省时间，比如欧洲专利局网（EPO）上的数据库，德温特创新索引（Derwent Innovations Index，简称 DII）等。此类数据库涵盖了所有学科领域，文献报道的国家也比较广。在得不到满意结果的时候再选择发达地区的专利数据库如美国、日本。对于某些学科，还需要检索针对性的学科数据库。比如涉及复杂化学结构的专利性检索，必须要检索美国化学文摘（CA）才能查全相关专利或其他公开文献。在使用计算机检索的过程中，我们不应该忽略纸质参考书的运用。可以根据专利所属的学科分类，找到对应的中图分类法直接到书架上翻阅，会有惊喜的收获，比如找到检索线索甚至有可能直接找到专利性相关章节。

16.4.4 构建检索表达式

在确定了基本检索要素之后，应该结合检索的技术领域的特点，确定这些基本检索要素中每个要素在计算机检索系统中的表达形式，例如关键词、分类号、化学结构式等。为了全面检索，通常需要尽可能地以关键词、分类号等多种形式表达这些检索要素，并用不同表达形式检索到的结果合并作为针对该检索要素的检索结果。

通常采用关键词分类号组合进行检索，常用专利数据库都会提供国际专利分类号(IPC)检索字段。利用欧洲专利局网站检索时，还可以采用欧洲专利分类(EC)，EC 源于 IPC，在很大程度上与 IPC 具有相似性，除了部分直接采用 IPC 分类号外，其他部分会对 IPC 分类号进一步细分，值得注意的是，并不是所有国家专利都会有 EC 分类，以欧盟官方语言(德、英、法)公布的专利、比利时、荷兰和卢森堡的专利会有 EC 分类。

16.5 案　　例

某专利性检索涉及一种强化木地板，针对的权利要求为：一种强化木地板，具有地板主体和分处于地板主体四侧的榫和槽。其特征在于：纤维板的上表面由与底面相平行的行走面和行走面两侧边缘的向下倾斜的斜面组成。这是一份已授权的发明专利，申请日为：2003.1.22，委托人提供的线索是美国 Faus 公司可能有相关专利。

在发明专利说明书的扉页上，可以看到它的 IPC 分类号：B32B21/02，B27M3/04、E04F15/02 其中 B32B21/02 为主分类号。在中国专利局网站上可以查到该分类号对应的内容为：实质上由木料，如木板、薄木片、木质碎料板组成的层状产品。这对理解专利内容非常有帮助。

根据客户提供的信息，可先从 faus 公司专利入手，用关键词 floor* 结合上面三组分类号，将限定申请人为 faus 公司在 EPO 或 DII 中检索，可以查到 faus 公司申请的相关专利有 5 篇。经对比，发现其中有一篇专利和目标专利非常相似，在做进一步对比前，先查阅了专利题录信息中的申请日和优先权日，发现都在 2003.1.22 之后，不能构成现有技术，所以无法以此来评判专利性。

考虑到语言问题，还是从中文文献开始重新检索。在上图的馆藏里，查到《中国强化木地板实用指南》一书，书中详细定义了强化木地板，并从中可获知，强化木地板也可称为复合地板；从该书阐述的内容能够判断出中国非常可能有目标专利类似的技术存在。尝试用中国专利局的网上数据检索,关键词用强化木地板或复合地板以及权利要求特征中的斜面,并结合 IPC 分类查到 50 多篇相关专利,经客户确认,有两篇可以明显判断目标专利无新颖性。

(本文作者:俞鸿 上海图书馆文献提供中心)

参考文献

[1] 孟俊娥.《专利检索策略及应用》[M]. 知识产权出版社,2010.
[2] 《中华人民共和国专利法》2009 年 10 月 1 日施行.
[3] 师朝阳. 专利性检索及其应用,[EB/OL]. [2011 - 6 - 16]. http://www.cnipr.com/news/zlxxjt/201102/t20110222_125970.html.
[4] 专利审查指南,[EB/OL]. [2011 - 6 - 16]. http://www.sipo.gov.cn/zlsgzn/sczn2010.pdf.
[5] 专利法实施细则,[EB/OL]. [2011 - 6 - 16]. http://www.sipo.gov.cn/zcfg/tlfg/zl/fljxzfg/t20100122/t20100122 - 488461.html.
[6] 王志强. 分类法检索在科技文献查新中的运用[J]. 图书馆工作研究,2010(3):74 - 76.
[7] 洪兵. 专利性检索的策略分析[J]. 中国发明与专利,2010(8):78 - 80.

17 用引文检索分析学科发展趋势——以“Web of Science”和“Essential Science Indicators”数据库使用为例

17.1 “Web of Science”和“Essential Science Indicators”简介

“Web of Science”和“Essential Science Indicators”是我们在引文检索中经常用到的两个数据库。“Web of Science”和“Essential Science Indicators”是汤森路透公司的两个数据库。“Web of Science”收录了10 000多种世界权威的、高影响力的学术期刊，内容涵盖自然科学、工程技术、生物医学、社会科学、艺术与人文等领域，最早回溯至1900年，由7个数据库组成，分别是SCI-E、SSCI、A&HCI、CPCI、CPCI-SSH、IC和CCR-Expanded，包含来自学术期刊、书籍、丛书、报告及其他出版物的信息。

SCI-E、SSCI和A&HCI这三个引文数据库包含文献作者引用的参考文献。Science Citation Index Expanded(SCI-E)是针对科学期刊文献的多学科索引。它为150个自然科学学科的6 650多种主要期刊编制了全面索引，并包括从索引文章中收录的所有引用的参考文献。Social Sciences Citation Index (SSCI)是针对社会科学期刊文献的多学科索引。它为涵盖50个社会科学学科的1 950多种期刊编制了全面索引。同时还为从3 300多种世界一流科技期刊中单独挑选的相关项目编制了索引。Arts&Humanities Citation Index(A&HCI)是针对艺术和人文科学期刊文献的多学科索引。它完整收录了1 160种世界一流的艺术和人文期刊。同时还为从6 800多种主要自然科学和社会科学期刊中单独挑选的相关项目编制了索引。

CPCI和CPCI-SSH这两个会议录文献引文数据库包括多种学科的最重要会议、讨论会、研讨会、学术会、专题学术讨论会和大型会议的出版文献。

使用IC和CCR-Expanded这两个化学数学库可以创建化学结构图以查找化合物和化学反应，也可以通过检索这些数据库来查找化合物和反应数据。

“Essential Science Indicators”是在汇集和分析“Web of Science”中SCI－E和SSCI

所收录的学术文献及其所引用的参考文献的基础上建立起来的分析型数据库。通过ISI Essential Science Indicators，研究人员可以系统地、有针对性地分析国际科技文献，从而了解一些著名的科学家、研究机构(或大学)、国家(或区域)和学术期刊在某一学科领域的发展和影响；同时科研管理人员也可以利用该资源找到影响决策分析的基础数据。目前提供了22个可检索的研究领域：包括农业科学、生物学及生物化学、临床医学、经济学和商业、工程、药理学、植物和动物科学等。

17.2 以研究某大学科研情况为例

上海图书馆每年为大专院校、科研机构检索查询各种引文索引，以获得科研和个人研究的突破。本文以在实践中位某大学检索查询为例，介绍引文数据库的使用方法和技巧。

17.2.1 某大学简介

该校办学历史可追溯到100多年前，1952年由几所大学的化工系合并组建而成的新中国第一所以化工特色闻名的高等学府。1956年被定为全国首批招收研究生的学校之一，1960年起被中共中央确定为教育部直属的全国重点大学，1996年进入国家"211工程"重点建设行列，1997年上海市参与共建共管，2000年经教育部批准建立研究生院，2008年获准建设"985创新平台"，是国家首批实施自主招生改革的22所高校之一。经过半个多世纪的改革与建设，现已发展成为特色鲜明、多学科协调发展的研究型全国重点大学。学校现有13个一级学科博士点，化学工程与技术、化学、材料学科与工程、控制科学与工程、动力工程及工程热物理、环境科学与工程、机械工程等，73个二级学科博士点，23个一级学科硕士点，136个二级学科硕士点。下面就用"Web of Science"和"Essential Science Indicators"数据库对该校的科研情况进行分析。

17.2.2 某大学论文产出情况

在"Web of Science"里，对1980到2010年的数据用地址=(E China Univ Sci* Tech* SAME shanghai)进行检索，得到7 975条结果，然后再用机构=(E CHINA UNIV SCI&TECHNOL)进行精炼，最后得到7 964条数据，(数据库更新时间为2011-05-21)①如图17-1所示。

---

① 检索策略：地址=(E China Univ Sci* Tech* SAME shanghai)入库时间=1980—2010. 数据库=SCI-EXPANDED,SSCI,A&HCI,CPCI-S,CPCI-SSH,CCR-EXPANDED,IC.

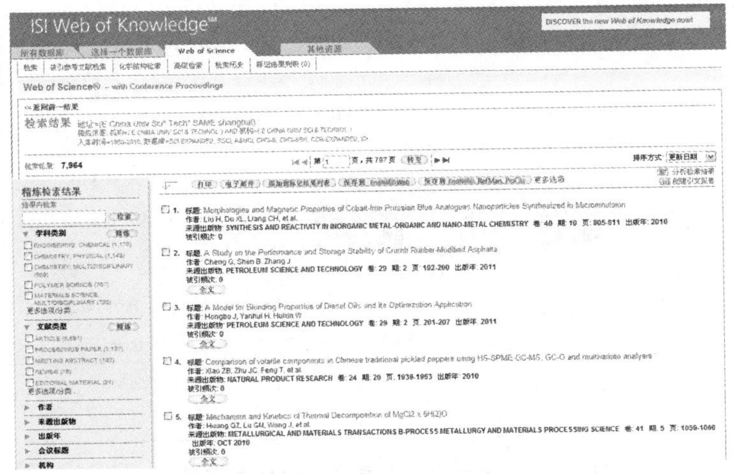

图 17－1　某大学的论文被引用情况

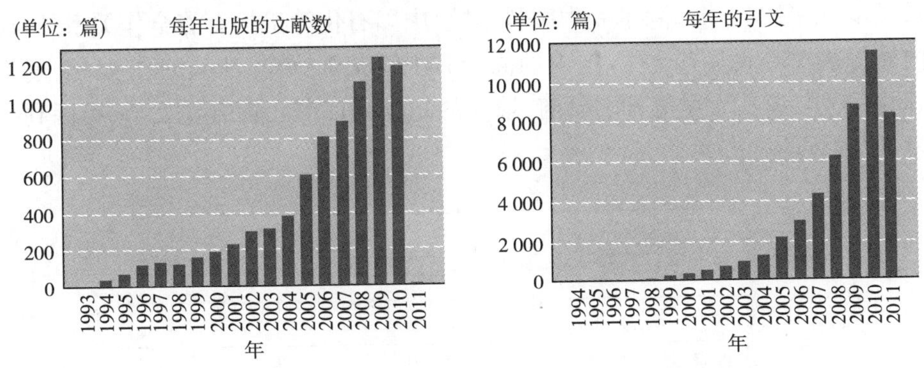

图 17－2　某大学的论文和其被引用趋势

从图 17－2 可以看到，1993 年以前该大学没有文献被"Web of Science"收录，1993 年也仅被收录 7 篇，但是 1993 年之后的每一年被收录的文献数量呈逐年上升的趋势，尤其是 2005 年以后上升趋势增大，2011 年的论文还没有全部被收录，所以文献数量显得比较少。同样，从 2005 年开始被引用的数量也显著增加，从论文被引用的趋势不难看出学校呈现的发展趋势。

17.2.3　科研合作状况分析

通过分析该大学被收录的 7 964 篇科技论文的作者署名单位，可以大致了解学校的科研合作范围和主要合作伙伴。结果如图 17－3 所示，该校的科研合作伙伴遍布包括美国、日本、德国、法国、澳大利亚、英国等全球 50 多个国家和地区。其中，与美国、日本、德国、法国、澳大利亚、英国等合作国家的合作论文数量就占到总合作论文总数的 50%以上。

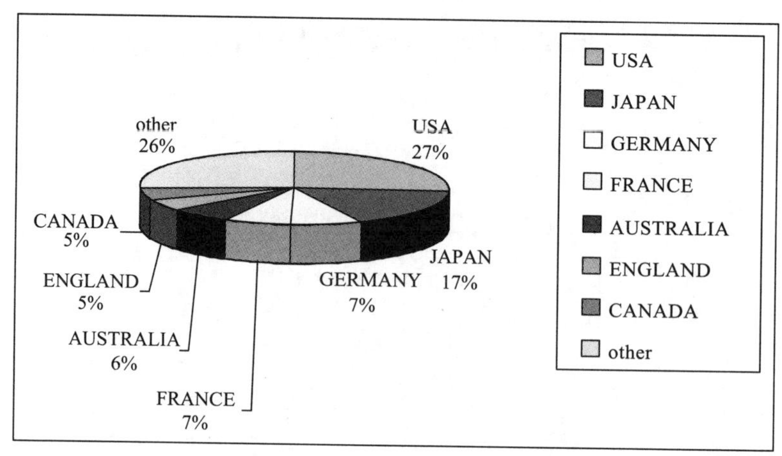

图 17－3 某大学的主要科研合作国家与地区

此外，该大学与全球范围内 1 193 所大学和研究机构有合作关系。根据检索结果显示(见图 17－4)，除了和中国科学院、中国石化等机构有着合作关系外，还和境内外一些知名大学有合作，国内的高校有上海交通大学、大连理工大学、复旦大学、同济大学、浙江大学等知名学府，境外的高校有日本大阪府立大学、美国利哈伊大学、中国香港城市大学等。

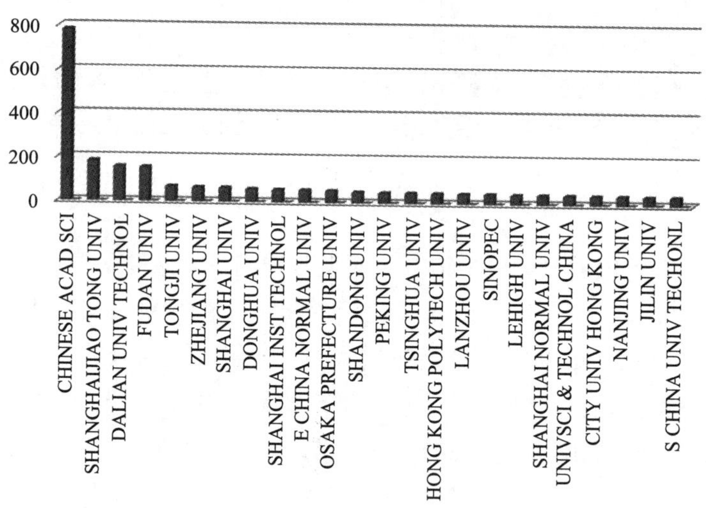

图 17－4 某大学主要的合作机构

17.2.4 学科分布概况

根据 Essential Science Indicators 数据库对近 10 年的数据统计，依据论文数量排名，该大学在 ESI 数据库收录的总共 4 517 个研究机构中论文总数排名第 550 位，并在化学、材料科学和工程这三个学科中排位也是比较靠前的。

其中，根据发表的论文数量，化学在 973 家研究机构中排名 51 名，材料在 646 家研究机构中排名 153，工程在 1 125 家研究机构中排名 448 名。而根据被引数数量，该校在 4 517 个机构中排名 896 位，化学排在 227，材料科学排在 263，工程排在 636。如图 17－5 所示。总体来看，不论是学科还是学校综合情况，引文数量的排名都落后于论文数量的排名，说明论文的质量和影响力有待进一步提高。

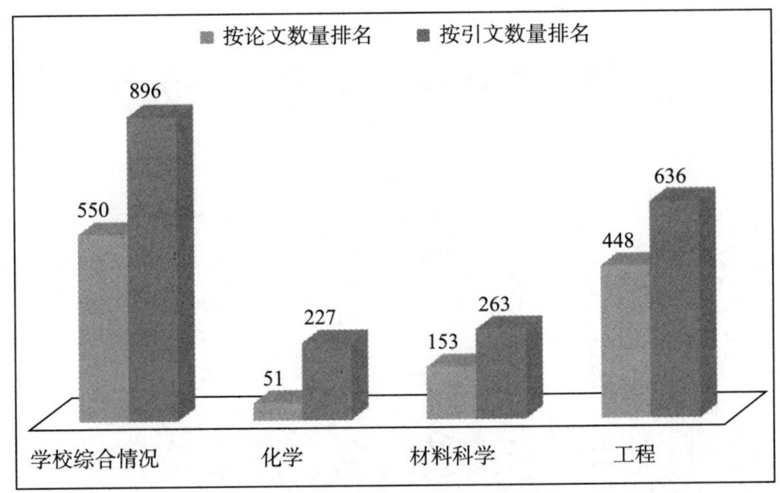

图 17－5　某大学在全球研究机构中按照论文数量和引文数量排名的情况

另外一方面，我们再分析从 Web of Science 里检索到的 7 964 篇论文，可以看到该校排名前面的都是和化学有关的学科，如化学工程、物理化学、高分子科学、材料科学等，结果如图 17－6 所示。这个结果与从 Essential Science Indicators 得到的基本一致。

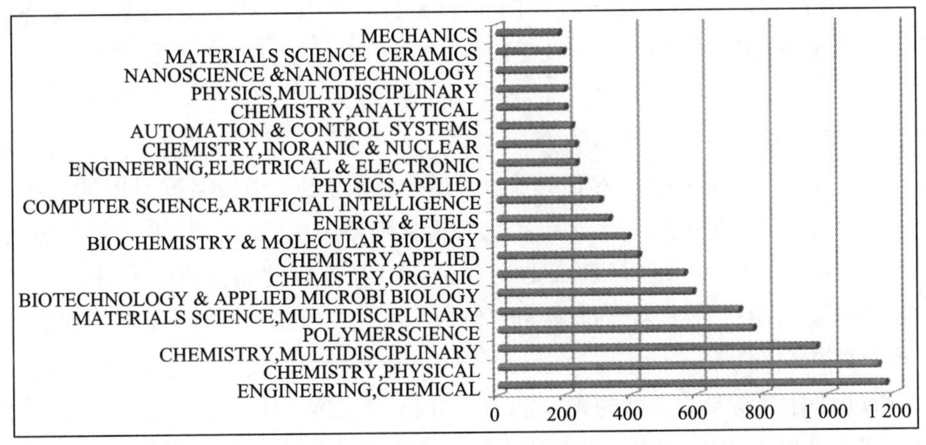

图 17－6　某大学论文的学科分布情况

17.2.5 重点作者的情况分析

在 Web of Science 中，通过分析作者的发文数量也可以从一定程度上聚焦一些活跃的科研人员和学科带头人。在 7 964 篇论文中，发文最多的前三位学者为 Tian H(275 篇)、Liu HL(250 篇)和 Hu Y(241 篇)，如图 17-7 所示。从该校的网站上了解到 Tian H 在化学与制药学院和精细化工研究所工作，Liu HL 和 Hu Y 在化学与分子工程学院工作。

→ 查看记录 ✕ 排除记录	字段：作者	记录数	%，共 7975	柱状图
☐	TIAN, H	275	3.4483 %	▮
☐	LIU, HL	250	3.1348 %	▮
☑	HU, Y	241	3.0219 %	▮
☐	QIAN, XH	236	2.9592 %	▮
☐	WEI, DZ	226	2.8339 %	▮
☐	IEEE	210	2.6332 %	▮
☐	LI, CZ	172	2.1567 %	▮
☐	YUAN, WK	172	2.1567 %	▮
☐	LU, GZ	170	2.1317 %	▮
☐	ZHANG, JL	150	1.8809 %	▮
☐	JIANG, HL	147	1.8433 %	▮
☐	ZHONG, JJ	141	1.7680 %	▮
☐	TU, ST	134	1.6803 %	▮
☐	CHEN, GR	128	1.6050 %	▮

图 17-7 某大学按照发文量的作者排名

在 Essential Science Indicators 中根据引文情况，Tian H 在化学领域的 7 502 位作者中排名 790 位，Liu HL 排名 1 800 位，Hu Y 排名 437 位。根据高被引文献的统计，排在第一位的是 Tian H 作为第一作者的文章"RECENT PROGRESSES ON DIARYLETHENE BASED PHOTOCHROMIC SWITCHES"，发表在 CHEM SOC REV 33 (2)：85-97 FEB 20 2004，共被引用 326 次。

17.2.6 某大学的总体学术影响力

在 Web of Science 中检索到的该大学在 1993 年到 2010 年被引用的文献，总计 49 372 次，其中他引 32 034 次。平均每篇文献被引用 6.20 次，平均每年被引用 2 598.53 次。在 Essential Science Indicators 中，从学校的综合情况来看，在 4 517 家机构中，总引用次数该大学排名 896 位，总论文数排在 550 位，虽然不是前 100 位，但总体排名靠前。

通过对引用该大学文献的国家和地区分析，该大学的科研成果受到包括美国、日本、印度、韩国、德国、法国、西班牙等超过 100 多个国家和地区科研人员的关注，如图17-8 所示。

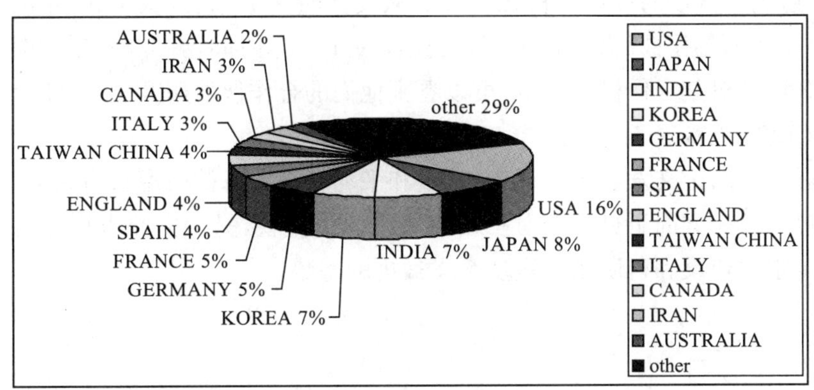

图 17-8 某大学被引文的国家地区分析

进一步对引文机构进行分析，可以看到这些文献已经辐射到 9 083 个机构，其中不乏境内外知名大学和机构，比如中国科学院、上海交通大学、大连理工大学、四川大学、吉林大学、南京大学、中国台湾大学、新加坡国立大学、俄罗斯科学院、法国科学研究中心、日本大阪大学、日本京都大学等。如图 17-9 所示。

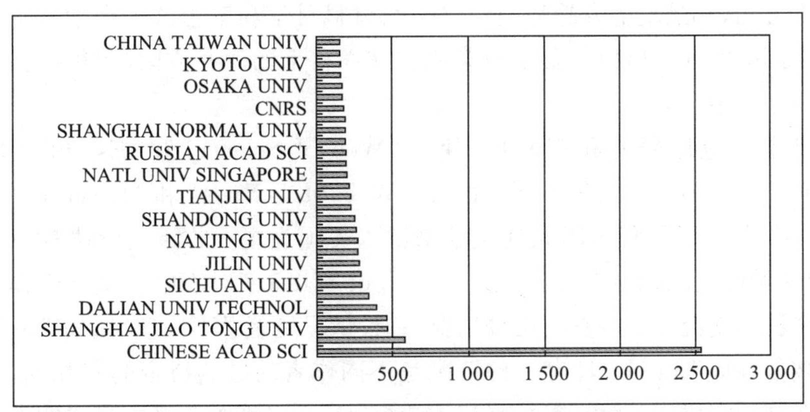

图 17-9 某大学引文的机构分析

17.2.7 某大学的重点学科的学术影响力

在 Web of Science 中，对检索到的 7 964 篇文章按照学科进行精炼检索，其中与“Chemistry”相关学科共有 3 123 篇[①]。从数量上来看，超过全校全部文献的三

---

① 检索策略：地址=(EChinaUnivSci* Tech * SAMEshanghai)精炼依据：机构=(E CHINA UNIV SCI & TECHNOL) AND 学科类别=(CHEMISTRY, PHYSICAL OR CHEMISTRY, MULTIDISCIPLINARY OR CHEMISTRY, ORGANIC OR CHEMISTRY, APPLIED OR CHEMISTRY, INORGANIC & NUCLEAR OR CHEMISTRY, ANALYTICAL OR CHEMISTRY, MEDICINAL) 入库时间=1993—2010. 数据库=SCI-EXPANDED, SSCI, A&HCI, CPCI-S, CPCI-SSH, CCR-EXPANDED, IC.

分之一，这也和该校的重点学科相吻合。从发文时间上来看，从 1993 年的 2 篇到 2001 年的 100 篇用了 8 年的时间，但是仅仅过了 5 年时间，到 2006 年的时候就达到了 312 篇。对其合作机构分析，可以看到他们的合作伙伴遍及全球 41 个国家和地区的 512 家机构。

从近五年的论文发表数量、引文数量和平均单篇文章被引用数量来看，都是呈上升趋势的。一方面可见该校对科研论文发表的重视，另一方面也可以分析出该校近 5 年学科建设和科研成果呈现突飞猛进的态势。

17.3 总　　结

通过对某大学发表的文献和引用情况进行分类研究后，得到的基本情况是，该校从 1980 年至今共发表 7 964 篇论文，被引用 49 372 次，从 2005 年起进入高速增长的阶段。该校和全球 50 多个地区/国家的 1 000 多所研究结构有科研合作。进一步分析后发现，近五年以来该校在论文发表数量、引文数量和平均单篇文章被引用数量等方面，都是呈上升趋势，且在化学、材料科学和工程这三个学科上的学术研究备受国际关注。所以需要了解某机构在学科上的研究方向，利用引文数据库确实是一条捷径。

经过本次应用研究我们发现，使用“Web of Science”和“Essential Science Indicators”也存在一定的问题。由于“Web of Science”和“Essential Science Indicators”是由美国所建，因此其文献来源以美国为主。收录文献语种以英语为主，其他文种的文献相对较少。此外，“Web of Science”对于中文文献中作者名字的著录容易出现混淆。一般有两种情况，一种情况是著录不一致，比如 Liu HL，也有可能被著录成 Liu H。还有一种情况是不同作者的姓名拼音简写相同，如果他们正好在同一家机构，就可能会对结论造成误差。这些作者著录格式的不同会使得检索中的查全查准率降低，因而导致研究结果的偏差。使用引文检索时要特别注意。

（本文作者：张帆　上海图书馆文献提供中心）

18　馆际互借服务在上海图书馆的实践和发展

18.1　馆际互借的含义

随着科学技术的不断发展,新学科不断出现,读者对于文献信息的需求也日趋复杂化和多样化,任何一家图书馆都很难绝对满足读者的各种文献需求。为了提高服务水平,最大限度满足读者需求,就必须扩大借阅范围,实现信息资源共享,馆际互借服务也就随之产生。它打破了馆藏资源流通的部门分割界限以及读者利用馆藏资源的空间界限,实现了不同范围内的藏书资源共享,是外借服务形式的一种发展趋势,是图书馆文献资源建设与服务的重要组成部分,是现代图书馆的显著特征。

对“馆际互借”的内涵,国内外图情工作者有着不尽相同的理解。狭义上讲,馆际互借特指图书馆之间的图书出版物的返还式借阅,馆际互借事务由出借图书馆(Interlibrary Lending)和借入图书馆(Interlibrary Borrowing)共同完成。广义上讲,馆际互借既包括图书馆之间的返还式文献的借阅,也包括文献收藏馆借助一定的手段,向其他图书馆或个人提供非返还式的文献,即文献传递(Document Delivery),包括商业文献提供和电子文献传递。上海图书馆于2010年9月推出了图书返还式馆际互借服务,本文就目前该项服务的发展情况做简要评析。

18.2　上海图书馆返还式馆际互借发展的历史和现状

上海图书馆开展馆际互借服务由来已久。为了积极推动上海地区网络化建设和文献资源共建共享,本着“求大同存小异”的原则,1994年3月14日,上海图书馆、中国科学院上海文献情报中心、复旦大学图书馆、交通大学图书馆等19家图书情报机构的馆长在上海图书馆举行会议,共同签订了《上海地区文献资源共享协作网办公室工作条例》、《上海地区外文书刊采购协作协议书》及《上海地区文献资源共享馆际协作协议书》,标志着上海地区文献资源共享协作网正式成立。在各成员馆的共同努力下,于1994年5月上海市第六届公共图书馆服务宣传周期间,协作网正式向社会隆重推出馆际文献服务项目《上海地区文献资源共享协作网通用阅览证》(以下简称通用阅览证)。自此,高校图书馆的读者可以凭有效证件在本校图书馆办理通用阅览证后,由读者本人亲自到上海图书馆借阅图书。此种模式下读者流动而图书不动,因此也称为“人动书不动”模式。对于不愿亲自到上海图书馆借书的读者,他可以将申请发送至各馆的馆际互借处,各馆的馆际互借员将所需的图书清单发送给上海图书馆的工作人员,并约定时间由馆际互借员来上海图书馆借书,这是“人工运书”的馆际互借模式。前者受读者所在地到上海图书馆之间的距离和交通的影响,后者给馆际互借员带来极大的工作负担。此外,由于协作网是基于上海本地开展馆际互借服务,对有着极大馆际互借需求的外地图书馆乃至国外图书馆无法实现馆际互借,基于以上原因,上海图书馆文献提供中心历经两年的调研与开发,推出了图书原书的馆际互借服务,希望能让世界各地的读者能在任何地点、任何时间都能方便快捷地利用上海图书馆的馆藏资源。

上海图书馆图书馆际互借服务(以下简称SHLIB-ILL)是以上海图书馆的参考外借类图书为文献保障,以馆际互借系统为技术手段,以快递为物流保障的文献资源共建共享服务。该服务采用了“书动人不动”的委托借阅模式,使馆际互借可以不受空间的限制,读者足不出户就可以方便地借阅上海图书馆的图书。服务系统采用集中式平台与分布式管理相结合的模式。委托馆通过Web方式访问馆际互借系统。上海图书馆负责委托馆的账号申请、审批、费用的统计与结算等。馆际互借服务的具体事务和读者则是由委托馆管理,委托馆的馆际互借员面对最终用户,负责与读者之间的沟通。委托馆可自行管理本馆读者,包括审核账户、收取费用等。委托馆的读者在系统中注册后,经过本馆馆际互借员审核后,可自行向系统提交馆际互借申请。

18.3 SHLIB-ILL 运行概况

18.3.1 馆际互借数量

至2011年3月,上海图书馆与国内外120家图情机构建立馆际互借关系,2010年9月SHLIB-ILL正式启动后,根据各图书馆的需求累计开设馆际互借账户70个,其中境内账户59个,境外账户11个;境内账户中,公共图书馆10个,高校图书馆47个,情报所2个(见图18-1)。累计借书物流317批次,借书册数532册。2010年9月至2011年3月具体馆际互借数量统计见表18-1。

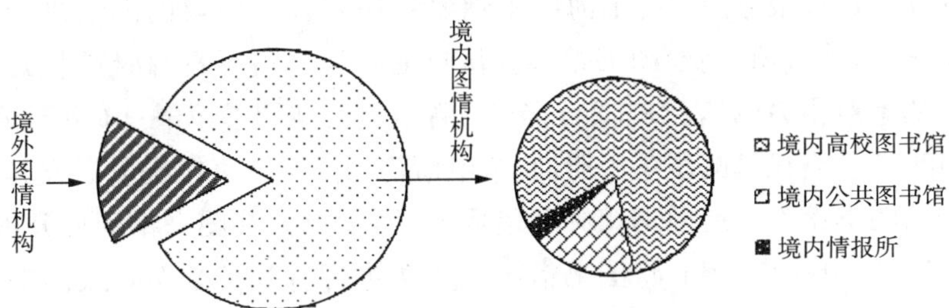

图 18－1　馆际互借账户分布图

表 18－1　馆际互借数量统计

	待借书物流（批次）	已借书物流（批次）	待借书物流（册数）	已借书物流（册数）	中止委托（册数）
2010 年 9 月	23	23	31	31	1
2010 年 10 月	34	34	40	40	2
2010 年 11 月	40	40	55	55	2
2010 年 12 月	53	53	76	76	1
2011 年 1 月	14	14	17	17	0
2011 年 2 月	29	29	37	37	0
2011 年 3 月	124	124	276	276	1
合计	317	317	532	532	7

如表 18－1 所示，SHLIB－ILL 启动以来，2010 年 9 月至 12 月，每月馆际互借数量缓慢上升。2011 年 1、2 月，馆际互借数量明显回落，这是由于各高校正处于寒假及春节放假。2011 年 3 月，馆际互借数量激增，这一方面是因为这一时间段是各高校论文、课题的开题时间，教师、学生对图书文献的需求量增大，另一方面，上海图书馆与清华大学图书馆、浙江大学图书馆合作试点在各高校校园内推广 SHLIB－ILL 服务，一定程度上也促进馆际互借数量的上升。

表 18－2　委托馆借书数量统计前 8 名

序号	馆名	委托借书数（册）	实际借书数（册）	委托馆终止数（册）	上图终止委托数（册）
1	清华大学图书馆	187	185	1	1
2	厦门大学图书馆	77	76	1	0
3	浙江大学图书馆	48	47	1	0
4	武汉大学图书馆	45	45	0	0
5	南京大学图书馆	36	35	1	0
6	宁波大学图书馆	32	32	0	0
7	南开大学图书馆	28	28	0	0
8	大连理工大学图书馆	28	27	1	0

SHLIB－ILL 服务面向与上海图书馆签订馆际互借协议的图情机构，其中包括公共图书馆、情报所、高校图书馆等。从目前的运行情况看，高校图书馆是馆际互借借阅的绝对主力（见表 18－2）。至今，省市级公共图书馆中只有福建省图书馆在 2010 年 12 月委托借阅图书 1 册，其余申请均为高校图书馆提交。究其原因，在于大多公共图书馆不开展图书馆际互借服务，而少数公共图书馆即便开展此项服务，由于其读者分布广，担心将图书借出后无法进行有效控制而导致图书丢失，也对此项服务宣传不足。高校图书馆中，与上海图书馆有长期合作关系的清华大学、厦门大学、武汉大学等借阅数量较多。就地理位置而言，与上海较近的南京大学、浙江大学、宁波大学也占据了前列。此外，这些高校都给予馆际互借最终用户——读者补贴，一定程度上促进了馆际互借数量的增长。

18.3.2 馆际互借书籍分类统计

从馆际互借图书种类来看，在出借的 532 册图书中，中文图书 86 册，英文图书 435 册，日文图书 5 册，俄文图书 6 册。英文图书占馆际互借数的 80％以上（见图 18－2）。

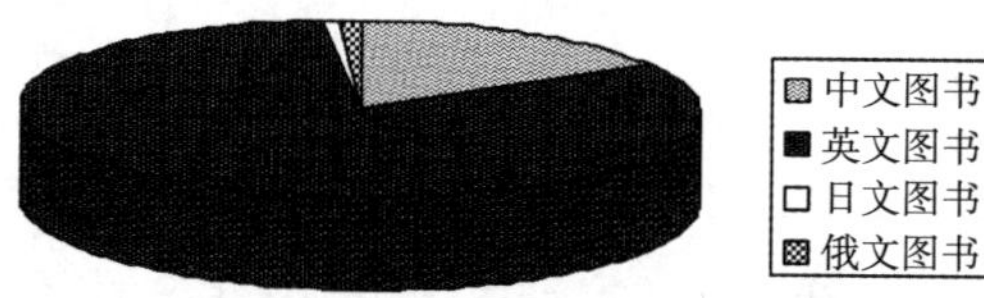

图 18－2 馆际互借图书分类图

2011 年 2 月外文新书也纳入了馆际互借借阅范围。从 2 月 14 日至 3 月 31 日，累计借阅新书 53 本。3 月外文新书馆际互借数占当月馆际互借 17.3％。

从图书类型来看，政治法律类、工业技术类、数理化学类图书借阅数量较大（具体情况见表 18－2）

表 18－2 馆际互借图书依中图分类法统计

索书号	C(社会科学总论)	D(政治、法律)	F(经济)	O(数理科学和化学)	T(工业技术)
册数	43	107	41	55	73

18.4 SHLIB－ILL 的特色与优势

18.4.1 资源开放范围广，满足率高

SHLIB－ILL 以上海图书馆参考外借类图书为资源保障。该类馆藏涵盖中、

英、俄、日等各语种图书。读者通过检索上海图书馆馆藏目录，图书处于“归还”状态，且馆藏类型为“参考外借资料”的图书均可以通过馆际互借借阅。由于参考外借类图书多存于闭架书库，排架整齐，降低了由于无法找到申请图书导致的拒借比例，服务启动至今只有一本图书因排架错误而拒借。2011 年 2 月中旬，外文新书也加入了 SHLIB-ILL 服务中，受到委托馆的好评。

18.4.2　使用成本低

SHLIB-ILL 采取集中式平台，即馆际互借软硬件维护和管理都集中在上海图书馆，系统一旦出现问题就会有专业开发人员迅速解决，有利于系统的稳定运行，对于用户反馈的信息可以很快地传递给开发人员，有利于系统的完善。譬如系统运行初期，委托馆反映馆际互借员没有配备扫描枪，在还书流程中经常输错图书的条码信息，上图馆际互借员及时将此反馈后在系统还书流程中加入了“待还书条码”，方便了委托馆馆际互借员的操作。委托馆开通此项服务的门槛较低，只需一台可以上网的计算机、一名管理人员即可。

18.4.3　响应速度快

相对于服务公告上“申请成功后，1～2 个工作日处理并交物流送递”这个承诺，目前 SHLIB-ILL 对于当天 14：00 以前提交的申请，都保证在当天处理完毕并送交物流，保证江浙沪委托馆在申请递交后第二天，其他地区委托馆在申请提交后三至四天内收到所需的图书，及时满足读者的阅读需求。

18.4.4　图书的可追踪性

SHLIB-ILL 系统中可以追踪馆际互借图书在上图、物流、委托馆的各个状态，这是目前任何一个馆际互借系统都无法实现的。委托馆通过 Web 方式进入 SHLIB-ILL，通过书目系统检索并提交相关图书；上海图书馆馆际互借员将索书列表提交并根据馆藏情况判断是否能提供图书，若不能提供，将及时“终止委托”，此时图书状态为“上图正在处理中”；上图借书成功后，图书委托状态即为“上图索书成功”，将图书放入上图专用馆际互借包，并加贴上图物流单，系统内填入快递单号及快递公司后签发，此时图书委托状态为“寄送途中”；委托馆收到申请图书，登录系统并根据馆际互借包所贴的物流单核实相关图书，进行签收，图书状态为“已通知读者取书”；读者取书后，状态为“读者已取书委托”；读者归还图书后，状态，状态为“归还请求馆”，生成物流清单后，图书状态为“还书途中”；上图收到图书后，进行签收，图书状态为“书已到上图”，至此，一条完整的馆际互借事务处理完毕。

18.4.5 专用馆际互借包的使用

为防止图书在运输过程中造成毁损，也方便委托馆寄送，上海图书馆专门设计了专用的馆际互借传递包。该包具有防水性，包上可重复使用的标示提醒读者和委托馆将包与书同时返还上图。寄送图书时，在馆际互借专用包外粘贴物流单以方便委托馆核实包内的图书。经过 8 个月的实际使用，专用包的使用确实降低了书本在运输过程因雨水、快递装车等造成的损毁率，目前寄回上海图书馆的图书中尚未发生破损的情况，且所有的专用包也都一起返还。

18.5 SHLIB－ILL 存在的问题

18.5.1 SHLIB－ILL 使用频率较低

馆际互借服务启动 8 个月来，70 家协议馆开设了馆际互借账户，但实际使用过馆际互借服务的仅为 28 家，实际使用比例仅为 40%。在实际使用 SHLIB－ILL 服务的 28 家图书馆中，借阅册数在 10 册以下的图书馆为 20 家，占实际使用单位的 71.4%，尤其国外图书馆只有美国 3 家高校馆借阅过 4 本，可见虽然 SHLIB－ILL 服务开通账户比较多，但实际使用率并不高。

18.5.2 系统未得到全面利用

SHLIB－ILL 系统是上海万达信息股份有限公司根据上海图书馆馆际互借的实际需求开发的专用馆际互借系统，其中嵌入了对上海图书馆书目系统的检索功能。为了进一步跟踪图书的流通过程，系统对借书、还书详细规定了操作步骤，这在一定程度上给委托馆馆际互借员造成了工作负担。目前某些委托馆只掌握了借书的操作流程，而对所借图书到达本馆后的流程并不在系统里进行操作，这些流程的缺失给归还图书到达上图后的操作造成困难。

SHLIB－ILL 系统设计之初构想委托馆的读者可在 SHLIB－ILL 系统中自行注册，经委托馆馆际互借员审核后，向系统提交馆际互借申请。但系统启动以来，尚未有委托馆启用该功能。究其原因，主要是委托馆多为高校图书馆，而高校图书馆大多都有现行的馆际互借系统，如浙江大学图书馆、南京大学图书馆等都是用 CALIS 馆际互借系统，清华大学使用自建的馆际互借系统，宁波大学使用 ZADL(浙江省高校数字图书馆)等，这些系统在各高校应用时间长，读者大多已在其系统中进行注册并已经过审核。因此，相比应用 SHLIB－ILL 中的读者管理功能，高校委托馆将其现行系统中收到的上图借书申请由馆际互借员提交至SHLIB-ILL系统显得更为方便，这也就导致了SHLIB-ILL委托馆读者管理模块形同虚设。

18.5.3 独立开发系统的兼容性

SHLIB-ILL系统专门针对馆际互借图书服务而设计，独立开发的系统其兼容性较差，无法实现与其他系统的对接和关联。目前馆际互借系统众多，系统间无法互联是个馆际互借系呕吐那个的通病，也一定程度给馆际互借员的工作带来不便，在境外馆际互借推广中尤其如此。境外图书馆开展馆际互借服务目前多使用OCLC系统，而该系统无法和SHLIB-ILL互联，使SHLIB-ILL国际推广陷入困境。

18.5.4 物流成本较高，物流管理困难

SHLIB-ILL是基于第三方物流的集中式的返还式馆际互借模式，其服务对象面向全国乃至世界的图情机构。物流送递图书是SHLIB-ILL馆际互借服务的突出亮点。目前选择的物流公司传递速度快，一般隔天就能送达，这样大大节省了读者等候时间，大大提高了科研效率。但随着服务量的日渐增多，物流费用持续上升。对于第三方物流公司而言，上海图书馆只是一个基本客户。上图虽然可以通过物流公司提供的订单系统进行订单查询，但无法实现对整个物流流程的管控，且各地的物流快递人员素质不一，图书存在丢失的潜在风险。

18.6 SHLIB-ILL的发展策略

18.6.1 加大宣传力度

通过上图阵地宣传、网络营销等多种方式相结合，宣传上图SHLIB-ILL服务。其一，以上图为主导，积极宣传SHLIB-ILL服务。读者对上海图书馆馆际互借这项能够保证他们更多地获取所需文献的有效方法还不甚了解，在有文献需求时不会主动查询上海图书馆的书目系统。因此，上海图书馆可以通过各种宣传手段，提高读者利用上图馆际互借服务的意识，扩大读者对馆际互借的认知度。其二，配合委托馆宣传SHLIB-ILL服务，如配合委托馆的图书馆宣传月活动，通过展板等形式介绍上图馆际互借的内容；推出上海图书馆馆际互借宣传推广月，活动期间给予最终读者补贴等。此外，还可以通过在馆际互借员QQ群、微博中及时发布服务信息、系统改进信息等来宣传SHLIB-ILL服务。

18.6.2 与现有的馆际互借联盟合作

通过与全国性的资源共享体系 CALIS、CASHL，区域性的馆际互借联盟 BALIS，ZADL 等合作，将 SHLIB－ILL 服务延伸到国内的各个高校。加大与公共图书馆的合作力度，更大程度将上图馆际互借这项服务惠及公共馆的读者。

18.6.3 完善系统功能

馆际互借的系统软件是馆际互借业务开展的平台，其性能稳定性和功能完善性对馆际互借业务的高效率开展起着关键的作用。SHLIB－ILL 系统目前仍存在不少缺陷，应该充分调研目前实践过程中出现的问题及来自委托馆的各方面的需求，把这些问题与需求进行整理和消化，有计划有步骤地对系统软件进行完善，最终把系统软件做成一个信息充分、功能完善、易用的馆际互借门户。

SHLIB－ILL 馆际互借的开展，激活了上海图书馆的馆藏资源，使文献资源在更大范围内得到共享，满足了不同层次读者的需求，使图书馆的服务品质得到了一定的提升。

（本文作者：周晨瑶　上海图书馆文献提供中心）

参考文献

［1］ 程焕文，潘燕桃. 信息资源共享［M］. 北京：高等教育出版社，2004.

［2］ 董晓霞. BALIS 返还式文献馆际互借的研究和探讨［J］. 现代图书情报技术，2008，（增刊）：12－16.

［3］ 余献平. 高校图书馆返还式馆际互借服务模式初探［J］. 情报杂志，2009，28(12)：222－224.

19 利用参考文献提高科技术语翻译的质量

19.1 引　　言

很多人会奇怪为什么一本研究文献传递服务的书中涉及翻译。其实在图书馆的文献提供服务链上，翻译服务是重要的一环。从文献检索到将查到的国外原文文献翻译后送到研究人员的手上是我们称之为一站式文献传递服务的服务链。因此本文从上图提供几十年翻译服务的角度，提出一些提高翻译质量的建议供同行分享与指正。

科技术语翻译历来是许多科技译者“头痛”却不得不面对的问题。应用语言学研究表明科技应用文章中术语相对其他词汇而言所占比例大致介于4%到5%之间。随着新科技、新材料、新设备、新工艺的不断产生，科技新名词、新术语大量涌现，比比皆是。译者通常会求助于英汉科技词典，包括那些专业性很强的分类词典，但词典选收新词往往要落后几年，不能满足需要；如果求助于互联网，术语来源的可靠性有时不太确定。

另一方面，尽管这些词汇在全文中所占比例不大，但它们往往就是一篇科技文献中最关键的词语。对这些词语翻译的正确与否将直接影响到整篇文献的翻译质量，一旦翻译不当，往往将会导致不可估量的损失。因此，正确翻译专业科技词语在整个翻译工作中的重要性当是不言而喻的。

在工作实践中，笔者发现，对于一组多份内容相近的科技文章或对译稿质量要求较高的文献，可以利用标准文献或专利文献作为辅助工具来提升其中科技术语翻译的质量。标准和专利既是科技翻译的客体，同时也包含了大量的科技术语，并且具有方便查找和阅读的特性。它们既可以作为科技术语翻译的来源，也能够帮助译者更好地理解技术内容。充分利用中英文具有同等或相似内容的标准和专利来对科技文献翻译进行指导，将会极大地提高翻译的质量。下文将结合实例具体介绍一下如何利用这两种资源作为科技翻译辅助工具的。

19.2 标准文献的利用

按照ISO的定义，标准是指为在给定的范围内达到最佳有序化程度，按合意制定的供人们广泛、反复适用的规范性文件，其提供了某些人类活动或其结果的规则、指南或特征。可见标准是科学、技术和实践经验的总结，其内容中会涉及科学技术的各个分支。阅读标准可以帮助我们理解技术。标准又是一种规范性文件，一般是由权威机构经过严格程序制定并审查通过的。其中所涉及的科技术语都是经过严格规范，有明确定义的，可以作为翻译技术术语的可靠来源。

对科技翻译有参考价值的标准主要包括：中国国家标准(GB)、国际标准、国外先进标准。国际标准是指国际标准组织(ISO)、国际电工委员会(IEC)和国际电信联盟(ITU)以及ISO确认并公布的其他国际组织制定的标准，常用的是ISO和IEC标准。国外先进标准中常用的是美国国家标准(ANSI)、英国国家标准(BS)、欧盟标准(EN)、美国材料与实验协会标准(ASTM)。

我国在制定国家标准(简称国标)的过程中会采用国际标准或国外先进标准，按国标与国际或国外标准的一致程度可以划分为：等同(identical，简称IDT)、修改(modified，简称MOD)和非等效(not equivalent，简称NEQ)。一般来说，标准的一致性关系会在其首页或前言中标出，专门的标准检索数据库也会标明标准间的采用关系。具有等同和修改关系的国标采用了国际或国外标准，这些也是可以被采用的科技翻译辅助工具。其中，等同采用是指国标对于国际或国外标准的技术内容、文本结构、用词不加改动地保留下来，可以有细微的编辑性修改，一般就是完全翻译国际或国外标准为中文；修改采用是指国标与国际标准或国外标准之间允许存在技术性差异，这些差异应清楚地标明并给出解释。此时，是在相应的国际或国外标准的基础上重新编写国家标准。

标准作为公开文献，是能够方便地查找获得的。可以使用标准制定机构的网站数据库和专门的标准检索数据库等来查找标准。有些标准的全文从互联网上就可免费获取，有些则需要求助图书馆或标准化研究院。当翻译客体为标准时，可以先利用标准本身所附的规范性引用文件(normative reference)找到国标，再利用标准间采用关系来快速查找英文参考标准；当翻译客体不为标准时，可以直接查找上图的馆藏标准数据库或互联网，再利用标准间采用关系找到中英文的参考标准。

标准文献都是按照固定格式撰写的，在阅读参考标准时，可以在短时间内抓取到有用的信息。每个标准几乎都有一些固定的章节，比如：适用范围、规范性引用文件、术语、定义、要求、附录等，规范性引用文件会列出本标准引用的其他标准。术语部分列出了标准涉及的专业术语，有时在术语下会给出具体定义。当一份国标采用了国外标准时，在其术语部分通常会以中英文对照的形式列出。对照国标和其采用的国外标准，也可在短时间内快速熟悉相关学科词汇。

19.2.1　实践案例

例1，中译英一批国标，内容涉及家用卫生杀虫用品，以其中GB/T 18418－2009/(家用卫生杀虫用品——电热蚊香液）为例。该标准涉及三种学科：化学、统计和电气包含蚊香、抽样检测、电器规范和试验的一些术语。像此类跨学科翻译，如果仅仅靠翻阅专业英语词典，比较费时而且不够规范，甚至难免译错。

GB/T 18418－2009在规范性引用文件部分，列出了下面两项标准：

GB 24330－2009家用卫生杀虫用品安全通用技术条件

GB/T 2828.1－2003计数抽样检验程序第1部分：按接收质量限(AQL)检索的逐批检验抽样计划(ISO 2859－1－1999，IDT)

调阅GB 24330－2009原文，发现其中的术语和定义部分用中英文对照的方式列出了蚊香所涉及的一些术语，例如：药效 efficacy，最低持效时间 minimum effective period等。从GB/T 2828.1－2003文献中，发现其中的术语和定义部分用中英文对照的方式列出抽样检测的规范术语，例如：不合格 nonconformity，计算检验 inspection by attributes。此外，该标准还给出了术语的定义，可以帮助译者理解原文。由于GB/T 2828.1－2003等同采用了ISO 2859－1－1999，这意味着前者就是等同翻译后者的，所以参阅ISO 2859－1－1999可以对翻译原件的一些词句有所帮助。

GB/T 18418－2009附录的内容是关于电加热器要求和试验方法。其中明确规定要符合GB 4706.1－2005家用和类似用途电器的安全第1部分：通用要求。GB 4706.1－2005虽然没有以中英文对照的方式列出术语，但在其首页明确说明此标准是等同采用了IEC 60335－1 Edition 4.1－2004，翻阅IEC 60335－1，同时对照GB 4706.1－2005，可以快速查到家用电器方面的术语。

例2，中译英一组化学物质检验报告，内容是关于右旋七氟甲醚菊酯在动物体内的毒性试验。具体涉及皮肤变态反应试验、口服或吸入毒性试验等。报告的专业性极强，考虑到类似的试验可能有标准或规范做指导，就尝试在馆藏标准和互联网上查找一下。在馆藏标准数据库中用“毒性试验”找到一组GB标准，这些标准都注明等同或修改采用OECD(经济合作和发展组织)的相关标准：

GB/T 21603－2008/化学品.急性经口毒性试验方法

GB/T 21605－2008/化学品急性吸入毒性试验方法

GB/T 21607－2008/化学品一代繁殖毒性试验方法

GB/T 21606－2008/化学品急性经皮毒性试验方法

同时在google上找到一个卫生部发布的名为《化学品毒性鉴定技术规范》的

文件,从文件的发布机构及其结构上看,该文件可视为一种类似标准的规范性文件。在其规范性引用部分明确表明其引用了 OECD Guideline for Testing of Chemicals(1981～2002)。

从上述查到的 GB 和《化学品毒性鉴定技术规范》都以中英文对照的方式列出了专业术语。访问 OECD 的网站,还可以免费下载相关标准。

19.3 专利文献的利用

世界知识产权组织(WIPO)将专利文献定义为:包含已经申请或被确认为发现、发明、实用新型和工业品外观设计的研究、设计、开发和试验成果的有关资料,以及保护发明人、专利所有人及工业品外观设计和实用新型注册证书持有人权利的有关资料的已出版或未出版的文件(或其摘要)的总称。翻译中所利用到的专利文献主要是指各国专利局及国际(地区)专利组织出版的各种专利或专利申请说明书及其文摘出版物,不包括外观设计。因为,外观设计以图为主,文字比较少,对科技翻译参考价值不大。

专利文献数量巨大,报道的科技信息全面,涵盖了绝大多数技术领域。同时,专利披露的是最新的技术,虽然其提供的术语不如标准文献规范,但专利文献能提供的大多是最新的科技术语。对于那些新兴技术,参考专利要比标准效果更好。

专利文献都是经过专门分类加工的,便于理解查找。各国、地区或专利组织出版专利文献都经过专业人员依照特定的分类体系进行分类,也就是用同一的分类代码反映文献公开的技术信息。专利分类具有相当高的一致性和规律性。国际上通用的专利分类规则是 IPC 分类(国际专利分类)。每份专利的扉页上都会标明 IPC 分类,在专利局网站的检索数据库中,每份专利的著录信息中都会列出 IPC 分类号,同时数据库都会提供 IPC 检索入口。利用分类号结合关键词可以方便地查找所需专利。

专利文献是公开文献,可以在互联网上方便查找并免费获得原文。翻译中常用到的是欧洲专利局(EPO)的数据库。当翻译客体是专利时,可以到 EPO 网站,直接用专利号检索,在检索结果页面会显示对应的等同专利。等同专利指的是指保护范围实质相同的多个专利,它们内容相同但是所用的语言不同。此时,如果找到目标语言撰写的等同专利,就可以直接告诉客户,中止翻译。如果没有等同专利的话,仔细阅读 EPO 给出专利英文摘要就能找到主要的科技术语。同时,也可找出待翻译专利扉页上的 IPC 分类号,在 EPO 网站上查阅分类表,可以告诉译者所翻译的专利技术在学科体系中的位置,快速理解专利。当翻译客体不是专利文献时,直接用关键词在 EPO 上检索,也可查到所需参考的英文专利文献。理想的状况是能找到一组中英文的等同专利文献。

专利申请的格式较为统一、形式规范，便于阅读。在各国（地区）专利局对专利申请例均有严格要求，正文一般要包括权利要求书和说明书，而说明书中一般都包括技术领域、背景技术、发明内容、附图、具体实施案例等。选取阅读专利中的适当段落，可以快速理解技术。对照中英文等同专利，可以帮助译者在短时间内熟悉相关科技术语。

19.3.1　实践案例

中译英10份专利文献，内容都涉及人肠病毒免疫制剂。翻译的难点在于涉及的学科专业性较强，不具有免疫学背景的译者理解原文有一定难度，且科技术语的量比其他科技文献既多又新。以其中一篇专利为例：CN101695569一种手足口病毒、双价基因工程亚单位疫苗及其制备方法。在EPO的检索界面直接输入CN101695569，马上找到该中国专利的英文标题和英文摘要，对照该专利原文的中文标题和摘要，可以很快掌握关键的科技术语，比如：肠病毒：Enterovirus，亚单位疫苗：subunit vaccine。此时利用刚刚获得的英文术语enterovirus作为关键词，结合该专利给出的IPC分类A61，在EPO中检索，可以找到40多篇相关专利，选取其中一篇US2010125918 ENTEROVIRUS TYPE 71 PROTEIN AND METHOD FOR PRODUCTION（人肠病毒免71型蛋白及其制备方法），在EPO中立刻找到原文，阅读其摘要和权利要求书，迅速掌握更多的相关术语并从中学到美国权利要求的固定英文说法。

19.4　结　　语

在科技翻译中，标准和专利文献虽然不能完全替代词典的作用，但却能在一定程度上弥补词典的缺陷，提升科技术语翻译的准确性，同时，也能帮助译者理解技术内容，提高整个翻译稿件的质量。考虑到查找文献需要一定的时间，当翻译稿件要求较高，或数量比较多的时候，采用本文提及的方法是较为可行的捷径之一。

（本文作者：俞鸿　上海图书馆文献提供中心）

参 考 文 献

[1]　万梦之，范武邱. 科技翻译教程[M]. 上海：上海外语教育出版社，2008.

[2] 逄征虎.采用国际标准的原则和方法[J].专家标准化论坛,2008(10):18-21
[3] 李建蓉.专利文献与信息[M].北京:知识产权出版社,2002.
[4] 孟俊娥.专利检索策略及应用[M].北京:知识产权出版社,2010.

20　图书馆文献提供服务中的读者满意度研究

20.1　读者满意度对于图书馆服务的意义

服务是图书馆存在的理由。在以服务为宗旨的图书馆文献提供工作中，如何深入主动地提供高质量的文献服务，提高读者满意度是每一个文献提供工作者应该关注的重点。

我们都有美好的初衷，为读者提供优质的服务。但是有的时候容易忽略这样一点事实，读者不是理想中的读者，也不是同我们一样的人，而是由背景不同、性格脾气、检索能力各不同的人组成的。如果想要他们喜欢我们的服务，那么就必须了解他们是谁，以及他们需求什么。我们文献服务的价值是由读者来决定的，唯有先想方设法了解读者心中的价值标准，并针对读者的需求提供文献服务，才能有效地提高满意度。

深入了解我们的服务对象，不仅要关注我们是否提供了正确的文献，更要了解读者他们的行为方式、心理过程。因为读者对我们的反馈，其实是一个复杂的过程，并不仅仅限于满意或不满意。不了解读者需求，不了解其感受，也无法对其做出恰当的应对。如何把握读者的心理和行为规律，并在研究读者行为的基础上，对影响读者满意度的因素进行综合分析，把握其中规律，就成为本文研究的主要课题。

首先我们要问自己的是：我们了解我们的服务对象么?

其实绝大多数的读者总是处于矛盾的复杂的心理状态，他们在满意和不满意之间徘徊，只有一小部分是非常满意的，同样也只有一小部分是有怨言的。事实上如果不加以研究，我们对读者的了解总是不够。

一般会认为如果我快速地提供了正确的文献，读者应该满意了。但这是否就是读者满意度的衡量标准呢?

为什么同样的服务，有的读者表示非常满意，有的读者还觉得我们做得不够呢?

读者对我们服务中哪些行为会特别满意，又对哪些不足会格外敏感？
读者是渴望我们统一的标准化服务，还是亲切随和的个性化服务？
读者从没有说过不满是否代表他们就真的满意了？
我们已经做到优质高效了，在读者满意度上还有提高的空间么？
我们该如何获得以上问题的答案？换而言之，该如何了解我们的读者。

20.2 如何研究读者满意度

20.2.1 从读者出发

读者是一些工作背景、性格脾气、检索能力与我们都不相同的人。所以，图书馆馆员自认为“读者应该满意了”的感受当然不是判断读者满意的标准。

而深入地了解读者，必须从读者出发，更必须要有科学的方法。

理论分析只是为了解读者满意度提供了原理和方法的起点。而并非是研究读者满意的一切手段和全部。单靠一般的理论分析是不可能充分理解读者满意度的。必须要在实际工作中理论联系实际，而其中理论也不仅是图书馆理论，还需要结合心理学、消费者行为学、社会学等各方面因素才能更好地了解我们的读者。

而事实上在其他行业对用户已经有更成熟的研究。国内有几家公司，包括海尔集团、联想集团、金山软件公司、腾讯公司、百度公司、TCL 都设立了用户体验研究中心，IBM、NOKIA 也在中国设立了用户体验中心。这些公司通过了解消费者的行为特点，心理特征来提供更好的服务和产品，获得更大的盈利。虽然图书馆服务不以盈利为目的的工作性质导致我们在研究目的上有很大区别，但是在研究方法和研究热点上都颇有相似之处。用这样的一个视角研究问题，会让我们有新的发现。

20.2.2 具体方法阐述

借鉴消费者心理行为研究，读者心理行为研究方法，大致可以分为观察法、访谈法、调研法和案例研究法。其中观察法和访谈法、案例研究法导出的信息不是以数据表格为主，而以实际感受为主。这种方法又同数据分析互为补充。

(1) 观察法是在自然条件下对读者的研究。这种方法是指，在日常工作中通过观察读者的外在行为探究其心理活动的方法。这个方法的特点是简单易行，成本低，有一定程度的可信度。

(2) 访谈法是调查在相对独立的环境下进行谈话的研究；

(3) 调查法是在接近自然的条件下对读者进行大样本的研究；

(4) 案例研究法是针对某个典型案例进行分析。

上述这些方法的共同特征是研究者要与研究对象接触，以收集到样本。一般要将读者细分，在此基础上进行分析。随着科技的进步，功能完善的数据库系统成了最好的收集资料的工具。

但是虽然商业用户研究很多，而且也很实用，但是到具体的图书馆事业中，结合我们的现状怎么用让方法更适合文献提供服务才是关键。

目前我们可以采用的方法是基于和读者包括电话、访谈、邮件交流的总结。这些都是在自然条件下对读者的研究，所以更加真实可信。

20.2.3　研究对象

电话和读者交流，会对读者需求有直接感受。邮件中大量的往来信息，完整记录了读者从服务请求到服务完成之间的每一步过程。包括读者对我们的信息反馈，情感感受。并且不同类型的读者也呈现出不同的行为特点。结合这两点我们尝试对以上问题进行回答。其中关于邮件信息，我们选取了从 2009 年 10 月到 2011 年 4 月之间所有 DSC 邮件进行分析。DSC 邮箱是上海图书馆文献提供中心对读者提供文献服务的一个对外工作邮箱。读者可以通过此邮箱提交各类文献申请，我们也通过此邮箱和读者进行沟通交流，完成读者文献请求。通过 DSC 邮箱申请文献的读者有个企事业客户、各高校老师学生、律师事务所、个人研究者等。

20.3　读者满意度的取决因素

在我们的工作中，一直在追求让读者满意。而读者满意是一种复杂感受。

为什么同样的服务，有的读者表示满意，有的读者还希望我们更加提高？

从我们的统计中发现正面反馈中 92%来源于非会员读者(即非预付款用户)，只有 8%是来源于会员读者(即预付款用户)。其实从服务速度上由于预付款读者的需求主要集中在科技期刊、专利标准等文献上，非会员读者的需求以历史文献为多。因上图历史文献资料查阅流程复杂，从客观上看完成会员读者的请求要快于非会员读者的请求，但是为什么从读者的反馈上来看，是非会员读者对我们的满意度更高呢。

要回答这个问题首先要了解一下什么因素决定了读者满意度。套用一下客户满意度的概念，读者满意度也就是读者期望值与体验的匹配程度。用一个简单的概念公式来写就是读者满意度＝实际服务－理想服务。从这个公式中不难看出，影响读者满意度的因素分为两大类：我们服务本身和读者对我们服务的期望。关于预付款读者，他们对我们的期望值主要来源于以往服务的感受以及与其他获取文献方式的对比。由于我们的服务都是一直保持稳定的质量，所以预付款读者很少有负面反馈，但也没什么正面表扬。而非会员读者大部分都是初次使用，他们的期望值往往来自于对服务本身的要求、图书馆对服务的承诺，图书馆行业或类似行业服务经验的推理。而我们在这些方面都比较有优势，所以读者会有惊喜的感觉。由于期望值的不同导致了非会员读者对我们的满意度更高。也说明了深入了解读者对我们的期望值，以及合理管理读者的期望值的重要性。

20.4 读者预期值的取决因素

读者对我们服务中哪些行为会特别满意，又对哪些不足会格外敏感？

读者在感受我们服务时，一般总是把其中很小一部分当作关注的对象，而把其他部分当作背景，这个是因为人的直觉有选择性的特点。不同的读者其对文献提供服务的感受是不一样的，有的读者对时间敏感，有的读者对价格敏感。因此一定要针对不同的读者，仔细地分析对该读者而言什么是最重要的。只有完全地了解读者的真正需求，才能向每个读者提供更好的服务，从而提高读者满意度。

为了解读者的敏感点，我们一般采取汇集尽可能多的与读者交流过程中积累的信息，进行观察分析的方法。而对读者行为分析的方法分为：数据采集、数据预处理和数据分析。读者属性分类维度包括读者工作背景、文献请求种类、需求原因等多个属性。

通过分析，得出不同类型读者最关注的方面，从而有效地提高读者满意度。具体方法如下：将读者一年来在邮件中给予的反馈信息分为正面反馈和负面反馈。正面的表扬中根据其表扬的内容分别归类为服务态度、完成文献效率高、回复邮件及时、服务质量优秀、提供准确文献信息等几个维度上。读者对我们的负面反馈中归类为提供错误文献、文献复制完成质量、复制速度慢等几个维度上。

基于我们对广大读者的服务都是一致的标准，除了由于客观原因上科技期刊文献提供速度较快，而胶卷还原复制的速度较慢之外，其余的服务质量和态度都基本一致。但是我们却发现读者给我们的反馈信息，不同类型的读者集中点并不相同。请求同类型文献的读者在其行为上也相应地具有趋同性。故而我们将读者根据其请求文献的类型进行分类，分为要求提供古籍、家谱、近代文献、科技期刊、标准专利、书籍复制等的用户。

根据这几项分类，进行归类汇总的分析，将读者反馈信息中出现的词句按频率高低排列，可以看出不同的文献类型，读者对我们服务的期望值的因素也不尽相同。

要求图书复制的正面词汇顺序为：优质　态度　效率

索取期刊全文的正面词汇顺序为：效率　回复及时

索取古籍文献的正面词汇顺序为：回复及时　态度　优质

索取家谱文献的正面词汇为：态度

索取近代文献的正面词汇为：态度

这个结果也能印证我们工作中的直观感受。由此我们也更加了解用户的基本需求、期望需求、惊喜需求。

读者的基本需求都是一致的：及时得到正确清晰的文献。

但是他们的期望要求，惊喜要求的侧重点有所不同。完成科技期刊文献传递，读者更加趋于理智需求，不但重视完成文献的质量，而且看重文献完成速度。对服务的评价标准是文献的对与错，快与慢；近代文献、古籍家谱由于其馆藏分布以及文献本身的复杂性，读者需要再三确认相关信息，因此比较看重的是服务态度，更加侧重感性需求；书籍复制更看重完成的质量，包括装订质量、印刷质量，判断标准是好与坏。因此我们做好服务的侧重点也有所不同。

20.5　读者感知值的取决因素

20.5.1　读者感知值

读者感知主要分为对文献质量的感知和对服务质量的感知。

20.5.2　读者感知值的取决因素

读者是渴望我们统一的标准化服务，还是亲切随和的个性化服务？

读者对文献质量的感知主要取决于提供的文献是否准确、复制文献的质量是否清晰、检索的结果是否合乎要求。对于服务质量的感知主要取决于第一时间回复的速度是否及时；对用户的态度是否友好；完成文献的速度是否迅速；对用户提出的问题是否提供准确信息。

如何扩大读者的感知值？或者说在已经统一化的服务标准之余，我们还能做什么让读者的感受更好？当然，这个还是要从读者本身行为特点着手。

我们可以根据读者需求的文献类型、所属的机构类型、需求动机等因素来分析和解释各种心理和行为的差异。每一项理性的行为背后都有一定的目的和动机。

在平时的工作中，我们注意到同样是申请文献，但是关于科技文献、专利标准的文献请求者，无论是非会员读者还是预付款用户，邮件风格都非常简洁明了，直接写明文献出处，除此之外很少会出现表达情感的词汇。除非有特别的时间上的要求需要强调，否则不会有电话沟通。读者注重效率和质量，倾向于把文献提供方当成一个系统，行为上只有提交文献出处，获得文献这两个动作。他们也几乎很少会提交错误的出处。扩大这类读者的感知值，需要从技术革新、提高效率上入手，将检索系统和文献请求系统直接结合，缩短检索文献、提交请求、得到报价、付费、获取文献整个链条的时间。提高文献获取的效率，方便读者请求。

但是对于要求文献检索、索取近代或古籍等文献的读者，他们的邮件风格是不同的，他们是把回复方当作一位可以信任的图书馆员、老师，甚至是朋友进行沟通，更渴望得到帮助，会更多的使用感情强烈的字句，会主动告知需要此文献的目的。他们有时无法提供准确的出处信息，甚至只知道自己最终想获得的效果，具体要通过什么样的文献，这些文献是否存在，具体在哪里，他们并不清楚，因此也会积极请教相关问题。而往往这些读者来找寻文献，是为了满足个人兴趣爱好，或者寻找家族记忆。他们的情感特征就非常明显，他们非常渴望交流以及获得认可。即使在邮件已经把所有需求信息都表达清楚的情况下，他们也倾向于打电话，重复说明申请文献的原因等，渴望直接而非间接与人进行交流。如果对于他们邮件回复过于简单或者程式化，会使他们感觉不够受到重视，他们会本能地拒绝冰冷的“自动贩卖机”。所以对于这些读者了解其内心状态，特别是情感状态，并且给予恰当地回应，会让读者感受到受到认同，得到尊重。当然也就提高其对图书馆的满意度。

20.6 对于不足的地方如何提高

当然无论我们多么努力工作由于各种原因都会听到读者的质疑，所以提高读者满意度里不可缺少的一个环节就是如何正确认识和处理读者的不满。

20.6.1 对于用户投诉的处理

我们总结了近两年来读者的负面反馈。负面反馈的次数只是在个位数。数据统计分析因为需要一定的样本量，所以对于负面反馈我们只能做个案的研究。通过分析，我们发现，读者对我们提出的不满意主要集中在完成时间或者复印的质量低于平均水平上。比如有读者催问文献为何还没有复印完成，他感觉时间比平时要长。或者说提供的文献有缺页情况等一些基础问题上。另外一名读者抱怨检索结果和他希望的不一致。

根据不同类型的抱怨我们有不同的处理方式。

20.6.1.1 由于图书馆过错造成读者不满的

比如读者对于复制质量或者速度上的不足，首先处理事情，立即弥补不足，然后进行道歉，表明是由于我们的原因导致您的不便，不含糊其辞，不将责任推给其他部门或人员，勇于承担责任。并告知读者我们将来会有改进措施。事后在工作上努力做到标准化服务。

20.6.1.2　读者有不合理预期值的

比如针对读者抱怨文献的检索结果和他期望不一致时，首先处理读者的心情，表明了解他的感受。随后立即告知，检索结果是一个客观行为不是人为意志或者检索技巧可以改变的。并且巧妙提醒读者在最初进行检索之前我们已经告知的内容。事后在和读者的交流中更加注意合理引导读者的服务预期。在邮件的沟通中，为了避免读者忽略有些重要内容要用粗体或者颜色醒目标明。在电话沟通中，不仅是自己说到，而且也要确认读者已经听到并理解我们所说的意思。

20.6.2　对于无法满足文献的处理

读者从没有说过不满是否代表他们就真的满意了？

读者会有负面反馈说明对我们还有要求，并且也相信我们可以完成。还有一些读者可能没有提出不满，也许是他们并非是对我们服务不满，又或者只是认为我们也无法解决，所以也就没有给我们反馈，只是默默地放弃使用我们文献提供服务了。

这恰恰是我们也应该特别注意的地方：我们的满足率。根据2010年服务的情况看，DSC@libnet.sh.cn(上图文献提供对外服务的电子邮箱)邮箱中，无法完成的比例在6%左右。统计下来发现，无法完成的原因按照比例依次是：无馆藏、缺期、破损、因文献保护无法复制、读者提供错误出处等。这些无法完成的原因都是一些客观因素。但是值得我们关注的是：这个数字和另外一个数字的对比。我们的DSC的满足率往往在70%作用。这个就说明还有24%的读者向我们提出申请，我们也确有能力可以完成，但是给予读者信息回复之后，读者就因为各种原因最后自己取消或者放弃了文献请求。而这类无回复的读者中，95%是个人读者，而放弃的文献类型中最多的是期刊、古籍与近代文献，比较少的是标准、书籍、报纸。笔者根据工作实际体会认为：读者放弃的原因可能由于价格原因或者可以从其他渠道获取，所以比较容易就此放下，或者另做其他选择。而标准文献、图书尤其是外文图书等，由于上海图书馆有资源或者服务的优势，所以读者很少会放弃。当然如果要更深入的了解读者放弃的原因，我们还需要加强和读者的沟通，从而更加了解读者感受和需求以及我们的资源优势与劣势，尝试相应的方式去提高文献满足率。

20.7　我们如何让读者更满意

我们已经做到优质高效了，在读者满意度上还有提高的空间么？

20.7.1 不断收集和研究读者的需求

让读者更满意的基础之一来源于我们对读者需求的研究。目前我们采用的方法还是最直接的观察法、访谈法等，都不可避免的有主观因素的影响。所以今后要进一步考虑通过系统数据库进行定性、定量的需求分析。

进一步对读者的需求进行研究，对于文献满足率进行分析。

不是我们"有什么馆藏就提供什么文献"，而是以读者为中心"读者需求什么样的文献资料，我们就寻找什么的文献"。

20.7.2 标准化的服务流程，提升服务质量

正确、快速、保质的完成文献提供服务，是让读者满意的基础。然而在大量重复性劳动中，如果要保证读者每一次都能得到高质量的服务，避免失误，或者是突发因素干扰后仍然不影响服务质量，就需要我们在复印的质量，完成的速度，投诉处理流程等方面有标准化管理。同样提供标准化服务可以创建服务品牌，树立高效的服务形象，提供读者满意度。

20.7.3 建立亲善的关系，把读者当成伙伴

我们需要大力开发各类先进的计算机应用系统及标准化服务。但是同时更要注意避免成为冰冷的"自动贩卖机"，事实上仍有部分读者(尤其是老年读者)并不习惯仅仅使用系统或者邮件，他们更倾向于多交流，得到更多的理解和认同。即使是企业用户也需要更亲善的关系，因为当我们与读者之间的关系纯粹到只有"付费、提供文献"时，读者对文献提供方的选择也只有"价格"了，只要有更便宜的文献提供方，读者就流失了。所以我们需要针对不同类型的读者找到他们个性化的文献需求、心理需求。将读者当作我们的伙伴，在为这些读者提供文献服务的过程中，主动考虑为读者提供增值的服务，把读者的问题和困难当作自己的问题和困难。为他们提供相应的文献检索咨询、战略合作等。例如可以为读者开设相应的检索培训或者馆藏介绍，开展各类读者交流活动。更全面关注读者的文献需求，融入读者的事业发展中。不仅提供文献，更帮助读者成功。

(本文作者：徐凡　上海图书馆文献提供中心)

参考文献

[1] 王世伟. 服务是图书馆存在的理由[J]. 图书馆论坛，2002(5)：42－43,39.

21 图书馆文献提供服务的网络营销策略分析

随着计算机技术、网络通讯技术的发展，互联网的发展已由学术研究转变为商业研究，并且成为企业竞争的利器与企业经营不可或缺的工具，电子商务应运而生，网络营销风起云涌。

网络营销是因特网技术发展日益成熟的直接结果，是网络技术发展的新方向。按照营销大师菲利普·科特勒的定义，营销是“个人和群体通过创造并同他人交换产品和价值以满足需求和欲望的一种社会和管理过程”。网络营销是指企业以现代营销理论为基础，利用因特网（包括企业内部网和外部网）技术及其功能，最大限度地满足客户需求，以达到开拓市场、增加盈利为目标的经营过程。它是直销营销的最新形式，其实质是利用互联网对产品的售前、售中、售后各环节进行跟踪服务。网络营销已超越了作为一种新的贸易形式所具有的价值，它不仅改变了企业本身的生产、经营、管理，而且给传统的贸易方式带来了巨大的冲击，并促使企业营销策略的转变。

文献提供服务作为图书馆信息服务的重要组成部分，如何通过因特网，让读者更加了解我们的馆藏，进而更好地为读者提供全方位的、个性化的文献提供服务，这是一个值得探讨的课题。

21.1 文献提供服务网络营销面临前所未有的机遇

21.1.1 网络日益成为人们获取信息最主要的平台

根据美国 OCLC 2010 年度报告《Perceptions of Libraries, 2010 Context and Community》显示，2005 年，82%的美国人从搜索引擎开始他们的信息检索工作，1%的人用图书馆网站开始信息检索；到了 2010 年，84%的美国人使用搜索引擎作为信息检索的开始，却没有一个人会使用图书馆网站开始信息检索。虽然图书馆网站并不作为信息检索的起点，但有三分之一的美国人会使用图书馆网站。尽管在我国没有看到有类似的调查报告，但是从日常了解的情况看，读者的检索行为是大致是一致的。因此，笔者认为不能忽略这些使用图书馆网站的三分之一群体，这一群体是开展图书馆文献提供服务网络营销最直接的对象。图书馆也需要引导更多人使用图书馆的网站进行检索。同时还需要思考将图书馆的检索系统与搜索引擎连接起来，让读者更多的了解图书馆的馆藏。

21.1.2 网络为图书馆和读者间交流沟通搭建了平台

图书馆的服务应该以一切从满足读者需要出发为服务宗旨。在传统方式下，由于图书馆与用户沟通交流不便，图书馆很难全面了解用户的真正需求。互联网的出现，使图书馆与读者的交流更加方便、快捷，图书馆通过电子邮件、BBS、QQ、新闻组等方式与读者进行信息交流。随着近几年社交网络、网络媒体在社会传播中更加趋于主流化，微博等互联网应用在信息传播中的优势凸显，图书馆可以用极小的成本收集到来自用户各方面的要求和意见，用户也可以通过这种方式对图书馆的服务提出自己的设想和建议。这使得读者和图书馆间的交流沟通变得更加便捷，同时也需要图书馆更好地运用网络营销策略，利用网络加强与读者的信息交流，以便迅速、准确地获知读者需求，灵活地调整服务方向，把最好的信息，用最方便的方法，在最好的时机，送到最需要的人手中，以扩大图书馆的经济效益与社会效益。

21.1.3 利用社交网络和微博可以发现文献提供的潜在用户

社交网络和微博自 2010 年以来迅速成为互联网上重要的传播工具，尤其是在青年人中迅速流行起来。社交网络是以一个人为中心，通过一系列工具形成某个人的网络关系群。具体来说，是指一个人通过一些人认识另一些人，由一个点分散组成一个社会网络。微博，即微博客(MicroBlog)的简称，是一个基于用户关系的信息分享、传播以及获取平台。用户可以通过 WEB、WAP 以及各种客户端组建个人社区，以 140 字左右的文字更新信息，并实现即时分享。

基于社交网络和微博本身的特性，图书馆可以充分利用社交网络和微博用户间的信息流，传递关于文献提供的各种信息，提高用户的认知度，并通过他们影响潜在用户，进而实现文献提供网络营销的目的。而这些潜在用户是图书馆用传统的宣传方式所不能影响到的。

21.1.4 3G 时代为文献提供网络营销提供了更广阔的平台

如今，我们已经进入 3G 时代，网络终端的多样化，使得人们网络行为习惯发生了显著变化。据 OCLC 2010 年报告称，40%的苹果使用者更多地通过这些苹果产品连接互联网，而不是通过桌面电脑或笔记本。根据亚马逊公司 2010 年 7 月的官方统计，在 2010 年 5 月到 7 月三个月间，消费者购买 Kindle 电子书已经超过了纸本书。在这样一个多元化的时代里，图书馆文献提供的网络营销也不仅仅局限于互联网，可以延伸到手机、iPad 等其他终端上，可以说，3G 时代为文献提供网络营销提供了更广阔的平台。

21.2　文献提供服务网络营销的应用平台

21.2.1　图书馆网站

根据美国 OCLC 2010 年报告显示，2010 年，84％的美国人信息检索时最先使用搜索引擎，没有一个人表示会使用图书馆网站开始他们的信息检索。虽然图书馆站点并不作为信息检索的起点，但有三分之一的美国人在信息检索的过程中会使用图书馆网站，其中包括图书馆的书目检索系统和电子资源数据库。如果将图书馆和搜索引擎相比，毫无疑问，搜索引擎更加方便、快捷、易用，而图书馆则被认为更加准确、可信。

基于这点考虑，图书馆文献提供服务的网络营销应该最先从图书馆网站推广开始，因为我们不能忽略那些信息用户中三分之一利用图书馆网站的读者。图书馆网站是图书馆的门户，是展现图书馆各种服务和资源的网上窗口。但是文献提供的图书馆网站推广不应该仅仅局限于图书馆网站主页，而且应该在图书馆书目检索系统、电子资源数据库等图书馆的多个平台上进行展示和宣传。

21.2.2　微博

依据维基百科上的定义，微博是一种社交网站和微型博客，它使访问者能够发送和阅读被称作“推文”的信息，该推文提供最多 140 字的文字更新，便于用户阅读。微博在 2006 年开始使用。至 2010 年，已经成为网络传播的主流文化之一。根据笔者 2011 年 4 月 7 日对新浪微博的调研发现，通过新浪认证的关于图书馆的微博一共有 96 位，带图书馆标签的达到了 1 000 多人。我们发现国家图书馆、上海图书馆、杭州图书馆以及清华大学图书馆等都在新浪上建立了各自图书馆的微博，并经过新浪认证。与图书馆网站相比，微博更新更迅速、互动更便捷，可以让读者有机会走近图书馆的各种信息服务、信息技术和图书馆文化。

21.2.3　SNS

SNS(Social Network Services)，即社会性网络服务。简单地说，SNS 是在

SNS网站上建立自己的朋友圈，而你的每一个朋友又建立他自己的朋友圈，通过你的一个朋友，你能看到你朋友的朋友，这样就形成了一个大的人际关系网络。这个社交圈子可以是朋友圈，也可以是同学圈、同事圈、兴趣圈等等。五年前，SNS还在襁褓期，如今以Facebook为代表的SNS网站已经成为最受欢迎的网站，Facebook在2010年3月超过Google成为访问量最大的网站。根据美国图书馆协会ALA 2010年4月统计，美国较大的公共图书馆中有11%在Facebook上开设了站点。另外，有超过15 700的Facebook URL包含“图书馆”这一名词；与此同时，图书馆在社会媒体网站上也开始不断出现。2007年，在YouTube上共搜索到25 700个关于图书馆或图书馆员的视频，而到了2011年1月，这个数字已经蹿升到1 010 000，增长了3 830%。豆瓣网作为国内SNS网站的典型，在用户和书籍之间建立了桥梁，利用用户的贡献，帮助用户发现感兴趣、有价值的信息，自主地形成各种兴趣小组。目前已有很多图书馆在豆瓣上建立自己的小组，为基于共同的话题和爱好的人们进行交流提供平台，让爱书的人聚集在一起讨论关于书、图书馆的话题。

除此之外，e-mail 、博客、RSS、即时通讯等都是图书馆文献提供服务开展网络营销一些很好的应用平台，在此不再一一赘述。

21.3 文献提供服务开展网络营销的策略探讨

图书馆网络营销的核心就是让用户通过网络了解到我们的资源，我们提供的服务；同时也让我们通过网络发现潜在的用户、挖掘信息需求，通过和用户的互动，更真实地了解其感受和行为方式已经最终需求。

21.3.1 搜索引擎，让资源浮出水面

在平时的工作中我们了解到，除非是专业的图书馆馆员或者上过文献检索课的学生，其余很少人是通过图书馆网站开始他们的信息检索的。如果社会大众根本不使用图书馆网站进行信息检索，那么我们应该怎么做，才能让读者更多地了解图书馆资源呢？

普通的信息消费者的检索习惯是直接在搜索引擎键入想要的书名、文献名或者数据库名，然后等待返回结果。他们往往就关注第一页头几条的检索结果，一般不会看三页以后的内容。

那么图书馆碰到的尴尬是什么呢？当你在Google中搜索一本书的书名时，一般在第一页就会显示在当当、卓越等网站可以买到，但是不会显示在什么图书馆有馆藏；输入一个数据库的名称，在前两页也无法显示上海图书馆或者其他图书馆有此数据库；更不用说输入古籍或者某个标准文献的名称了。这些都无法直接通过

搜索引擎显示上海图书馆有馆藏，更不会直接链接到上海图书馆的文献提供服务。事实上，在Google、百度的前三页不出现的信息是很容易被大众忽略的。

在信息消费者越来越多的习惯于使用搜索引擎的时候，图书馆更应该考虑利用搜索引擎，让图书馆的资源和文献提供服务更好地展现在读者面前，这就需要有效的SEM策略。SEM是Search Engine Marketing(搜索引擎营销)的缩写。SEM是一种新的网络营销形式。

SEM所做的就是全面而有效地利用搜索引擎来进行网络营销和推广。SEM追求最高的性价比，以最小的投入，获得最大的来自搜索引擎的访问量，并产生社会和商业价值。

另一方面，图书馆员将作为私人信息训导员而不是信息素养指挥员的身份服务读者，帮助读者也就是信息消费者更好地利用搜索引擎，或者其他检索工具。

21.3.2　微博，架起沟通桥梁，建立网络第三场所？

图书馆作为"第三场所"，这一观点在2003年就已经引发了很多讨论。该观点指的是人们正在寻找除了家庭、单位以外的第三场所，可以联系、交流、激发智慧。

那么网络第三场所指的是什么呢？网络第三场所能提供怎样的服务和灵感呢？现在很多图书馆在社交网站或者新浪微博上建立自己的站点，积极参与其中，这可以看做成为网络第三场所的第一步，是一种联系读者的方式。图书馆作为网络第三场所，这一观念还没有被"社会化"。对个体图书馆来说，这意味着什么？对所有图书馆来说，这又意味着什么？建立图书馆的社交网络可能吗？

据权威机构预测，2010年底，中国互联网微博累计活跃注册账户数将突破6 500万个，2011年将突破1亿，2013年国内微博市场将进入成熟期。无疑，微博会成为未来开展网络营销的一个重要平台。

有了微博之后，我们该怎么做？如何通过微博发现潜在的信息消费者？又如何通过微博了解信息消费者对文献的需求？相比SNS、BBS和个人博客，微博的传播速度和范围更快、更广。我们知道社交网络是建立关系的场所，互动和服务是关键词。因此，在微博上寻找话题和目标人群，锁定关键字，找到潜在粉丝主动沟通，这都是公司在微博上可以方便完成的事情。同样，微博可以帮助图书馆直接接触到信息消费者。上海图书馆文献提供中心也尝试性地开设了一个非官方的微博。在这个微博中，我们将数据库更新的信息，开展馆际互借服务及推广活动等信息第一时间进行公布，很快可以收到读者的回复，真实了解到读者对图书馆的希望和要求。并且我们也会尝试锁定某些关键词，找到潜在的信息消费者，主动介绍馆藏。比如我们发现有某杂志社编辑在微博中抱怨关于上海的近代文献难以获得，我们会主动告知他所需要的信息在上海图书馆就有馆藏，此信息一经发布，立即受到好评，并且引起其相关粉丝对上海图书馆馆藏近代文献的兴趣。

当然这些只是我们的初步尝试，让微博真正成为网络第三场所，并且建起和读者之间的桥梁。需要做到以下几点：

(1) 品牌、活动信息传播多管齐下

微博是一个可供网友们自由选择和交流信息的平台，基于这一特性，如果广告主们试图通过单一地发布品牌硬性广告进行微博营销，不仅对于品牌内涵的深化和宣传毫无作用，还会打搅用户的浏览体验，从而使他们从品牌的粉丝圈中流失。显然，这对于微博营销的最终目标与聚拢最大多数的品牌消费者是一种背离。虽然目前，微博的营销效果很难评估，但是相应的投入也很少，只要细心经营，微博对企业形象的构建、品牌内涵的宣扬的意义不言而喻。

(2) 一定要像个人，突出人情味

在广告和传播学中，根据弗雷奇(Rudolf Flesch)的人情味公式，人情味分数=3.365×每百字中的人称词数目+0.314×每百句中的人称词数目。而人情味分数越高(简单来说就是越多用你我他)，广告或者新闻传播就越广泛迅速。所以在微博上，一定要像个人，与用户进行“朋友式的交流”最重要。

(3) 强调用户体验，增强互动

微博既然是个开放平台，就会有来有往增强互动。所以微博中，多了很多的小圈圈，参加的人越多，传播的范围就越广，越能引起话题或讨论。面对不和谐的声音，微博主必须快速有效地处理掉，这是营销很重要的部分。

网络正改变着人们获取信息的方式，也同时改变着图书馆文献提供服务面临的竞争环境。只有将以用户为中心的理念融入到网络营销中去，切实了解用户在网络时代获取信息方式的变化，利用搜索引擎揭示文献资源。利用微博等社交工具，直接接触到用户真实需求，为用户提供更便捷，更完善的服务，也许这会为图书馆文献提供服务发展带来契机。

21.3.3 建立合理的图书馆网站建设策略

根据 OCLC 2010 年度报告中显示，美国几乎没有一位信息消费者是通过图书馆网站开始他们的信息检索的，在我国应该也存在类似的问题。如果图书馆网站不是信息检索行为的第一站，而是其中的某一站，或者说，信息消费者根本不使用图书馆网站进行信息检索，那么图书馆应该怎么做，才能让信息消费者更多地使用图书馆资源呢？

如今拥有图书馆读者证的读者不在少数，但是图书馆网站的利用率却相对较低。考虑到搜索引擎和社交网站如此受信息消费者的追捧，图书馆网站更应该放下身价，主动与搜索引擎和社交网站沟通，建立战略合作，走双赢之路。同时需要改变图书馆网站图书馆专业痕迹强的特点，这一点在互联网上也许就成为弱点了，将网站设计得更加自由、亲切。从技术上看，网站设计要更加严格按照 W3C 的标准，以便搜索引擎快速捕捉到图书馆网站，从而提升图书馆在搜索引擎的排位，直接进入到读者的屏幕视觉范围内。

（本文作者：夏磊、徐凡　上海图书馆文献提供中心）

参考文献

[1] OCLC. Perceptions of libraries 2010 Context and Community [EB/OL]. [2011-6-15]. http://www.oclc.org/reports/2010 perceptions.htm.

[2] 鲁高平，李　远. 中国微博营销十大经典案例[EB/OL]. (2010-10-14)[2011-6-15]. http://news.irsearcher.cn/0200/201014/125662.shtml.